교부 문헌 총서 25
질서론

AURELIUS AUGUSTINUS
DE ORDINE

Translated with introduction and notes by
SEONG Youm

© Benedict Press, Waegwan, Korea 2017

교부 문헌 총서 25
질서론
2017년 6월 5일 교회 인가
2017년 7월 15일 초판 1쇄
지은이 · 아우구스티누스
역주자 · 성염
펴낸이 · 박현동
펴낸곳 · 성 베네딕도회 왜관수도원 ⓒ 분도출판사
찍은곳 · 분도인쇄소
등록 · 1962년 5월 7일 라15호
04606 서울시 중구 장충단로 188(분도출판사)
39889 경북 칠곡군 왜관읍 관문로 61(분도인쇄소)
분도출판사 · 전화 02-2266-3605 · 팩스 02-2271-3605
분도인쇄소 · 전화 054-970-2400 · 팩스 054-971-0179
www.bundobook.co.kr
ISBN 978-89-419-1710-6 94230
ISBN 978-89-419-9755-9 (세트)

* 신저작권법에 따라 보호를 받는 저작물이므로 무단 전재와 무단 복제를 금합니다.

교부 문헌 총서 25

아우구스티누스
질서론

성염 역주

분도출판사

'교부 문헌 총서'를 내면서

제2차 바티칸 공의회 「계시 헌장」 *Verbum Dei* 7-10항에서 밝히고 있듯이, 하느님의 계시는 신·구약 성경과 성전聖傳을 통해 우리에게 전달되는데, 이 둘은 하느님의 똑같은 원천에서 흘러나오므로 하나를 이룰 만큼 서로 밀접히 연결되어 있다. 바로 "교부들의 말씀은 믿고 기도하는 교회의 실생활 가운데 풍부히 흐르고 있는 이 성전의 생생한 현존을 입증한다"(8항). 즉, 교부들의 말씀은 성전의 주축을 이루고 있으므로 교부 문헌 연구는 하느님의 계시에 접근하는 데 중대하고 필요 불가결의 길이라 할 수 있다.

짧은 역사의 한국 교회는 그동안 성경 연구에 큰 관심을 가져 괄목할 만한 진전을 해 왔으나 교부 문헌 연구는 극히 미미하였다. 이에 우리는 분도출판사를 중심으로 '교부 문헌 총서 기획위원회'를 구성하여, 교부 문헌의 번역·간행을 계속해 나감으로써 교부 문헌 연구에 새로운 전기를 마련하기로 하였다.

우리는 이 '교부 문헌 총서'가 한국 교회의 신학 발전에 다음과 같은 도움이 되기를 바란다.

첫째, 성경 연구에 도움이 될 수 있다. 사도교부들(Patres apostolici)은 사도들의 직제자 혹은 그 직제자들의 제자들이었으므로 그들의 문헌은 신약성경(특히 사목서간들)에 나타나 있는 사도들의 가르침과 신학을 잘 반영하고 있을 뿐 아니라 신약성경에 표현되지 않은 초기 교회의 모습을 보여 주고 있기 때문이다. 또한 그 후의 교부들의 글에서도 성경은 그 기초가 되고 있으며, 때때로 성경 해설을 위한 강론(Homilia식 Tractatus)들과 본격적인 성경 주해서(Commentarium)들이 있다.

둘째, 이상하게 들릴지 모르지만, 한국 교회 신학의 토착화에 도움이 될 수 있다. 교부시대는 사도들로부터 전수받은 그리스도의 복음이 그리스・로마 문화에 정착되는 시기라 할 수 있다. 예수님과 사도들 그리고 복음서의 청중들은 모두 히브리인들이었으며, 그래서 복음은 먼저 히브리 문화권 안에서 선포되었다. 이 복음이 제자들의 선교 활동을 통해 히브리 문화와는 다른 그리스 문화권에 선포되면서 일종의 토착화 과정이 있었으며, 또 라틴 문화권에 선포될 때 또 다른 토착화 과정이 있어야 했다. 그리스도교의 신학은 이러한 토착화의 시도 과정에서 때로 많은 시행착오(이단과 열교)를 거치면서 발전되고 정착되어 왔다. 사실 교부들은 토착화 과정에서 그리스도의 복음이 변질되어서는 안 된다는 원칙 아래 해당 문화권에서 수용할 수 있는 것과 할 수 없는 것을 엄격히 구별하였던 것이다. 제2차 바티칸 공의회 이후 한국 교회 안에서도 토착화의 필요성이 자주 거론되고 있다. 우리는 교부들이 행했던 토착화의 시도 과정과 그 방법을 연구함으로써 우리의 토착화 작업에 도움을 받을 수 있을 것이다.

셋째, 한국 교회의 에큐메니즘 운동에 도움이 될 수 있다. 세계적으로 한국만큼 기독교의 종파가 많은 곳도 드물다. 가톨릭과 개신교 사이의 차이는 말할 것도 없지만 개신교 사이에서도 서로 극심한 차이가 있다. 사실 개신교의 종파는 성경의 자유 해석에서 기인하는 경우가 많은데, 자기의 해석을 고집하기에 앞서 성경시대와 가까웠던 교부시대에서 성경을 어떻게 이해하고 생활했는지 알아볼 필요가 있다. 또 잊어서는 안 될 점으로,

그 신도 수가 많지는 않지만 동방 정교회가 한국에도 있는데, 동방 교회는 교부시대의 전통을 잘 유지하고 있으므로 서방 교회(로마 가톨릭, 프로테스탄트, 성공회)는 동방 교회 전승에서 많은 것을 배우고 보완할 수 있다. 따라서 우리는 각 교회 모두가 공동으로 소유하고 있는 성경 그리고 서로 갈리기 전 초세기 교회의 모습, 즉 교부 문헌을 같이 연구함으로써 서로의 차이점을 함께 좁혀 나갈 수 있을 것이다.

일반적으로 교부 문헌을 어렵고 고루한 전문 서적으로 생각하는 경향이 있다. 이러한 생각은 교부 문헌을 직접 접할 기회가 적었던 데서 오는 막연한 선입관에 불과하다. 대부분의 교부들은 사목자들이었으며 그들의 글은 당시의 수사학에서 나온 연설체·강론체적인 성격을 가진 것들이 많다. 그래서 때로는 설득을 위한 지나친 강조나 지루한 반복이 있는 것도 사실이나 글에 힘이 있으며 이해하는 데 그다지 어렵지 않다.

아무쪼록 앞으로 이 총서가 많은 이들의 관심과 협력과 채찍질에 의하여 속속 간행되면서 더욱 많은 이들의 연구와 생활에 도움이 되기를 바라 마지않는다.

1987년 6월 29일
이형우

【일러두기】

1. 교부 문헌은 워낙 방대하므로, 번역·간행할 책은 한국 실정을 고려하여 선정하되, 연대순이나 그리스 교부·라틴 교부의 구별을 두지 않고 준비되는 대로 일련번호를 매겨 출간해 나간다.
2. 교부 문헌은 학문적 연구에 기초 자료가 되므로, 본문의 번역은 되도록 원문에 충실하게 하며, 중요한 문헌의 원문은 전부 또는 일부를 역문과 나란히 싣는다.
3. 독자의 이해를 돕기 위해, 본문에 앞서 「해제」를 실어 저자의 생애와 당시의 문화적 배경 그리고 각 저술의 특징과 신학 등을 설명하고, 본문 아래에 약간의 각주를 단다.
4. 독자의 편의를 위해, 원문에 없어도 우리말 본문에는 소제목과 일련번호를 단다.
5. 성경 본문 인용은 원칙적으로 『성경』(한국 천주교 주교회의 2005)을 따르되, 문맥에 맞추어 대폭 다듬었다. 필요에 따라서는 『공동번역 성서』와 『200주년 성서』(분도출판사 2003)도 인용했고, 그것으로도 저자의 의도가 반영되지 않을 경우에는 더러 역자가 직접 번역하기도 했다. 다른 판본을 인용하더라도 성경 인명·지명의 우리말 표기는 『성경』에 따랐다.
6. 본문 중 인용문은 원문에서는 이탤릭체로, 각주를 제외한 역문에서는 굵은 서체로 표시하고, 성경 장·절의 표시는 각주 형식으로 다른 각주와 함께 일련번호를 매겨 처리했다.
7. 본 총서에 포함되지 않은 아우구스티누스 저작의 우리말 역어는 본 총서 18권, 포시디우스 『아우구스티누스의 생애』(이연학·최원오 역주, 분도출판사 2008) 170-181에 실린 '아우구스티누스 저술 목록'을 참조하라.

DE ORDINE

|차례|

'교부 문헌 총서'를 내면서 ·· 5

해제

1. 아우구스티누스 전집에서 『질서론』*De ordine*이 가지는 비중 ············ 15

2. 집필 계기 ··· 18

3. 집필 시기 ··· 20

4. 등장인물 ·· 22
   4.1. 제노비우스 ··· 22
   4.2. 리켄티우스 ··· 23
   4.3. 트리게티우스 ·· 24
   4.4. 어머니 모니카 ··· 25
   4.5. 알리피우스 ··· 25

5. 책의 구성 ··· 26

6. 번역 원본과 현대어 번역본 ·· 27

본문과 역주

제1권: 인간의 처분과 의지 밖에 존재하는 이치

1.1. 질서에 관해서 어떤 의문이 제기되는가 ·········· 33
1.2. 인간 이성은 질서에 관해서 무엇을 알고 있는가 ·········· 35
1.3. 질서에 관하여 궁구하려면 인간은 자신에게 시선을 집중해야 한다 ······ 39
2.4. 제노비우스에게 권유하다 ·········· 41
2.5. 아우구스티누스의 처지는 어떠한가 ·········· 45
3.6. 물소리가 때로는 또렷하게 때로는 낮게 들리는 현상 ·········· 47
3.7. 리켄티우스가 그 현상을 설명하다 ·········· 49
3.8. 아우구스티누스는 리켄티우스가 헬리콘 산을 넘어가려고 한다면서 축하해 주었다 ·········· 51
3.9. 비로소 리켄티우스가 시가詩歌를 접어 두고 지혜로 나아가다 ·········· 53
4.10. 질서에 관한 연구를 시작하다 ·········· 55
4.11. 대자연에서는 아무것도 원인 없는 것이 없다 ·········· 59
5.12. 누가 대자연을 바라보면서 질서에 관해서 논할 것인가 ·········· 63
5.13. 배우고 가르치고 하면서 서로서로 가르치는 법이다 ·········· 65
5.14. 감관에 들어온 사물. 진리는 감관 밖에 존재한다 ·········· 67
6.15. 질서에 상충되는 것은 아무것도 없다 ·········· 71
6.16. 아우구스티누스는 제자의 착안에 기뻐서 어쩔 줄 모르다 ·········· 73
7.17. 악도 질서 밖에 존재하는 것이 아니다 ·········· 73
7.18. 하느님은 악을 원하시지 않고 질서를 원하시며 악은 질서 밖에 존재하지 않는다 ·········· 75
7.19. 하느님은 의로운 분이므로 각자에게 자기 것을 부여하신다 ·········· 77
7.20. 아우구스티누스와 제노비우스가 이미 질서에 관해서 해명한 바가 무엇인가 ·········· 79
8.21. 리켄티우스는 당장 운문韻文에 열의를 잃다 ·········· 83
8.22. 리켄티우스는 어디서나 시편을 노래하고 다녔다 ·········· 85
8.23. 인생의 여러 곡절도 질서에 의거해서 일어나는가 ·········· 87
8.24. 부름 받은 이는 많으나 뽑히는 이는 적다 ·········· 89
8.25. 수탉들이 싸움을 하다 ·········· 93

8.26. 이 일화에 관해서 몇 가지 질문이 나온다 ················· 95
9.27. 그 자리에서 나온 해설을 아우구스티누스가 한데 모으다 ········· 97
10.28. 리켄티우스가 질서의 정의를 내리다 ················· 101
10.29. 제자들이 삼위일체를 섣불리 토론하다 경쟁심에 말려들다 ········ 101
10.30. 리켄티우스는 지혜와 덕성에 어울리지 않는다················· 107
11.31. 아우구스티누스의 시대에는 인문학이 어떠했는가 ··········· 109
11.32. 어머니 모니카는 철학에 적합한 인물이었다 ············· 113
11.33. 글로 옮기는 문제로, 첫 권은 여기서 마친다 ··············· 117

제2권: 인간의 처분과 의지에 맡겨진 이치

1.1. 어머니가 참석한 가운데 아우구스티누스가 다시 토론을 개시하다 ····· 119
1.2. 질서는 하느님께로부터 유래한다 ················· 121
1.3. 따라서 인간이 하느님과 함께한다면 질서를 따르는 것이다 ········· 123
2.4. 하느님을 인식하는 사람은 하느님과 함께 있다 ············· 127
2.5. 현자는 하느님과 함께 있음으로써 자기 자신과 함께 있다 ········ 129
2.6. 현자에게서 감관, 오성, 기억은 무슨 역할을 하는가 ··········· 131
2.7. 기억이 간직하는 바가 현자에게 필요한 것은 학문 때문이다 ······· 135
3.8. 현자가 하느님과 함께 있으면서 어리석음이라는 것을 알 수 있을까 ····· 139
3.9. 어리석음이라는 것은 우리가 배우는 무엇이 아니다 ··········· 143
3.10. '어리석음'은 이해하지 못함을 나타내는 어휘다 ············· 147
4.11. 어리석은 자가 행하는 것도 질서에 따라서 행해진다················· 149
4.12. 인간 생활에서 질서 밖에서 일어나는 것처럼 보이는 사례들 ········ 153
4.13. 토론 중에 질서를 벗어났다고 여겨지는 것들도 질서에 부합한다 ····· 155
5.14. 어리석음으로부터 벗어나는 길은 학예를 연구하거나 ··········· 159
5.15. 신실한 믿음으로 이루어진다 ················· 161
5.16. 하느님을 신봉하는 명분과 권위 ················· 163
5.17. 영혼을 믿는 명분과 권위 ··················· 165
6.18. 현자에게 있으면서도 가변적인 것이 무엇인가 ············· 167
6.19. 현자가 할 일은 덕성으로 하느님과 함께 있음이다················· 169
7.20. 어리석은 사람이 필연적으로 질서 밖에 존재하는 것은 아니다 ······· 173
7.21. 리켄티우스는 감관으로도 지성으로도 그 자리에 없었다 ········· 175

7.22. 각자에게 자기 몫을 돌려주는 정의가 항상 하느님과 함께 있음을 리켄티우스는 깨닫지 못하였다 ·· 177
7.23. 악은 질서 밖에 존재하는 것이므로 질서에서 발생하는 것은 아니다 ··· 179
7.24. 학문의 습득에 순서가 있다 ·· 183
8.25. 젊은이들은 생활의 계율로 가르침을 받아야 한다 ························ 185
9.26. 권위와 이성이란 무엇인가 ··· 189
9.27. 하느님의 권위 또는 인간의 권위란 어떤 것인가 ·························· 193
10.28. 아우구스티누스가 내리는 명령은 옛사람들의 권위에 의해서 무게가 더해진다 ·· 195
10.29. 권위로 막강한 인물들이 있었다 ·· 199
11.30. 이성이란 무엇인가 ··· 201
11.31. 이성적이라 함은 무엇이고 합리적이라 함은 무엇인가 ·················· 203
11.32. 이성의 능력은 시각과 청각을 통해서 작용한다 ·························· 205
11.33. 시각과 청각은 이성과 의지가 일으키는 감각이다 ························ 207
11.34. 배율과 선율은 이성과 쾌감에 속한다 ······································ 209
12.35. 초보 문법으로 우리가 처음에 배우는 것 ·································· 213
12.36. 그다음에는 문법과 음절의 장단을 배운다 ································· 217
12.37. 그리고 문학을 통해서 배운다 ··· 217
13.38. 세 번째로, 변증술과 수사학을 통해서 우리가 배우는 것 ················ 219
14.39. 청각에서는 먼저 합창과 피리와 현금絃琴으로 쾌감을 얻는다 ·········· 221
14.40. 그다음은 시가詩歌로 쾌감을 얻는다 ······································· 223
14.41. 세 번째로 소리 외에도 음률을 넣어 음악을 즐긴다 ······················ 227
15.42. 시각의 작용으로 우리는 먼저 수와 척도, 곧 기하에 의해서, 그리고 수와 계절의 운행, 곧 천문에 의해서 쾌감을 얻는다 ·························· 229
15.43. 그다음은 순수한 숫자(대수)에 의해서 쾌감을 느낀다 ··················· 231
16.44. 제반 학문에서 유래하는 지식 ··· 233
17.45. 저런 지식은 절제와 덕성에 의존한다 ······································ 235
17.46. 어떤 지식을 갖추어 지혜로 나아가야 하는가 ····························· 237
18.47. 지혜는 수數를 거쳐서 일자—者를 지향한다 ······························ 241
18.48. 이성이라고 부르는 어떤 능력이 갖추어져 있기 때문이다 ··············· 243
19.49. 참으로 존재한다고 하더라도 사물보다 이성이 훌륭하다 ················ 247

19.50. 이성이 참으로 존재한다는 것은 이성이 불사불멸하기 때문이다 …… 249
19.51. 이성은 마침내 지고한 미美를 관상하는 경지로 인도한다 ………… 251
20.52. 아우구스티누스가 어머니에게는 신앙을, 알리피우스에게는 이성을 권장하다 …………………………………………………………………… 255
20.53. 아우구스티누스가 피타고라스의 비의秘義를 설명하자 알리피우스가 감사를 표하다 ……………………………………………………… 257
20.54. 철학에 적합하지 않은 사람들에게는 행실을 바로 하도록 권유하다 … 259

재론고 ……………………………………………………………………… 263

인명 색인 ……………………………………………………………… 268
작품 색인 ……………………………………………………………… 270
성경 색인 ……………………………………………………………… 271

DE ORDINE

해제

1. 아우구스티누스 전집에서 『질서론』*De ordine*이 가지는 비중[1]

『질서론』은 『아카데미아학파 반박』[2] 및 『행복한 삶』[3]과 더불어 '카시키아쿰 대화편'의 삼부작으로 간주될 만하다. 본서의 주제인 '질서'秩序(ordo)는, 플라톤 이래로 일단 세계를 '합리적 세계'*κόσμος*라고 규정하면서부터, 감각계感覺界만 아니고 가지계可知界를 관찰하면서 자연스럽게 발생하는 심각한 토론 주제였다. 아우구스티누스가 첫 대화편 『아카데미아학파 반박』에서 회의론을 반박하여 철학함의 가능성을 열어 놓았고, 둘째 편 『행복한 삶』에서 행복幸福을 추구하는 인간 영혼의 초월적 긴장을 학리적으로 해명하였다면, 본서에서는 세계와 인생 전체에서 관찰되거나 의문시되는, 질서秩

---

[1] Cf., Virgilio Pacioni, *L'unitá teoretica del De ordine di S. Agostino* (Roma, Millennium Romae 1996) 335-345.

[2] *Contra Academicos*(성염 역주, 분도출판사 2016).

[3] *De beata vita*(성염 역주, 분도출판사 2016).

序라는 주제를, 헤브라이즘이 견지하는 창조주 하느님의 지혜에 의거하여 해설함으로써 이후 그리스도교 인간학의 기틀을 마련하였다.

그리고 『질서론』에 개괄된 아우구스티누스의 '학예론'은 중세에 '기초 3학'trivium(문법, 수사학, 논리학)과 '교양 4학'quadrivium(산술, 음악, 기하, 천문)의 확립에 결정적인 영향을 끼친다. "이런 유의 학문은 그만큼 정신을 도야해서 그보다 훨씬 정교한 사안도 파악하도록 돕는다. 그렇지 않으면 그런 사안들이 지니는 강력한 빛살에 부딪치면 그 빛을 감당할 힘이 없어서, 자기가 도망치고 싶던 그 어둠 속으로 자발적으로 다시 물러서 버린다"[4]는 경고처럼, 그 학예들이 단순히 세속 학문으로 그치지 않고 철학으로 수렴되어 하느님과 인간을 알아 가는 학문으로 간주된 까닭이다.

본서에서 '신앙과 이성'을 다룬 지식론 역시 '이해理解를 구하는 신앙'fides quaerens intellectum이라는 주지론主知論을 확보하여 후대 그리스도교에 물려준다. 또 본서에서는 질서를 '자연의 질서'라는 관점에서 우주의 합리적 구조를 이해하려는 시도에서 그치지 않고, 하느님을 진리 탐구의 궁극 대상으로서, 무한하고 불변하고 영원한 행복으로서 제시함으로써, 현대철학의 용어를 빌리자면, 인간은 '세계 내 존재'世界內存在임과 동시에 '대신 존재'對神存在임을 강조하여 후대 '철학적 인간학'의 근간을 확립하였다. 교부의 관점에 의하면 참다운 철학자들은 "하느님에게서 존재의 원인과 인식의 명분과 삶의 질서를 발견할 것이다. 이 세 요소 중에서 하나는 자연[철학] 부분에 해당하고 하나는 이성[철학] 부분에 해당하며 세 번째는 윤리[철학] 부분에 해당하는 것으로 이해된다. 무릇 인간은 자기에게서 [발견되는] 탁월한 무엇을 통해서, 모든 것을 초월하는 것에 도달하도록 만들어졌다."[5]

---

[4] 『영혼의 위대함』 De quantitate animae 15,25.

[5] 『신국론』 De civitate dei (성염 역주, 분도출판사 2004) 8,4.

아우구스티누스는 한밤중에 수로에서 들리는 물소리 같은 자연현상이나 마당에서 벌어지는 닭싸움 같은 동물의 행동을 관찰하면서도 인생과 세계의 합목적성合目的性을 통찰하였으므로 우주가 우연의 산물이라고 우기는 사람들을 '맹목의 지성'caecus mente으로 간주한다.[6] 태양도 눈을 떠야 바라볼 수 있듯이, 질서秩序니 악惡이니 섭리攝理니 하는 실재의 진상眞相을 보려면 우리가 지성의 눈을 뜨고 빛이 오는 곳으로 시선을 돌려야 하고, 인간 이성이 존재계 전체를 바라보는 시선이자 창구라면[7] 인간은 존재계 전체의 아름다움을 관조함으로써 (인생과 역사를 좌우하는) 질서를 이해하고 사랑하기에 이른다는 호소다. 역사는 인간의 행위가 일어나는 공간이자 동시에 신적 섭리가 작용하는 공간이기도 하므로, 질서론은 자연현상과 각자의 인생에서 체험하는 사건들을 총체적 지평에서 바라보는 시선과도 조화를 이뤄 준다.[8]

교부의 입장은 세계가 "인간 기술로 간여한 바가 전혀 없음에도, 자연 전체를 통해서 그 낱낱의 부분들에 이르기까지 [완벽하게] 질서 지어져 있음을 두고 탄복하면서, 그 현상을 지존至尊의 내밀한 의지에 돌리는"(1,1,2)

---

[6] "물체의 운동에서 관찰되는 현상, 곧 인간적 조치와 의지 밖에서 일어나는 현상을 신적 권능과 배려에 돌려야 한다는 점을 의심할 만큼 지성에 있어 맹목적인 사람이 누구겠습니까?"(1,1,2).

[7] 『행복한 삶』 4,35: "우리에게는 저 진리의 샘에서 우리를 향하여 흘러나오는 어떤 훈유가 있다. … 우리 내면의 이 광체를 향해서 저 숨은 태양이 빛살을 쏜다. … [우리 눈이] 아직 덜 건강하고 이제 겨우 뜨인 처지여서 대담하게 그 태양을 향하기를 꺼리고 저 태양 전체를 바라보기를 두려워하지만 저 태양이 하느님 외에 다른 무엇이 아님이 밝혀진다."

[8] 『신국론』 5,11: "그분에게서 모든 차원(次元)과 모든 형상(形像)과 모든 질서(秩序)가 존재한다. 그분에게서 척도(尺度)와 수량(數量)과 중량(重量)이 존재한다. … 그분은 하늘과 땅만 아니고, 천사와 인간만 아니고 미미하고 대수롭지 않은 생물의 내장도, 새의 깃털도, 풀의 작은 꽃도, 나무의 잎새도, 그 부분들의 비례와 일종의 평화 없이 남겨 두지 않았다. 그러니 인간들의 왕국이며 그들의 지배와 예속이 당신 섭리의 법칙과 상관없으리라는 것은 결코 믿을 수 없다."

것이다. 그런데 신의 섭리는 즉시 악의 문제와 결부되니까[9] 섭리의 초월성 超越性을 살려 내는 일이 아우구스티누스의 사변적 과제가 된다.[10] 아우구스티누스는 '하느님은 존재하고 선하며 인간사에 관심을 가진다'는 섭리 사상과 더불어 '인간이 빈번하게 사악한 행위를 저지른다'는 현실을 둘 다 수용하여 선하고 섭리하는 하느님의 존재와 함께, 인간 역사에 엄존하는 악의 현존을 동시에 해결해야지 양자택일을 해서는 안 된다는 신념을 보인다. 그래서 본서에서부터 그의 사색은 인류사의 가장 실존적인 의문을 놓고 서구 사상의 전환점을 찾으면서 신적 섭리가 어떻게 인간 행위 위에 주도권을 장악하는지 고찰하는 방향으로 나아갔던 것이다. 그렇지 않으면 신은 무력하거나 인간사에 무관심하다는 '에피쿠로스의 딜레마'에 다시 몰린다는 사실을 절감하였다. 아우구스티누스 철학의 양대 주제인 '하느님과 인간'은 결국 '창조주 하느님'과 '악으로 점철된 인간 역사'의 도식으로 변환될 것이고, 5년 후에 집필되는 『자유의지론』[11]과 40여 년 후 『신국론』[12]에서 본격적으로 다뤄질 것이다.

2. 집필 계기

교부는 본서 서두에 해당하는 헌정사(1,1,1-2,5)에서 친우 제노비우스Zenobius를 초대하여 '질서의 문제'를 한번 토론해 보자고 초대한다. 그 토론에서는 자연스럽게 '악'이라든가 '섭리'의 문제가 표출된다. 일평생 아우구스티누

---

[9] "벼룩 한 마리의 지체들은 놀랍고 확연하게 만들어졌다고 하면서도, 인생 전체는 무수한 시련의 불안정으로 흔들리고 동요하게 되어 있느냐는 점이다"(1,1,2).

[10] 본서 2,7,23까지의 작업에 해당한다.

[11] *De libero arbitrio*(성염 역주, 분도출판사 1998).

[12] 앞의 각주 5 참조.

스를 괴롭히면서 그의 심각한 사색을 촉발한 주제이기도 하다.

이런 주제를 두고 마니교가 아우구스티누스에게 선악 이원론善惡二元論이라는 섣부른 해답을 가지고서 어떻게 그의 지성을 속이고 괴롭혔는지, 신플라톤 사상과 그리스도교를 접한 덕택에 어떻게 그 악몽을 벗어났는지의 경위가 『고백록』에 상세하게 술회된다.[13] 신앙信仰으로도 이성理性으로도 수긍할 만한 해답을 찾기까지 이후에도 사색이 계속된다.[14] 진리를 찾고 악이라는 실존적 문제의 해답을 모색하는 도중에 철학자가 부딪치는 폭풍과 암초와 표류를 몸소 겪었으므로, 아우구스티누스로서는 자기는 그런 불행에서 이미 벗어났다고 안도할 것이 아니라,[15] 남들마저 그런 곤경을 당하는 모습을 차마 볼 수 없어서 자기가 그런 곤경을 부숴 없애는 '암초'가 되어야겠다는 생각으로 본서 토론과 편집에 착수하였노라고 피력한다.[16]

그래서 아우구스티누스는 모처럼 한가로운 카시키아쿰 체류 시기에 문

---

[13] 『고백록』 *Confessiones* (성염 역주, 경세원 2016) 7,3,5: "내 하느님께로부터 만들어진 마당에 누가 쓴맛의 묘판(苗板)을 내 안에다 갖다 놓았고 내게다 끼워 넣었을까? 만일 악마가 장본인이라면 그 악마는 어디서 왔는가? 그 역시 사악한 의지 때문에 선한 천사에서 악마가 되었다면 그에게 있는, 악마가 되는 그 악한 의지는 어디서 왔는가? 천사 전체가 지극히 선하신 조물주께로부터 만들어졌을 텐데 말이다. 이런 사념들에 내가 거듭 시달려 왔고 질식해 갔습니다."

[14] 이 문제는 초기의 『자유의지론』에서 집중적으로 다루어졌고 후기의 펠라기우스 논쟁에서 많이 언급된다.

[15] "한바다에서 바람이 나부끼는데 딴 사람이/ 크나큰 수고를 하는 모습을 땅에서 바라보기는 되레 유쾌하기까지 하여라./ 누가 괴롭힘을 당하는 데 유쾌한 쾌감이 아니고/ 그대에게는 그런 불행이 면제되었다는 사실을 감지하는 데 유쾌하다는 말이다"(Lucretius, *De rerum natura* 2,1-5).

[16] 피타고라스는 "정치에서 엄청난 파고(波高)를 보았으므로 국가를 통치하면서도 거의 신적인 영감으로 암초를 피할 줄 아는 사람, 또 모든 것이 소진되었을 때에는 본인이 암초가 되어 파도에 맞설 줄 아는 사람이 아니면 그 일에 간여하기를 바라지 않았지. 그러니 다음 말은 현자에게만 참으로 옳다고 할 수 있네. '그는 마치 대양의 암초처럼 꿈쩍하지 않고 버텼다'"고 말했다(본서 2,20,54).

하생들과 더불어 실제로 '질서' 문제를 성찰하는 대화를 가졌고, 그 성과를 책으로 간행하는 데 마음을 썼다. 밀라노 황실의 수사학 교수직을 갓 사직한 터라 그의 언사와 논지에는 수사학적 기법과 수식이 화려할 정도로 사용돼 독자가 읽어 내려가는 데 어려움도 있다. 또 토론을 문하생들의 지성 훈련exercitatio mentis의 일환으로 여기면서 토론을 통해 질서에 관한 사색에 매진토록 독려하고 있으므로 논리학적·개념적 현학이 번다하게 들리기도 한다.[17] 따라서 본서도 바로 앞에 이루어진 『아카데미아학파 반박』이나 『행복한 삶』만큼의 사실성史實性은 가진다. 본서에는 철학자들의 고고하고 품위 있는 토론이 아니라 함께 먹고 자는 스승과 문하생들의 평범한 삶이 그대로 그려지고, 리켄티우스와 트리게티우스 사이의 대화는 토론이라기 보다 말다툼에 가깝다는 점이나 주제의 두서없는 반복이라든가 걸핏하면 주제에서 벗어나는 돌발 상황excursus은 대화가 실제로 이루어졌다는 사실성의 방증이기도 하다.[18]

3. 집필 시기

본서는 카시키아쿰 체류 중 저술되었고 『아카데미아학파 반박』과 동시에[19] 작성된 것으로 나와 있다. 대화는 386년 가을, 밀라노 근교 카시키아쿰 별

---

[17] "사람이 자기를 알려면 훈련을 쌓으면서 다음과 같은 노력을 기울일 필요가 큽니다. 즉, 감관으로부터 멀어지고, 정신을 가다듬어 자신에게 집중하며, 자기 자신 안에 정신을 붙들어 두어야 합니다"(1,1,3).

[18] 예컨대 화자들은 말을 하다 입을 꾹 다물고 버티고(1,6,16), 그 자리에 없는 듯 행동하기도 하고(2,3,9), 옷을 입고 벗고(1,7,19), 머리를 절레절레 흔든다(1,8,24). 상대방의 실수를 좋아라, 이용하기도 하고(1,7,19), 어처구니없는 실수를 하고서는 계면쩍게 웃기도 한다(1,10,29). 젊은이들은 변소에서 볼일을 보면서 성가를 부르다 꾸중을 듣는가 하면 스승의 질책에 말대꾸도 서슴지 않는다(1,8,22-23).

장에서 일어나며 사흘간 연속으로 이루어진 것처럼 정리되어 있다. 첫 번 대화는 11월 17일과 18일 사이의 한밤중에 침실에서 시작되어 이튿날 아침까지 이어지고(1,3,6-8,26), 두 번째는 11월 19일 욕탕에서 이루어지며(1,9,27-11,33), 마지막은 11월 23일 또는 24일 날씨가 좋아서 노천에서 아침에 토론하고 오후에는 다시 욕탕에서 이어진다(2권 전체).

아우구스티누스는 본서에 실린 대화가 일어난 정황과 장소도 소상하게 본문에 싣고 있다. "위장의 통증이 부득불 학교를 그만두게 강요하는 마당에, 그리고 당신도 알다시피, 진즉부터 그러한 필수적 업무 없이 오로지 철학에 은둔하려고 힘쓰던 중이었으므로 나는 당장 우리와 아주 절친한 베레쿤두스의 별장으로 옮겨 왔습니다. … 거기서 우리는 우리에게 유익하다고 보이는 주제들을 두고 우리끼리 토론을 가졌습니다. 속기사도 두어 모든 얘기를 받아쓰게 했습니다. … 속기사를 둔 것은 우리들의 발언 중에 문자로 기록해 남기는 편이 좋겠다고 여겨지는 바가 있을 경우, 굳이 반복해서 발언할 필요도 없고 또다시 기억을 더듬는 수고도 없게 하려는 것이었습니다"(1,2,5).

또 카시키아쿰에서는 철학적 토론만 아니고 문학 강좌도 있었다고 보충한다. "건강을 아끼느라고 그날 하루 종일 나는 다른 일은 아무것도 하지 않았고 다만 날마다 하던 대로 저녁 식사 전에 그들과 더불어 베르길리우스 두루말이의 절반쯤 낭송을 들었을 뿐입니다. 그 밖에 우리가 한 일이라곤 사물들의 법도rerum modus라는 것을 고찰하는 일 말고는 아무것도 없었습니다"(1,8,26).

---

19 "같은 시기에, 그러니까 아카데미아학파에 대한 책이 집필되는 동안 나는 질서에 관하여 두 권의 책을 집필하였다"(『재론고』*Retractationes* 1,3,1). 『재론고』는 아우구스티누스가 생애 말년(426~427년)에 자기의 모든 저서를 재독하고 수정 보필을 가한 작품이다.

4. 등장인물

본인의 입으로 카시키아쿰 대화에 등장하는 인물들의 이름이 거명된다. "이 작업은 알리피우스Alypius와 내 아우 나비기우스Navigius, 근자에 놀랍게 시문詩文에 몰두하는 리켄티우스Licentius가 나와 함께했습니다. 군 복무가 트리게티우스Trygetius를 우리에게 되돌려 주었는데 그는 제대군인답게 역사歷史를 좋아했습니다. 우리는 그동안 벌써 상당한 분량을[20] 책자로 마련하고 있었습니다"(1,2,5). 그리고 본서는 아우구스티누스의 지인 제노비우스Zenobius에게 헌정된다.

4.1. 제노비우스Zenobius

대화의 계기는 '질서'라는 것을 거론해 온, 아우구스티누스의 친우 제노비우스의 시구詩句였다.[21] 그 무렵에 아우구스티누스가 제노비우스에게 보낸 서한을 보면 둘 사이에는 진지한 철학적 대화가 서신을 통해 이루어지고 있었음을 보여 준다.[22] 제노비우스와의 관계에 대해서는 본서에 이렇게 서술되어 있다. "우리의 제노비우스 님은 사물의 질서에 관해서 나와 함께

---

[20] 직전의 대화 『아카데미아학파 반박』, 『행복한 삶』을 정리해서 양피지에 옮기는 중이라는 말처럼 들린다.

[21] "그분은 그때까지만 해도 토론이 번번이 뒤로 미루어지기만 하는 것을 못 참았고, 그래서 나더러 보다 진지하게, 보다 폭넓게 답변을 하라고 독촉하는 뜻에서 심지어 시 한 편을 지어 나를 충동하기도 했다. 좋은 시였으니까 너 같은 사람은 그분을 더 좋아하게 되리라고 본다"(1,7,20).

[22] "내 생각에는 우리의 신체적 감관이 포착하는 모든 것이 시간의 한 시점에 동일한 양상으로 상존할manere 수 없고 쇠락(衰落)하고 유전(流轉)하며, 그 무엇도 현전(現前)하게 붙들지 못하므로 라틴 말로 하자면 non esse(존재하지 않는다)는 사실에 관해서 우리 사이에 제대로 합의를 본 것 같습니다. 참되고 신성한 철학은 그런 사물들에 대한 사랑이 아주 해롭고 징벌이 가득하므로 제발 삼가고 진정시키라고 경고합니다"(『서간집』*Epistulae* 2).

자주 또 많은 얘기를 나누었단다. 그토록 심원한 문제를 따지는 분을 나로서는 한 번도 만족시켜 주지 못했다. 사안이 하도 모호하기 때문이기도 했고 시간이 짧기 때문이기도 했다"(1,7,20).[23]

제노비우스를 평하여 "당신의 재능은 나에게 익히 알려져 있고, 당신의 정신은 온갖 미美를 애호하며, 무절제한 욕정도 허물도 없습니다. 이것은 당신에게 장차 지혜가 도래하리라는 표징이고 그런 표징이 신법神法으로 위태로운 탐욕을 삼가게 만들고 있습니다"(1,2,4)라고 한다. 문하생들과의 대화를 정리하여 그에게 헌정하는 이 책자가 '우주의 질서'를 궁구하는 "이런 일이 어떤 방법으로 이루어지는지, 어떤 순서를 화급하게 요구하는지, 공부하고 선량한 인간들에게 이성理性이 무엇을 약속하는지, 그리고 당신에게 극진히 사랑받는 우리가 과연 어떤 삶을 살아야 할지, 또 자유로운 여가로부터 우리가 어떤 열매를 향유하게 될 것인지"(1,2,4) 충분한 가르침을 주리라고 자신하기도 한다.

4.2. 리켄티우스 Licentius

아우구스티누스가 특히 총애하며 대화에 끌어들이고 철학적 소양을 키워 주려고 애쓰는 젊은이다. 아우구스티누스의 카르타고 유학부터 시작해서 그의 카르타고 체류, 로마와 밀라노의 여행과 체류를 재정적으로 후원하던 친지 로마니아누스 Romanianus의 아들이다. 로마니아누스는 아들의 교육을 아우구스티누스에게 맡기는 명분 하나로 그 모든 지원을 아끼지 않

---

[23] 본서가 제노비우스에게 헌정된 이유가, 둘 사이에 이미 '질서'에 관한 토론이 있었는데 주제의 난해함과 시간 관계로 뜻을 이루지 못했기 때문이라는 설명이다. "어떤 본분에서든 나는 그대에게 권유합니다, 우리가 서로 걱정해 주는 처지에 있다면, 그대의 처지가 어떻든 간에, 그대와 함께 시작했던 토론이 어떻게든 종결되어야 한다고. 비록 본인이 원하더라도 나는 [그 토론이] 알리피우스에 의해서 종결되도록 그냥 놓아두지 않겠습니다"(『서간집』 2).

았다. 리켄티우스는 스승을 따라 타가스테에서 카르타고로 갔고, 로마와 밀라노도 따라간 것으로 보인다.

"근자에 놀랍게 시문詩文에 몰두하는 리켄티우스"라는 말처럼, 스승의 지적에도 불구하고 토론 중에 정신을 딴 데로 쏟곤 한다(1,2,5). 스승의 꾸중에 "진리를 발견할 수 있으려나 하는 불신감이 저로 하여금 철학을 등지게 만들지 못했듯이 시가詩歌도 철학을 등지게 하지는 못할 것입니다"(1,4,10)라면서 말대꾸도 서슴지 않는다. 전반부(1,3,6-8,26)에서 이 젊은이는 주변의 현상을 관찰하고 직접경험에 의거해서 질서를 논하고 발언한다. 질서의 존재를 강조하다 보니 그는 오히려 스토아철학의 '결정론'決定論으로 기우는 입장이다. 인생에서 관찰되는 질서를 두고 트리게티우스와 언쟁을 거치면서 '내면'으로 시선을 돌리게 된다(1,9,27-2,2,7).

4.3. 트리게티우스Trygetius

본서에 "군 복무가 트리게티우스를 우리에게 되돌려 주었는데 그는 제대군인답게 역사歷史를 좋아했습니다"라고 소개된다. 진지하게 토론에 임하면서 사안을 명확하게 밝히고 적극 발언한다. 리켄티우스 같은 충동적인 열정은 보이지 않지만 발언이 신중하다.[24] 예를 들어 "아무것도 질서 밖에서 일어날 수 없다"는 명제를 어떻게 보느냐는 스승의 질문에 트리게티우스는 "저는 질서 쪽에 호감을 두지만 확실한 입장은 아닙니다. 하도 거창한 문제라서 진지하게 토론에 임해 보고 싶습니다"라고 대답하는 데 비해서 리켄티우스는 "이 명제에 관한 한 정말 저는 입장이 분명합니다. 선

---

[24] "선생님의 이 양도논법에 답변하기는 쉽습니다. 그러나 당장 이 자리에서 제 생각을 주장하고 설명해야 한다고 여겨지는 적절한 비유가 떠오르지 않습니다. 그렇더라도 제가 느끼는 대로 말씀드리겠습니다. 그리고 나면 조금 전에 하신 것처럼 선생님이 제 얘기를 보충해 주실 것입니다"(2,4,11).

생님이 말씀하신 그 담벼락이라면 그게 다 올라서기 전에 때려 부수는 짓도 뭣 때문에 주저하겠습니까?"(1,4,10)[25]라고 호기 있게 대답하여 둘의 성격의 차이를 드러낸다.

4.4. 어머니 모니카Monica

그리스도교 지혜와 상식적 지혜를 갖춘 여인으로 등장한다. 본서에서 정말 진지하게 토론에 개입하는 것은 한 번이지만(2,7,22-23) 등장은 여러 차례이다. 특히 제1권 말미에 어머니의 발언을 환영하는 아우구스티누스의 말은 퍽 인상적이다.[26] 아우구스티누스의 아우 나비기우스Navigius는 이름만 언급되지 본서에서 토론에 참석했다는 언급도 없고 발언한 기미도 안 보인다.

4.5. 알리피우스Alypius

아우구스티누스가 카르타고에서 유학하고 수사학 교사를 하던 시절부터 그의 곁에 있으면서 일평생 우정을 나누고 그리스도교 입문, 수도생활, 성직 생활을 함께하는 벗이다. 본서의 대화에서 처음 이틀간은 밀라노 출장으로 토론에서 빠져 있다. "그간 며칠이 지나는 사이에 알리피우스가 돌아왔고[27] 맑은 해가 솟아 맑은 하늘과, 겨울 날씨치고는 그래도 온화한 날씨가 우리를 초대하여 풀밭으로 내려가게 만들었습니다"(2,1,1).

---

[25] 비극의 주인공들처럼 담벼락에 난 틈새로 사랑을 속삭이느니 차라리 담벼락을 부숴 버리겠노라는 호언이다.

[26] "나를 사랑하시는 것보다 지혜를 더 사랑하십니다. … 어머니는 철학에 크게 정진하고 계시며, 심지어 죽음마저도 두려워하지 않는 것은 … 철학의 최고 요체입니다"라면서 어머니를 치켜세운다(1,11,32).

[27] 『아카데미아학파 반박』(1,2,5)에도 그의 밀라노 출장이 나오므로 초기 대화편들이 거의 동시에 이루어지고 양피지로 동시에 옮겨져 간행된 것으로 추정된다.

셋째 날에는 마치 청강하듯이 대화를 지켜보다가 두 젊은 토론자를 거 든다(2,3,8-10). 마지막에는 조교助敎처럼 좌장의 활동을 돕는다(2,20,53). 교부 가 학문론을 통해서 젊은이들에게 끼친 이 토론의 성과를 칭찬해 주는 발 언도 한다.[28]

5. 책의 구성[29]

본서는 두 권duo libri으로 이루어진 책이며[30] 제1권에서는 인간 의지와는 별도로 존재하는 이치 내지 질서를 궁구하고 제2권에서는 인간의 자세와 의지에 달린 이치 내지 질서를 다룬다.

제1권은 제노비우스에게 바치는 헌정사(1,1,1-2,5: '질서'라는 주제 제기)에 이어 세 편의 대화가 차례로 나오는데, 첫 번 대화(1,3,6-5,14)는 집 밖 수로에서 들리는 물소리를 두고 자연 세계의 모든 현상이 합리적 해설, 즉 충족이유充足理由를 가지느냐는 물음이 제기되고 토론에 들어간다. 모든 실재가 존재 근거를 얻는 어떤 원리를 설정하지 않고서는 '질서' — 최고의 '이성법'을 전제한다 — 라는 개념조차 거론되지 못한다. 둘째 대화(1,6,15-8,24)는 모든 악과 무질서와 오류도 결국은 질서 속에 내포되는 그런 궁극적 질서 혹은 '섭리하는 하느님'의 개념이 본격적으로 논의된다. 셋째 대화는 이튿 날까지 이어지는데(1,8,25-11,33) 닭싸움을 관찰하면서 '동물의 세계에도 질

---

[28] "자네는 참으로 훌륭한 생활상(生活相)을 우리 눈앞에 설정해 주었네. 간결하지만 완벽하게 말일세. 우린 비록 자네가 내리는 나날의 가르침에 매달려 살지만 오늘은 각별히 우리를 의욕에 차고 열성에 찬 사람으로 만들어 주었네"(2,10,28).

[29] Cf., Domenico Gentili, "Introduzione in Opere di Sant'Agostino: Dialoghi/1 *L'Ordine*", in Nuova Biblioteca Agostiniana 229-243.

[30] "같은 시기에, 그러니까 아카데미아학파에 대한 책이 집필되는 동안 나는 질서에 관하여 두 권의 책을 집필하였다"(『재론고』1,3,1).

서가 있는가?'라는 주제가 리켄티우스와 트리게티우스 사이에 언쟁을 유발한다. 이튿날 토론에서 두 토론자의 무분별한 경쟁심이 학예에 대한 교부의 해설을 초래하고, 어머니 모니카의 등장은 철학함의 또 다른 소명을 생각하게 만든다.

제2권은 인간의 자세와 의지에 달린 이치 내지 질서를 다루되 제1부(2,1,1-8,25)에서는 지혜로운 사람의 삶에서 관찰되는 질서를 논하면서 '어리석음'과 '무질서'가 어떻게 하느님의 정의와 섭리에 편입되는가를 심도 있게 다룬다. 제2부(2,9,26-15,43)는 일종의 학문론學問論이나 학예론學藝論이라고 하겠는데, 모든 자유 학예는 현자의 삶과 범상한 사람들의 삶을 통합하는 예비 과정이고 결국은 철학으로 귀결된다는 논지다. '권위와 이성', '언어와 학예', '수數와 질서'가 언급되면서 각개 학문에 소용될 교과서를 기술하겠다는 교부의 약속도 나온다.[31] 제3부(2,16,44-20,54)에서는 '철학함'philosophari을 다루면서 세계에 합리적 의미를 부여하는 이성理性이 특히 변증을 통해서, 탐구의 노력을 통해서, 일자一者와의 조화調和를 향하는 움직임을 소개한다. '지식과 지혜'를 토론하고 '철학에의 권유'(2,20,52-54)를 결론 삼아 책을 닫는다.

6. 번역 원본과 현대어 번역본

(1) 『질서론』*De ordine*의 우리말 번역은 W.M. Green의 비판본 *Sancti Aurelii Augustini, De ordine*. Corpus Christianorum Series Latina XXIX (Turn-

---

31 이 약속은 『음악론』*De musica*, 『변증법』*De dialectica*, 『문법론』*De grammatica*, 『수사학』*De rhetorica*으로 남아 있고, 그가 저술했다는 기록을 남긴 『산술』*De arithmetica*, 『기하』*De geometrica*, 『철학』*De philosophia*은 유실되어 전해 오지 않는다.

holti, Brepols 1955, 1970², 87-137)을 대본으로 삼았다.

(2) W.M. Green은 *De ordine* 비판본을 복원하는 데 다음의 9~12세기 수사본을 따랐음을 명기하고 있다.

    A   codex Andegauensis 166, saec. IX

    H   codex Harleianus 3039, saec. IX

    M   codex Monacensis 14330, saec. XI

    P   codex Parisinus 13369, saec. IX

    R   codex Remensis 382, saec. IX

    S   codex Trecensis 40, vol. I, saec. XII

    T   codex Trecensis 1085, saec. XI

(3) 본서의 최초 인쇄본 editio princeps은 다음과 같이 소개된다.

    Ugoleti, Parmae 1491

    Amerbach, Basileae 1528

    Erasmus, Basileae 1528

    Theologi Lovanienses, Antverpiae 1576

    Maurini, Parisiis 1679

(4) 『질서론』의 현대어 주요 번역본은 다음과 같으며 *표가 나오는 자료는 본서의 해제와 각주에 각별히 참조된 작품들이다.

영어본:

John J. O'Meara tr., *St. Augustine, Against the Academics*, in Ancient Christian

Writers. The Works of the Fathers in Translation 12 (New York 1951)

Robert Russell tr., *Saint Augustine, Divine Providence and the Problem of Evil*, in The Fathers of the Church. A New Translation, 5 St. Augustine (New York 1948²)

프랑스어본:

* R. Jolivet tr., *De ordine*, in I. Problémes fondamentaux, IV. Dialogues philosophiques (in Bibliotheque Augustinienne, Oeuvres de Saint Augustin 4) (Paris 1948², 1955: R. Jolivet - E. Gilson eds.)

* Jean Doignon tr., *De ordine - L'Ordre*. Dialogues Philosophiques (in Bibliotheque Augustinienne, Oeuvres de Saint Augustin 4/2) (Paris 1997)

독일어본:

C.J. Perl tr., *De ordine. Die Ordnung* (Paderborn 1952²)

Paul Keseling tr., *De ordine. Gottes Weltregiment: des Aurelius Augustinus "Zwei Bücher von der Ordnung"* (Münster 1949)

이탈리아어본:

Mario Moschetti tr., *S. Agostino, Del ordine*, in Biblioteca Agostiniana 16 (Firenze 1941)

* D. Gentili tr., *Sant'Agostino, L'ordine*, in Dialoghi I (in Nuova Biblioteca Agostiniana III/1) (Roma 1970)

Maria Bettetini tr., *Aurelio Agostino. Ordine, musica, bellezza* (Milano 1992)

* Virgilio Pacioni tr., *L'unitá teoretica del De ordine di S. Agostino* (Roma 1996)

*Giovanni Catapano tr., *L'ordine. Aurelio Agostino*, in Tutti i dialoghi (Milano 2005)

스페인어본:

Victorino Capánaga tr., *Del orden*, in Biblioteca de Autores Cristianos, Obras de San Agustin III Obras filosoficas 1 (Madrid 1982[2])

Avrelivs Avgvstinvs

DE ORDINE

✤

아우구스티누스
질서론

본문

LIBER PRIMUS

I 1. Ordinem rerum, Zenobi, com sequi ac tenere cuique proprium tum uero uniuersitatis, quo cohercetur et hic mundus regitur, uel uidere uel pandere difficillimum hominibus atque rarissimum est. Huc accedit, quod, etiamsi quis haec possit, non illud quoque ualet efficere, ut dignum auditorem tam diuinis obscurisque rebus uel uitae merito uel habitu quodam eruditionis inueniat. Nec tamen quicquam est, quod magis auide expetant quaeque optima ingenia magisque audire ac discere studean, qui scopulos uitae huius et procellas uelut erecto, quantum licet, capite inspiciunt, quam quomodo fiat, ut et deus humana curet et tanta in humanis rebus per-

---

1 Zenobius: 386년에 아우구스티누스가 그에게 서간(『서간집』 2)을 보내어 철학하는 모임에서 그가 떠나간 일을 아쉬워하고, 410년에 아우구스티누스에게 온 서간(『서간집』 117)에는 제노비우스가 황실 문서장(magister memoriae)에 임명되었다는 소식이 실려 있다. 아우구스티누스와의 구체적 우정 관계는 밝혀지지 않는다.

2 universitas: '보편', '전체', '만유', '세계', '우주'라고 다양하게 번역할 만큼 아우구스티누스의 글에 다양한 표현이 나온다.

3 본서의 주제는 '만물 각개에 고유한 질서'(ordo rerum cuique proprius)와 '우주(宇宙) 전체에 해당하는 질서'(ordo universitatis) 둘이며 그 상호 관계다. 기다란 서문(1,1,1-2,5)이 제노비우스에게 바치는 헌정사 형식으로 먼저 나온다.

제1권 _ 인간의 처분과 의지 밖에 존재하는 이치

질서에 관해서 어떤 의문이 제기되는가

    1.1. 제노비우스여,[1] 사물의 질서를 탐구하고 파악하는 일, 어느 것에나 고유하면서도 우주宇宙 전체[2]에 해당하는 질서,[3] 이 세계世界를 제어하고 통솔하는 질서[4]를 목격하고 설명하는 일은 사람들에게 참으로 어려울뿐더러 매우 드뭅니다. 여기다 보태서 설령 누가 그럴 능력이 있다손 치더라도, 그에 합당한 제자를 찾아내는 일, 곧 당사자의 공덕 있는 삶으로 보아서나 배우는 소양으로 보아서나 저토록 신묘하고도 모호한 사안을 알아들을 만한 제자를 찾아내는 일도 어렵습니다.[5] 하지만 아무리 그렇더라도, 더없이 뛰어난 지성들이라면 모두 열심히 듣고 배우려고 노력하는 바, 하는 데까지 머리를 꼿꼿이 쳐들고서 이승의 암초와 돌풍[6]을 직시하는 사람들 모두가 기대를 모아 열성을 기울이는 바가 다름 아닌 이것입니다. 곧,

---

    [4] ordo rerum universitatis quo coercetur hic mundus et regitur: ordo(질서)의 정의에 해당하면서 그리스인들의 κόσμος(그리고 τάξις: ratio, 이치) 개념을 전제한다. "만유의 어떤 이치가 존재한다고 이해할 것이고, 허다하고 무수한 사물의 질서들을 이 질서가 통솔하며, 대자연의 그 숱한 운동이 어떤 지성에 의해서 통솔된다고 여길 만하다"(Cicero, *De natura deorum* 2,5,15).

    [5] 아우구스티누스의 집필 의도가 사변적 탐구 외에도 교육 활동에도 있으므로 '공덕 있는 삶'(vitae meritum)과 '배우려는 소양'(habitus eruditionis)이 마땅한 '제자'(dignus auditor)의 두 조건이 된다.

    [6] '암초'(scopulus)와 '돌풍'(procella)은 교부의 초기 저서(『행복한 삶』 1,1-5)에서부터 진리와 선을 추구하는 인생과 역사에 악의 현존을 암시하는 은유로 등장한다(본서 2,20,54에서 다시 언급).

uersitas usque quaque diffusa sit, ut non diuinae sed ne seruili quidem cuipiam procurationi, si ei tanta potestas daretur, tribuenda esse uideatur. Quam ob rem illud quasi necessarium his, quibus talia curae sunt, credendum dimittitur, aut diuinam prouidentiam non usque in haec ultima et ima pertendi, aut certe mala omnia dei uoluntate committi, utrumque impium, sed magis posterius. Quamquam enim desertum deo quicquam credere cum imperitissimum, tum etiam periculosissimum animo sit, tamen in ipsis hominibus nemo quemquam non potuisse aliquid criminatus est. Neglegentiae uero uituperatio multo est quam malitiae crudelitatisque purgatior. Itaque uelut conpellitur ratio tenere non inmemor pietatis aut ista terrena non posse a diuinis amministrari aut neglegi atque contemni potius quam ita gubernari, ut omnis de deo sit mitis atque inculpanda conquestio.

2. Sed quis tam caecus est mente, ut quicquam in mouendis corporibus rationis quod praeter humanam dispositionem ac uolunta-

---

7 servilis procuratio는 집안 회계(會計)를 유식한 노예에게 맡겨 처리하던 관행을 일컫는다.

8 악의 문제(si deus est, unde malum?)는 아우구스티누스 평생의 연구 주제로서 본서 (1,1,2-7,23)에서도 심각하게 다루지만 『자유의지론』에서 근본 해결을 본다.

9 스토아의 지론대로 "큰일은 신이 다루지만 소소한 일은 신이 다루지 않는다(magna di curant, parva neglegunt: Cicero, *De natura deorum* 2,66,167)고 생각하거나, 일자(一者)로부터 시작하는 유출(流出)은 질료(質料)까지 이르지만 무(無)와 마찬가지인 질료는 이성(νοῦς)이 소홀히 한다"(『엔네아데스』*Enneades* 3,2,8)는 플로티누스의 학설이 있었다.

10 마니교를 비롯한 이원론자들처럼 선과 악의 두 원리를 상정하든 일원론을 고수하든 악마저도 제일원리에서 발생한다는 설명이 나온다(『고백록』 5,10,18 참조).

하느님이 인간사人間事를 돌보신다는 데도 인간사에 그 숱한 부조리不條理가 어디에나 만연해 있다는 사실이 도대체 어떻게 가능하냐는 의문입니다. 어디에나 만연한 부조리로 미루어 인간사를 신적 안배按配에 돌려야 하기는커녕, 아무 노예나 시켜서 — 물론 그만큼 큰 권력이 노예에게 부여되는 경우라야 하겠지만 — 처리하고 있지 않나 여겨지는 까닭입니다.[7] 그러다 보면 그런 문제로 번민하는 사람들에게는[8] 거의 필연적으로 신적 섭리가 인간사의 제일 낮고 가장 사소한 데에는 미치지 못한다고 믿거나[9] 모든 악은 하느님의 의지로 저질러진다고 믿게 됩니다.[10] 둘 다 불경스러운 생각이지만 후자는 더 심합니다. 어떤 것이 하느님의 안배에서 벗어나 있다고 믿는 일은 영혼에 극히 불건전하고 아주 위험스러운 생각입니다. 그렇지만 사람들 가운데 누구도 무엇을 할 능력이 없었다는 점이 곧 죄라고 몰리는 법이 없습니다. 그리고 소홀함에 대한 질책도 악의나 잔학 행위에 대한 질책에 비해서 훨씬 덜할 것입니다.[11] 그와 마찬가지로 이성이, 경건심을 잊어버린 것은 아니더라도, 저따위 지상 일은 신사神事에 의해서 관할되지 않는다고 믿거나, 그렇지 않으면 제대로 통솔받기보다는 소홀히 취급받고 대수롭지 않게 취급받는다는 믿음을 견지하는 경우, 하느님께 거는 모든 시비는 그만큼 완화되고 탓이 적어집니다.

인간 이성은 질서에 관해서 무엇을 알고 있는가

   1.2. 하지만 물체의 운동에서 관찰되는 현상, 곧 인간적 조치와 의지 밖에서 일어나는 현상을 신적 권능과 배려에 돌려야 한다는 점을 의심할 만

---

[11] 악의 문제가 신의 악의(惡意)로 귀결되지 않으면 신의 무능력이나 무관심으로 귀결되지만 그럴 경우 신에게 돌아가는 원망과 질책은 그만큼 가벼워진다.

tem est, diuinae potentiae moderationique dare dubitet? Nisi forte aut casibus tam rata subtilique dimensione uel minutissimorum quorumque animalium membra figurantur aut, quod casu quis negat, possit nisi ratione factum fateri aut uero per uniuersam naturam, quod in singulis quibusque rebus nihil arte humana satagente ordinatum miramur, alienare a secretissimo maiestatis arbitrio ullis nugis uanae opinionis audebimus. At enim hoc ipsum est plenius quaestionum, quod membra pulicis disposita mire atque distincte sunt, cum interea humana uita innumerabilium perturbationum inconstantia uersetur et fluctuet. Sed hoc pacto, si quis tam minutum cerneret, ut in uermiculato pauimento nihil ultra unius tessellae modulum acies eius ualeret ambire, uituperaret artificem uelut ordinationis et compositionis ignarum eo, quod uarietatem lapillorum perturbatam putaret, a quo illa emblemata in unius pulchritudinis faciem congruentia simul cerni conlustrarique non possent. Nihil e-

---

12 이하의 세 견해는 각기 에피쿠로스, 스토아 그리고 신플라톤 사상을 대표한다.

13 플로티누스가 소개하는 에피쿠로스 사상이다["원자(原子)라는 물리적 원리의 충돌과 조우에 의해서 모든 것이 이루어진다는 철학자들이 있다. … 모든 것이 그것으로부터 온다고 하여 실재를 거기로부터 오는 충동에 귀속시킨다": 『엔네아데스』 3,1,2].

14 플라톤이 아낙사고라스를 인용하여 만유를 안배하고 원인 짓는 것이 어떤 지성(νοῦς: cf., Plato, *Phaedo* 97c)이라고 언명한 뒤 사상가들은 한결같이 '우주의 합리적 질서'를 전제하고 옹호하고 입증하려고 노력해 왔다(플로티누스 『엔네아데스』 3,1,2). 키케로(*De natura deorum* 2,14,37: "지성과 이성보다 훌륭한 것이 없는 터에 세계가 이것을 결할 수는 없다")가 소개하는 스토아 사상에 두드러지게 나타난다.

15 per universam naturam: 혹자는 '대자연'과 '세계정신'을 동일시하는 스토아와 신플라톤 사상을 염두에 두고 '자연 전체를 내세워' 대자연의 질서를 인격신의 의지에 돌리는 것은 아니라고 해석한다.

큰 지성에 있어 맹목적인 사람이 누구겠습니까?¹² 그러니까 동물들의 몸체, 아주 미소한 동물들이라도 그 지체가 저토록 치밀하고 계산된 부피로 만들어졌음에도 운수運數나 우연偶然에 의해서 그런 형태를 띠게 된 것으로 돌리든가,¹³ 그렇지 않고 그런 것들이 우연에 의해서 초래된 것임을 부정하면서도 어떤 이성理性에 의해서 만들어졌다는 말은 하지 않는다든가,¹⁴ 그런가 하면, 인간 기술로 간여한 바가 전혀 없음에도, 자연 전체를 통해서¹⁵ 그 낱낱의 부분들에 이르기까지 완벽하게 질서 지어져 있음을 두고 탄복하면서도, 우리가 보잘것없고 황당한 사상에 말려들다 보니, 그 현상을 지존至尊의 내밀한 의지에 돌리지 않으려고 감히 수작을 부리거나 합니다.¹⁶ 하지만 바로 이 점이 의문으로 가득 차 있습니다. 벼룩 한 마리의 지체들은 놀랍고 짜임새 있게 만들어졌다고 하면서도, 인생 전체는 무수한 시련의 불안정으로 흔들리고 동요하게 되어 있겠느냐는 점입니다. 그럴 경우에, 세세한 데까지 관찰한답시고 누가 울퉁불퉁한 모자이크에서 단지 네모난 돌 조각 하나의 생김새 외에는 아무것도 못 보고 그것의 뾰족함 외에는 따질 능력이 없다고 합시다. 그럴 경우 그는 돌 조각들의 다채로움이 다소 혼란스럽다고 여기면서 그 모자이크를 꾸민 장인匠人을 두고 도대체 배열配列이나 배합配合을 모르는 사람이라고 꾸짖을 것입니다. 그 사람으로서는 거기 꾸며진 세공細工을 단일한 아름다움의 외양과 조화에 비추어서 한눈으로 감지하고 한꺼번에 감상하지 못하는 까닭입니다.¹⁷▶ 덜 배운 사

---

16 신의 의지와 직접적인 섭리는 신에게 가변성(可變性)을 부여하는 잘못이라면서, 세계를 주재하는 '세계정신'(anima mundi 혹은 *voûs*)을 따로 내세우는 철학 사상을 가리킨다(『엔네아데스』 3,8,4). "그들은 신적 능력이 자연 전체의 정신과 지성에 자리 잡고 있다고 하면서 세계를 곧 신이라고 말하고 그의 정신이 만유에 삼투한다고도 말한다"(Cicero, *De natura deorum* 1,15,39).

nim aliud minus eruditis hominibus accidit, qui uniuersam rerum coaptationem atque concentum inbecilla mente conplecti et considerare non ualentes, si quid eos offenderit, quia suae cogitationi magnum est, magnam rebus putant inharere foeditatem.

3. Cuius erroris maxima causa est, quod homo sibi ipse est incognitus. Qui tamen ut se noscat, magna opus habet consuetudine recedendi a sensibus et animum in se ipsum colligendi atque in se ipso retinendi. Quod hi tantum adsecuntur, qui plagas quasdam opinionum, quas uitae cotidianae cursus infligit, aut solitudine inurunt aut liberalibus medicant disciplinis.

II 3. Ita enim sibi animus redditus, quae sit pulchritudo uniuersitatis, intellegit, quae profecto ab uno cognominata est idcircoque il-

---

◂17 모자이크 조각들이 불완전하더라도 전체의 조화에서 보라는 조언이다. "화폭을 보노라면 예술이 깃들어 있고 배의 항해를 보노라면 이치와 기술대로 움직임을 안다. 그 예술과 장인들을 모조리 내포하는 이 세계에 이치와 현려가 결여될 수 있다는 생각은 잘못이다"(Cicero, *De natura deorum* 2,87).

18 다른 데(『독백』*Soliloquia* 1,6,13)서 아우구스티누스는 이성을 가리켜 '영혼의 시선'(aspectus animae ratio est)이라고 정의한다.

19 homo sibi ipse est incognitus: 그의 사상 전체를 관통하는 인간 탐구의 계기를 피력한다. 아우구스티누스에게 인간은 "커다란 수수께끼"(magna quaestio: 『고백록』 4,4,9)였고, "실로 위대한 심연"(grande profundum: 『고백록』 4,14,22)이다.

20 앞의 두 대화편(『아카데미아학파 반박』, 『행복한 삶』)에서도 인간이 주제를 이루었고 본서(2,18,47: "철학에는 두 문제가 있다. 하나는 영혼에 관한 것이고 하나는 하느님에 관한 것이다")에서도 이 주제가 강조된다.

21 『재론고』(1,3,2)에서 교부는 이 구절에 "내가 정작 신체의 감관을 지칭하면서 '신체의'라는 말마디를 보태지 않은 점도 마음에 들지 않는다"고 덧붙였다.

람들에게서 일어나는 일도 이와 다르지 않습니다. 지성이 허약하여 만물의 보편적인 결합과 배치를 파악하거나 고찰할 힘이 없는 것입니다.[18] 어떤 것이 저들의 마음에 들지 않을 경우, 그것이 저들의 생각에는 대단한 무엇으로 비치다 보니까 저들은 만유에 아주 거창한 추악함이 깃들어 있다고 여기게 됩니다.

질서에 관하여 궁구하려면 인간은 자신에게 시선을 집중해야 한다

1.3. 저런 오류의 제일 큰 원인은 인간이 자기 자신에게 미지未知의 존재라는 점입니다.[19] 그리고 사람이 자기를 알려면[20] 훈련을 쌓으면서 다음과 같은 노력을 기울일 필요가 큽니다. 즉, 감관으로부터[21] 멀어지고, 정신을 가다듬어 자신에게 집중하며, 자기 자신 안에 정신을 붙들어 두어야 합니다.[22] 이것을 달성하려면 일상생활의 과정이 초래하는 온갖 상념의 상처를 고독孤獨으로 지져 버리거나 자유 학예自由學藝로 치료해야 합니다.[23]

2.[3]. 그렇게 해서 정신이 제자리에 돌아오면 보편普遍의 아름다움[24]이 어떤 것인지 인식합니다. 여기서 '보편'이라는 말은 바로 '일자'一者로부터 유래한 명사입니다.[25] 다자多者에게로 뻗어 나가고 욕심껏 빈궁貧窮을 갈구

---

[22] "지성이 힘껏 육체의 모든 매듭으로부터 풀려나고, 지성 자체에 오로지 몰두하고 … 평온하게 자신과 하느님께 지향을 두라고"(『아카데미아학파 반박』 1,8,23) 역설한 바 있다.

[23] 자아 발견의 길을 '고독한 정묵(靜默)'이라는 구심적 집중(intentio)과 '학문'이라는 원심적 노력(distentio)으로 간추린다.

[24] pulchritudo universitatis: 앞의 각주 2 참조. 본서에서도 교부는 '아름다움'을 '질서'(1,7,18), '은총'(2,5,13)과 동의어로 쓰고 반대말로는 '추악함', '기형'(2,4,12)을 구사한다.

[25] 로마인들에게는 "uni-versitas(uni-versus: 하나를 지향함)는 unum(하나, 일자)으로 귀결된다"(universitas ad unum redit)는 공리가 있다(Ulpianus, *Digesta* 3,4,7).

Iam uidere non licet animae, quae in multa procedit sectaturque auiditate pauperiem, quam nescit sola segregatione multitudinis posse uitari. Multitudinem autem non hominum dico sed omnium, quae sensus attingit. Nec mirere, quod eo egestatem patitur magis, qui magis appetit plura conplecti. Vt enim in circulo quantumuis amplo unum est medium, quo cuncta conuergunt, quod κέντρον geometrae uocant, et quamuis totius ambitus partes innumerabiliter secari queant, nihil tamen est praeter illud unum, quo cetera pariliter dimetiantur et quod omnibus quasi quodam aequalitatis iure dominetur, hinc uero in quamlibet partem si egredi uelis, eo amittuntur omnia, quo in plurima pergitur, sic animus a se ipse fusus immensitate quadam diuerberatur et uera mendicitate conteritur, cum eum natura sua cogit ubique unum quaerere et multitudo inuenire non sinit.

4. Sed et haec, quae dixi, qualia sint et quae causa extet erroris animarum quoque modo et in unum congruant atque perfecta sint

---

26 "욕심껏 빈궁(貧窮)을 갈구하다"라는 문장은 반어법(反語法)이다. 앞서(『행복한 삶』 3, 22-28) egestas(빈궁)를 상세히 논구하였다.

27 '다자'(multitudo)를 로마인들처럼 '사람들의 무리'(multitudo hominum)로 보지 않고 플로티누스가 보듯이 '만유의 다수성'(multitudo omnium)으로 확대한다.

28 "원이란 그 도형의 내부에 있는 한 정점으로부터 곡선에 이르는 거리가 똑같은 하나의 곡선에 의해 둘러싸인 평면도형이다. 그리고 이 정점을 원의 중심이라고 한다"(Euclides, *Elementa* 1. deff. 15 et 16).

29 아우구스티누스는 물체는 무한하게 쪼개지고, "가지수(可知數)는 무한히 증가한다"(numerus intellegibilis infinite crescit: 『서간집』 3,2,8)는 언명을 한다.

하는²⁶ 영혼은 그런 아름다움을 관상할 자격이 없습니다. 그런 빈궁은 오로지 다자로부터 벗어남으로써가 아니면 피할 길 없다는 사실을 모르는 까닭입니다. 또 내가 '다자'라고 함은 '사람들의 무리'를 의미하는 게 아니라 감관이 포착하는 '만유의 다수多數'를 가리킵니다.²⁷ 사람이 많은 것들을 손아귀에 넣으려고 힘쓰면 힘쓸수록 더욱더 빈궁에 시달리게 된다는 말을 이상하게 여기지 마시오. 무릇 원圓이라는 것은 제아무리 둘레가 크더라도 중심中心은 하나이고 그리로 모든 것을 수렴합니다. 이것을 기하학자들은 중심점(κέντρον)이라고 부르는데²⁸ 원둘레 전체의 부분들을 할 수 있는 데까지 무수하게 쪼개더라도²⁹ 중심은 여전히 하나 외에 아무것도 아니고, 그 중심에 의해서 그 밖의 모든 것들이 측정되며, 균등 분할均等分割의 법칙에 따라서 모든 것들을 통솔합니다. 그대가 그 중심에서 원둘레 어느 부분으로 나가고자 하더라도, 다수로 퍼져 나가는 그만큼 모든 것이 상실됩니다.³⁰ 그와 마찬가지로 정신도 자기 자신으로부터 분산되어 나갈 적에, 어떻게 보면, 무한하게 갈라지며 정말 빈궁하게 전락합니다. 왜냐하면 자기의 본성은 어디서든지 일자一者를 찾지 않을 수 없게 몰아세우는데 다자多者는 그것을 발견하게 놓아두지 않는 까닭입니다.³¹

제노비우스에게 권유하다

2.4. 여하튼 나의 친애하는 제노비우스여, 당신은 내가 말한 바를 이해하리라 봅니다. 나는 영혼들의 오류가 어떤 것들이고 그 오류의 어떤 원인

---

30 『고백록』(10,29,40) 참조: "절제를 통해서 저희가 일자(一者)로 모아지고 거두어지느니, 저희가 그 일자에서 다수(多數)로 흩어져 나갔었기 때문입니다"(unum, a quo in multa defluximus).

31 "일자(一者)는 선(善)으로서 항상 여일하고 모든 이치가 그리로 수렴되어야 하는 것이 원(圓)의 경우 중심으로부터 모든 광선이 나오는 것과 마찬가지다"(『엔네아데스』 1,7,1).

cuncta et tamen peccata fugienda sint, assequeris profecto, mi Zenobi – sic enim mihi notum est ingenium tuum et pulchritudinis omnimodae amator animus sine libidinis inmoderatione atque sordibus, quod signum in te futurae sapientiae perniciosis cupiditatibus diuino iure praescribit, ne tuam causam deseras falsis uoluptatibus inlectus, qua praeuaricatione nihil turpius et periculosius inueniri potest – assequeris ergo ista, mihi crede, cum eruditioni operam dederis, qua purgatur et excolitur animus nullo modo ante idoneus, cui diuina semina committantur. Quod totum cuius modi sit et quem flagitet ordinem quidue studiosis et bonis ratio promittat qualemque uitam nos uiuamus, carissimi tui, et quem fructum de liberali otio carpamus, hi te libri satis, ut opinor, edocebunt nomine tuo nobis quam nostra elaboratione dulciores, praesertim si te in ipsum ordinem, de quo ad te scribo, meliora eligens inserere atque coaptare uolueris.

---

32 일자를 향하는 철학적 여정(conversio)에 종교적 의미로 죄로부터의 정화(淨化)가 필수적이라는 주장은 아우구스티누스의 모든 저서에서 엿볼 수 있다.

33 제노비우스는 시를 짓기도 하고(1,7,20: "시 한 편을 지어 나를 충동하기도 했다. 좋은 시였다"), 철학에 진지하게 몰입하기도 했다(1,9,27: "그분은 늘 이 문제를 가지고 나한테 독촉을 하였는데 나는 문제의 중대성에 비추어 한 번도 그분에게 여유를 내지 못했다").

34 선(善)이 만유의 중심이 된다면, 본서에서는 '질서'를 논하면서 자연 중심에서 인간 중심으로, 그리고 인간 중심에서 신 중심으로 사유를 이끌어 가려는 아우구스티누스의 의도를 드러낸다.

책의 서두(1,1,1)에서 질서(ordo)를 주제로 한다는 언급으로 그쳤는데 이제 자기의 집필 의도를 상세히 밝히면서 이 책의 헌정자와 얘기를 나눈다. 본서의 철학적 대화는 1,3,6부터 시작한다.

35 divina semina: 그리스철학의 '이념'(rationes)을 가리키면서 배종 이념(rationes seminales)이라는 용어로 아우구스티누스의 창조론에 차용된다.

이 존재하는지 얘기하려는 참이고, 모든 것이 어떻게 해서든지 일자로 수렴하려고 한다는 점과 모든 것이 일자에서 완결을 보리라는 점과 어떻든 죄罪는 피해야 한다는[32] 얘기를 하려는 참입니다. 당신의 재능은 나에게 익히 알려져 있고, 당신의 정신은 온갖 미美를 애호하며,[33] 무절제한 욕정도 허물도 없습니다. 이것은 당신에게 장차 지혜가 도래하리라는 표징이고 그런 표징이 신법神法으로 위태로운 탐욕을 삼가게 만들고 있습니다.[34] 당신이 거짓 욕정에서 자극을 받아 당신의 사유를 저버리는 일이 없게 하기 위함이니, 그런 이탈보다 더 추루하고 더 위험스러운 것이 도무지 없을 터입니다. 그러니 내 말을 믿어 주시오. 당신이 연학研學에 공을 들이면 저런 성과를 달성할 테고, 전에는 신적 배종胚種을[35] 위탁받기에 어느 모로도 적합하지 못했던 정신이 드디어 정화되고 연마되기에 이를 것입니다. 그러면 이런 일이 어떤 방법으로 이루어지는지, 어떤 순서를 화급하게 요구하는지, 공부하는 선량한 인간들에게[36] 이성理性이 무엇을 약속하는지, 그리고 당신에게 극진히 사랑받는 우리가 과연 어떤 삶을 살아야 할지, 또 자유로운 여가로부터[37] 우리가 어떤 열매를 향유하게 될 것인지 이 책들이 당신에게 충분한 가르침을 주리라고 생각합니다. 더구나 이 책은 당신에게 헌정되었으므로 우리의 수고보다는 당신의 이름과 결부되어 더 훌륭한 책이 될 것입니다. 특히 당신이 최선을 선택하여 자신을 이 질서秩序에 합치시키고 순응하기 바란다면 더욱 좋은 결과를 낼 것입니다. 내가 당신에게 적어 보내는 내용은 바로 이 질서에 관해서입니다.

---

[36] '공부하는 사람'(studiosus)은 '호기심만 지닌 사람'(curiosus)과 대조된다(2,5,17).

[37] '철학하는 여가'(『아카데미아학파 반박』 2,2,4) 혹은 '철학 공부'를 가리킨다.

5. Nam cum stomachi dolor scholam me deserere coegisset, qui iam, ut scis, etiam sine ulla tali necessitate in philosophiam confugere moliebar, statim me contuli ad uillam familiarissimi nostri Verecundi. Quid dicam eo libente? Nosti optime hominis cum in omnes tum uero in nos beniuolentiam singularem. Ibi disserebamus inter nos, quaecumque uidebantur utilia adhibito sane stilo, quo cuncta exciperentur, quod uidebam conducere ualetudini meae. Cum enim nonnulla loquendi cura detinerer, nulla inter disputandum inrepebat immoderata contentio; simul etiam, ut, si quid nostrum litteris mandare placuisset, nec aliter dicendi necessitas nec labor recordationis esset. Agebant autem ista mecum Alypius et Nauigius, frater meus, et Licentius repente admirabiliter poeticae deditus; Trygetium item nobis militia reddiderat, qui tamquam ueteranus adamauit historiam; et iam in libris nonnihil habebamus.

---

38 다른 데(『아카데미아학파 반박』 1,1,3; 『행복한 삶』 1,4; 『고백록』 9,2,4)서는 가슴의 통증(pectoris dolor)으로 나온다. 둘 다 그가 공직(公職)을 떠나 카시키아쿰에 은둔하는 계기를 만든다.

39 직역하면 '철학에로 도피하려고'. 철학을 혼란한 영혼의 치료제로 표현하는 전통(cf., Cicero, *Tusculanae disputationes* 3,4,7)에 따라 이하에서는 철학을 '영혼의 포구'에 비유한다.

40 Verecundus: 『고백록』(9,3,5)에 의하면 밀라노 태생으로 문법 교수였고 아우구스티누스의 입교보다 조금 늦게 세례를 받아 아프리카까지 따라와 공동생활을 시작한 지 얼마 안 되어 별세한다.

41 별장(Rus Cassiciacum)이 있던 곳의 현재 소재지는 밀라노 북동쪽 Cassago in Brianza 라고도 하고 북쪽 마을 Casciago라고도 한다.

42 Alypius: 아우구스티누스의 동향인으로 가장 절친한 친우이면서 학문에는 제자의 입장에 있었다. 이 대화편에서는 잠시만 등장한다.

43 Navigius frater meus: 교부의 친아우로 카시키아쿰에 함께 있었고 모친의 죽음에 임종했으며(『고백록』 9,11,17) 훗날 그의 딸들은 수녀가 되었다(포시디우스 『아우구스티누스의 생애』 26,1).

아우구스티누스의 처지는 어떠한가

   2.5. 위장의 통증[38]이 부득불 학교를 그만두게 강요하는 마당에, 그리고 당신도 알다시피, 진즉부터 그러한 필수적 업무 없이 오로지 철학에 은둔하려고[39] 힘쓰던 중이었으므로 나는 당장 우리와 아주 절친한 베레쿤두스[40]의 별장[41]으로 옮겨 왔습니다. 내가 이사 온 것을 그가 좋아했다는 사실을 굳이 얘기해야겠습니까? 모든 사람들에게 그렇지만 특히 우리한테 보여 준 그 사람의 각별한 호의를 당신은 아주 잘 압니다. 거기서 우리는 우리에게 유익하다고 보이는 주제들을 두고 우리끼리 토론을 가졌습니다. 속기사速記士도 두어 모든 얘기를 받아쓰게 했습니다. 그게 내 건강에 도움이 된다고 보았던 것입니다. 나로서는 토론하는 동안 발언에 대해 적지 않게 신경을 썼으며 토론 중에 과도한 언쟁이 끼어들어 오는 일은 없었습니다. 속기사를 둔 것은 우리들의 발언 중에 문자로 기록해 남기는 편이 좋겠다고 여겨지는 바가 있을 경우, 굳이 반복해서 발언할 필요도 없고 또다시 기억을 더듬는 수고도 없게 하려는 것이었습니다. 이 작업은 알리피우스[42]와 내 아우 나비기우스,[43] 근자에 놀랍게 시문詩文에 몰두하는 리켄티우스[44]가 나와 함께했습니다. 군 복무가 트리게티우스[45]를 우리에게 되돌려 주었는데 그는 제대군인답게 역사歷史를 좋아했습니다. 우리는 그동안 벌써 상당한 분량을 책자로 마련하고 있었습니다.[46]

---

  [44] Licentius: 로마니아누스의 아들로 대화편에서 아우구스티누스가 즐겨 상대하는 젊은이로서, 『아카데미아학파 반박』에서 아카데미아학파의 입장을 옹호하였다. 여기서는 스토아의 결정론을 지지하는 입장이어서 아카데미아학파의 견해와는 다르다.
  [45] Trygetius: 타가스테 출신이고 로마니아누스의 친척으로 아우구스티누스의 문하에 있었다. 토론에는 리켄티우스보다는 소극적이고 현실주의자로 등장한다.
  [46] 『아카데미아학파 반박』, 『행복한 삶』의 대화를 정리해서 양피지에 옮기는 중이라는 말로 들린다.

III 6. Sed nocte quadam, cum euigilassem de more mecumque ipse tacitus agitarem, quae in mentem nescio unde ueniebant – nam id mihi amore inueniendi ueri iam in consuetudinem uerterat, ut aut primam, si tales curae inerant, aut certe ultimam, dimidiam tamen fere noctis partem peruigil quodcumque cogitarem, nec me patiebar adulescentium lucubrationibus a me ipso auocari, quia et illi per totum diem tantum agebant, ut nimium mihi uideretur, si aliquid etiam noctium in studiorum laborem usurparent, et id a me ipsi quoque praeceptum habebant, ut aliquid et praeter codices secum agerent et apud sese habitare consuefacerent animum – ergo, ut dixi, uigilabam, cum ecce aquae sonus pone balneas, quae praeterfluebat, eduxit me in aures et animaduersus est solito adtentius. Mirum admodum mihi uidebatur, quod nunc clarius nunc pressius eadem aqua strepebat silicibus inruens. Coepi a me quaerere, quaenam causa esset. Fateor, nihil occurrebat, cum Licentius lecto suo importunos percusso iuxta ligno sorices terruit seseque uigilantem hoc modo indicauit. Cui ego: Animaduertisti, inquam, Licenti – nam uideo tibi Musam tuam lumen ad lucubrandum accendisse –

---

[47] 이 대화는 밤에서 시작하여 밤으로 끝난다(2,20,54). 이튿날 아침 욕탕에서(1,19,27) 두 번째 모임, 세 번째 모임은 며칠 쉰 다음 풀밭에서(2,1,1), 네 번째 회동(2,6,19)은 같은 날 오후 욕탕에서 이루어진다.

[48] 어디서나 '진리를 찾는 버릇'(consuetudo veri)이 교부의 삶의 원동력이었다(『고백록』 10,23,34 참조).

[49] 자연현상의 인과(因果)를 따져 질서의 개념에 접근하는 계기로 삼는다.

물소리가 때로는 또렷하게 때로는 낮게 들리는 현상

3.6. 어느 날 밤[47] 잠이 깨어 있어서 평소에 내가 하던 대로 말없이 어디서 머리에 떠오르는지는 나도 모를 생각을 이것저것 하고 있었습니다. 진리를 찾아내겠다는 사랑 때문인지 그게 나한테는 이미 습관으로 배어서,[48] 초저녁에 근심거리가 남아 있거나 그렇지 않으면 한밤중에 몸을 뒤척이는 버릇이 있었습니다. 어떻든 밤의 절반은 뭔가를 궁리하면서 꼬박 새는 게 예사였습니다. 또 나는 젊은이들의 밤공부에 내가 나서는 일을 용납하지 않았습니다. 젊은이들도 하루 종일 정말 많은 일을 하기 때문에 밤을 새 가면서까지 공부하라고 고생시킨다는 것은 내게도 너무하다 싶었습니다. 그들은 나한테서 다음과 같은 지침을 받아 두고 있었습니다, 교과서 외에도 자기들끼리 무슨 주제든 내놓고 토론을 하며, 자신에게 정신을 집중하는 습관을 들일 것. 하여튼 내가 얘기하던 대로, 밤중에 깨어 있는데 물소리가 욕탕 가까이서 들렸고 어디선가 넘쳐 나는 소리였습니다. 그 소리가 내 귀를 사로잡았고 으레 하던 대로 갈수록 귀를 세우게 만들었습니다. 같은 물이 자갈 위를 흐르면서 때로는 또렷하게 때로는 낮게 소리를 내는 점이 신기했습니다. 그래서 필시 무슨 까닭일까 스스로 묻기 시작했습니다.[49] 아무 생각도 떠오르지 않았다고 고백해야겠습니다. 그런데 옆방에서 리켄티우스가 반갑지 않은 쥐들에게 겁을 주려고 나무 막대로 자기 침상을 툭툭 두드리는 소리가 났습니다. 자기가 깨어 있음을 그런 식으로 나타낸 것입니다. 내가 그에게 말을 걸었습니다. "리켄티우스, 네 무사[50]가 등불을 켜 주면서까지 네게 밤공부를 시켰나 본데,[51] 왜 저 도랑이 물소리를

---

50 Musa tua: 리켄티우스가 시가(詩歌)에 몰두하던 참이니 이하(1,3,8)에 아우구스티누스가 거명하는, 서사시의 뮤즈 칼리오페(Calliope)다.

51 『재론고』(1,3,2)에서 교부는 이 구절을 두고 "비록 농담으로 언명하기는 했지만 무사들(Musae)을 여신처럼 언급하기도 했다"면서 후회한다.

quomodo canalis iste inconstanter sonet? – Iam, inquit, mihi hoc non est nouum. Nam desiderio serenitatis cum expergefactus aliquando aurem admouissem, ne imber ingrueret, hoc agebat aqua ista, quod nunc. – Approbauit Trygetius. Nam et ipse in eodem conclaui lecto suo cubans uigilabat nobis nescientibus – erant enim tenebrae – quod in Italia etiam pecuniosis prope necesse est.

7. Ergo ubi uidi scholam nostram, quantacumque aderat – nam et Alypius et Nauigius in urbem ierant – etiam illis horis non sopitam, et me cursus ille aquarum aliquid de se dicere admonebat: Quidnam uobis, inquam, uidetur esse causae, quod sic alternat hic sonus? Non enim quemquam putamus his horis uel transitu uel re aliqua lauanda totiens illum meatum interpellare. – Quid putas, inquit Licentius, nisi alicubi folia cuiuscemodi, quae autumno perpetuo copioseque decidunt, angustiis canalis intertrusa uinci aliquando atque cedere; ubi autem unda, quae urgebat, pertransierit, rursum colligi atque stipari aut aliquid aliud uario casu foliorum natantium fieri, quod ad illum fluxum nunc refrenandum nunc emittendum si-

---

52 참조: "글을 계속하고 싶지만 등잔 기름이 넉넉지 않구려"(Cicero, *Epistolae ad Atticum* 7,7,7).

53 학생들과 수시로 토론을 개진하는 교사로서는 사태의 '원인'을 캐묻게 하는 일이 출발점이 된다(앞의 각주 5 참조).

똑같이 내지 않는지 혹시 유념해 보았느냐?" 그가 말했습니다. "제게는 그게 이번이 처음이 아닙니다. 때로 밤에 눈이 떠져서, 날씨가 제발 맑았으면 해서 비가 오지 않나 귀를 기울이다 보면 저 물이 지금처럼 소리를 내곤 했습니다." 트리게티우스도 그 말에 동조하였습니다. 우리가 모르는 새에 그도 그 방에서 잠을 깬 채 누워 있었던 것입니다. 캄캄했습니다. 이탈리아에서는 돈 있는 사람들에게도 밤에 불을 켜 두지 않는 일은 필수였습니다.[52]

리켄티우스가 그 현상을 설명하다

3.7. 우리 학교가 그 자리에 다 모여 있던 셈이고 — 알리피우스와 나비기우스는 도회지에 가고 없었습니다 — 그 시각에도 잠들지 못하고 있던 데다 그 물길이 내게 뭔가 얘기해 줄 것이 있을 듯해서 나는 젊은이들에게 이렇게 귀띔해 보았습니다. "너희들에게는 이유가 무엇일 것 같으냐?[53] 물소리가 이토록 달리 나는 이유 말이다. 누가 이 시간에 도랑을 밟고 지나간다거나 무엇을 씻는다거나 해서 꼬박꼬박 물길을 막는다고 생각할 수는 없지 않느냐?" 리켄티우스가 얘기했습니다. "이건 어떻게 생각하십니까? 지루한 가을철을 두고 나뭇잎이 한없이 떨어지는데[54] 어떤 지점에서는 나뭇잎들이 모여서 좁은 물길을 막습니다. 그래서 한참 물길이 막혀 흐를 생각을 못하고, 그러다가 물이 차서 밀어붙이면 다시 물길이 뚫리는 것입니다. 그러고는 또다시 잎들이 모여 차곡차곡 쌓입니다. 물에 떠 오는 잎들이 갖가지 우연偶然에 따라서 시시각각 다른 무엇이 발생해서 이때는 흐름

---

54 문하생들은 베르길리우스의 다음 시구(*Aeneis* 6,309-312)를 읽었을 것이다: "가을의 첫 추위에 숲속에는/ 우수수 지는 잎새 얼마나 많은고/ 차가운 계절이 바다 너머로 쫓아/ 따사로운 땅으로 몰아넣을 제/ 새들은 한바다에서 뭍으로/ 얼마나 많이 모여드는고."

militer ualeat? – Visum est mihi probabile aliud non habenti confessusque sum laudans ingenium eius nihil me inuenisse, cum diu quaesissem, cur ita esset.

8. Tum interposito modico silentio: Merito, inquam, tu nihil mirabaris et apud Calliopam te intus tenebas. – Merito, inquit ille, sed modo plane dedisti mihi magnum mirari. – Quidnam hoc est? inquam. – Quod tu, inquit, ista miratus es. – Vnde enim solet, inquam, oboriri admiratio aut quae huius uitii mater est nisi res insolita praeter manifestum causarum ordinem? – Et ille: 'Praeter manifestum' inquit, accipio; nam praeter ordinem nihil mihi fieri uidetur. – Hic ego erectior spe alacriore, quam soleo esse, cum aliquid ab his requiro, quod rem tantam et tam subito heri paene ad ista conuersus adulescentis animus concepisset nulla umquam de his rebus inter nos antea quaestione agitata: Bene, inquam, bene; sed prorsus bene multum sensisti, multum ausus es. Hoc, mihi crede,

---

55 아우구스티누스는 『신국론』(5,11)에서도 나뭇잎을 언급한다: "그분은 하늘과 땅만 아니고 … 새의 깃털도, 풀의 작은 꽃도, 나무의 잎새 그 어느 것에도 부분들의 비례와 일종의 평화 없이 남겨 두지 않았다."

56 앞의 각주 50 참조. 그의 습작시는 교부의 서간(『서간집』 26)에 인용되기도 한다.

57 '감탄의 이유'. 교부는 『재론고』(1,3,2)에서 '악덕'(vitium)이라는 이 단어를 가리켜 "악덕(惡德)을 두고 탄복하는 듯한 투로 말한 적도 있다"면서 바로잡는다.

58 불규칙한 물 흐름도 전체적 질서를 벗어나지 않았으리라는 스토아 결정론을 대변하는 리켄티우스는 '드러난 질서 밖에서'라는 문구에는 수긍하겠지만 '질서 밖에서'라는 말에는 수긍하지 않겠다고 단언한다. 형용사 manifestum은 '바깥 현상으로 드러난'이라는 의미다.

이 막힌 듯하고 저때는 물길이 터진 듯하여 소리를 달리 내는 것입니다." 내게는 그 말이 그럴듯하게 들렸고 다른 생각이 없었던 터라서[55] 그의 재주를 칭찬하면서 나는 상당히 오래 그 문제를 궁리해 왔으면서도 왜 그런지 모른 채 아무 해답도 찾지 못했노라고 실토하였습니다.

아우구스티누스는 리켄티우스가 헬리콘 산을 넘어가려고 한다면서 축하해 주었다

3.8. 얼마간 침묵이 흘렀습니다. 그다음 내가 입을 열었습니다. "응당 너는 그 점을 조금도 이상하게 생각 않고 칼리오페만 단단히 붙들고 있었단 말이지?"[56] "그야 당연하죠. 하지만 이젠 확실히 그게 상당히 놀라운 일이라는 생각을 저한테 주셨습니다." "그게 뭔데?" "선생님이 그것을 신기하게 생각하셨다는 그 점입니다." "하지만 신기하다는 감탄이 어디서 생겨나는 법이지? 원인들의 드러난 질서 밖에서 일어나는 예상 밖의 일이 이런 악덕의 모체가 아니더냐?"[57] 그러나 그는 이렇게 말했습니다. "'드러난' 질서 밖에서,라고 하신 말씀까지는 수긍하겠습니다. 다만 제게는 '질서 밖에서' 일어나는 일은 아무것도 없다고 보입니다."[58] 그 말에 나는 평소에 내가 그들에게 뭔가를 질문할 적에 품던 것보다 더 신나는 기대를 품었습니다.[59] 겨우 엊그제 이런 주제에 관심을 가지게 된 젊은이의 지성이 벌써 이런 주제를 두고 그토록 빨리 모종의 개념을 갖추게 되었다는 사실 때문이었습니다. 이런 주제에 관해서 우리 사이에 무슨 시비가 오간 적이 한 번도 없었던 것입니다. 그래서 내가 말을 꺼냈습니다. "좋아, 좋아. 정말 넌 아주 잘 간파했다. 넌 상당히 깊이 들어간 셈이다. 내 말을 믿어라. 이건 헬리콘을 까마득하게 넘어서는 문제다.[60]▶ 넌 그 봉우리에 올라서서 하늘

---

[59] 소크라테스와 플라톤 이래, 특히 교사와 학생 간의 질의응답은 산파술(産婆術)이라고 일컫는 교육학적 의도와 기대 속에 이루어지는 대화였다.

longo interuallo transcendit Heliconem, ad cuius uerticem tamquam ad caelum peruenire conaris. Sed peruellem adesses huic sententiae; nam eam labefactare temptabo. – Sine, inquit, modo me mihi, quaeso te; nam ualde in aliud intendi animum. – Hic ego nonnihil metuens, ne studio poeticae penitus prouolutus a philosophia longe raperetur: Inritor, inquam, abs te uersus istos tuos omni metrorum genere cantando et ululando insectari, qui inter te atque ueritatem inmaniorem murum quam inter amantes tuos conantur erigere; nam in se illi uel inolita rimula respirabant. Pyramum enim ille tum canere instituerat.

9. Quod cum seueriore quam putabat uoce dixissem, subticuit aliquantum. Et ego iam reliqueram coepta et ad me redieram, ne frustra occupare praeoccupatum atque inepte uellem; tum ille:

Egomet meo indicio quasi sorex,

inquit, non dictum est commodius apud Terentium quam nunc dici a me de me potest; sed sane illud ultimum fortasse in contrarium

---

◂60 헬리콘(Helicon)은 아폴로와 뮤즈들에게 성산(聖山)으로 알려져 있었던 산이므로, '만유의 질서와 섭리에 관한 철학적 토론은 시문학(詩文學)보다 한결 중요하다'는 격려의 말이다.

61 "두 집이 함께 쌓은 바람벽에는 오래전에 생긴 가느다란 틈새가 갈라져 있었으니 … 사랑이 눈치채지 못하는 게 과연 뭐든가?"(Ovidius, *Metamorphoses* 4,66-68).

62 오비디우스가 노래한 바빌론의 연인들 피라무스와 티스베의 사랑 얘기(*Metamorphoses* 4,55-166)를 리켄티우스가 서사시풍으로 번안해 보려고 애쓰던 참이었다.

까지 닿겠다는 생각이로구나. 그렇지만 우선 네가 이 명제命題에 잠깐 멈추었으면 한다. 그 명제를 내가 무너뜨려 보겠다." "하지만 제발 당장은 절 좀 가만히 놓아두십시오. 저는 영 딴 데 정신을 쏟고 있던 참이었습니다." 나는 여기서 그가 시문詩文을 공부하는 데 너무 몰두하다 철학哲學으로부터 멀리 떨어져 나갈까 조금 걱정이 되어 한마디 했습니다. "네 시구詩句들에 온갖 운율을 매겨 가면서 흥얼거리고 소리를 질러 대고 다니는 꼴이 난 참 언짢다. 그게 네 시에 등장하는 연인들 사이에 놓인 장벽보다 더 두꺼운 담벼락을 너와 진리 사이에 쌓으려 하기 때문이다. 그 연인들이야 벽 사이 틈새로라도[61] 서로 숨결을 나누고 있었는데 말이다." 실제로 리켄티우스는 피라무스 얘기를 노래로 짓기로 작정하고 있었습니다.[62]

비로소 리켄티우스가 시가詩歌를 접어 두고 지혜로 나아가다

3.9. 예상한 것보다 더 엄한 목소리로 내가 이 말을 하자 그는 얼마간 잠자코 있었습니다. 나도 딴생각에 골몰하는 사람을 하릴없이 긁어 놓기가 싫어서 내가 꺼냈던 얘기를 제쳐 놓은 채로 전에 하던 생각으로 돌아왔습니다. 그러자 그가 한 구절을 읊었습니다.

> 내 갈 길 놓쳐 뒤쥑 신세.[63]

그러고서는 이렇게 말을 이었습니다. "테렌티우스 작품에 나오는 글귀 가운데 지금 제가 저 자신을 두고 얘기하자면 이보다 적절한 구절이 없겠습

---

[63] 테렌티우스의 "가련할손 나는 오늘 내 갈 길 놓친 뒤쥑 신세가 되고 말았네. 나는 망했네"(Terentius, *Eunuchus* 5,6,1024)라는 구절을 앞뒤로 끊어서 인용했다.

uertetur; quod enim ait ille:

hodie perii,

ego forte hodie inueniar. Nam si non contemnitis, quod superstitiosi solent, etiam de muribus augurari, si ego illum murem uel soricem, qui me tibi uigilantem detulit, strepitu meo commonui, si quid sapit, redire in cubile suum secumque conquiescere, cur non ego ipse isto strepitu uocis tuae commonear philosophari potius quam cantare? Nam illa est, ut tibi cotidie probanti iam coepi credere, uera et inconcussa nostra habitatio. Quare, si tibi molestum non est atque id fieri debere arbitraris, roga quod uis; defendam, quantum possum, ordinem rerum nihilque praeter ordinem fieri posse asseram. Tantum enim eum animo imbibi atque hausi, ut, etiamsi me quisquam in hac disputatione superarit, etiam hoc nulli temeritati sed rerum ordini tribuam. Neque enim res ipsa, sed Licentius superabitur.

IV 10. Ego rursum gaudens eis me restitui. Tum Trygetio: Quid,

---

64 스승을 안심시키려고 그는 '오늘로 나는 망했네'(hodie perii)라는 희극 문구를 '나는 오늘로 정신을 차려야겠네'(hodie inveniar), 쥐가 제 구멍으로 들어가듯 정신 차려 철학에 몰입하겠다는 말로 바꾼다.

65 리켄티우스는 자기가 쥐에게, 선생님이 자기에게 낸 '요란한 소리'(strepitu meo ↔ strepitu vocis tuae), 쥐와 자기에게 내려진 엄중한 '경고'(commonui ↔ commonear), '쥐구멍'과 철학이라는 정신적 '처소'(in cubile suum ↔ nostra habitatio)를 대구로 삼으면서 익살스러운 말장난을 하고 있다.

니다. 하지만 글귀 맨 끝에 가서 그는

  오늘로 나는 망했네.

라고 했는데 이 구절만큼은 아마 정반대로 바꿔 놓아야 할 것 같습니다. 나는 아마 오늘부터 정신을 차려야 할 것 같습니다.[64] 미신을 믿는 사람들은 들쥐한테서도 길흉을 점친다는 사실을 두고 여러분이 경멸은 않으리라 봅니다. 제가 잠이 깨어 있었음을 선생님께 알려 드리게 만든 게 저 들쥐나 뒤쥐입니다. 제가 막대기로 침대를 톡톡 치는 요란한 소리를 내어 그 쥐들한테 이제 잠자리로 돌아가서 얌전히 있으라고 경고를 보낸 셈입니다. 그렇다면 선생님 음성으로 요란한 소리를 들은 터에 제가 시를 읊기보다 철학을 하라는 경고를 어째서 못 알아듣겠습니까? 선생님이 날마다 실증해 보이시는 중이므로 철학이 우리의 흔들리지 않는 진짜 처소處所라는 점을 저도 믿기 시작했습니다.[65] 자, 그러니 선생님이 귀찮지 않으시다면, 또 이 토론이 꼭 이뤄져야 한다고 여기신다면 원대로 질문을 하시지요. 제 힘껏 사물의 질서를 옹호해 보겠습니다. 아무것도 질서 밖에서 일어날 수 없다고 저는 주장했습니다. 저는 정신으로 저 질서를 실컷 들이키고 마셨으므로 설령 누가 이 토론에서 저를 이겨 낸다고 하더라도, 그 일마저도 우연한 맹목에 돌리지 않고 사물의 질서에 돌릴 각오가 되어 있습니다. 그럴 경우에도 패하는 것은 그 질서가 아니라 리켄티우스일 것입니다."

질서에 관한 연구를 시작하다

 4.10. 나는 기분이 좋아져서 다시 그들에게로 마음을 돌렸습니다. 그래서 트리게티우스에게 말문을 열었습니다. "너는 어떻게 생각하느냐?" 그

inquam, tibi uidetur? – Faueo quidem, inquit, ordini plurimum, sed incertus sum tamen et rem tantam diligentissime discuti cupio. – Fauorem, inquam, tuum illa ergo pars habeat; nam quod incertus es, etiam cum Licentio ac me ipso tibi puto esse commune. – Prorsus, ait Licentius, ego huius sententiae certus sum. Quid enim dubitem parietem, cuius mentionem fecisti, antequam plane se erexit, diruere? Non enim uere poetica tantum me auertere a philosophia potest, quantum inueniendi ueri diffidentia. – Tum Trygetius gaudentibus uerbis: Habemus, inquit, iam, quod plus est, Licentium non Academicum. Eos enim ille studiosissime defendere solebat. – Haec modo, inquit, omitte quaeso, ne me hoc uafrum quiddam et captatorium a nescio qua diuina re, quae mihi se ostentare coepit et cui me inhiantem suspendo, detorqueat atque disrumpat. – Hic ego multo uberius cernens abundare laetitias meas, quam uel optare aliquando ausus sum, uersum istum gestiens effudi:

sic pater ille deus faciat!

---

66 ego certus sum: 『아카데미아학파 반박』에서는 회의론의 입장을 대변하면서 진리의 (획득이 아니고) 탐구 자체에 행복이 있다는 지론을 폈는데, 여기서는 '질서'에 관한 스토아의 신념(nihilque praeter ordinem fieri posse)을 피력하고 있으므로 곧 트리게티우스의 핀잔을 듣는다.

67 앞의 각주 61 참조. 비극의 주인공들처럼 담벼락에 난 틈새로 사랑을 속삭이느니 차라리 담벼락을 부숴 버리겠노라는 호언이다.

68 『행복한 삶』(2,15)에서도 아카데미아 회의론 내지 신중론 입장이었다.

는 "저는 질서 쪽에 호감을 두지만 확실한 입장은 아닙니다. 하도 거창한 문제라서 진지하게 토론에 임해 보고 싶습니다"라고 대답했습니다. "그러니까 이 문제가 네 호감을 일부만 끈 셈이구나. 네가 불확실하다고 하는 그 점은 리켄티우스에게나 내게나 심지어 너에게나 공통된 입장이라고 생각한다." 리켄티우스가 끼어들었습니다. "이 명제에 관한 한 정말 저는 입장이 분명합니다.66 선생님이 말씀하신 그 담벼락이라면 그게 다 올라서기 전에 때려 부수는 짓도 뭣 때문에 주저하겠습니까?67 진리를 발견할 수 있으려나 하는 불신감이 저로 하여금 철학을 등지게 만들지 못했듯이 시가詩歌도 철학을 등지게 하지는 못할 것입니다." 그 말이 반갑다는 듯이 트리게티우스가 한마디 했습니다. "그러니까 한 가지 더 보태서, 리켄티우스가 더 이상 아카데미아학파가 아니라니 참 대단합니다. 아주 열렬히 아카데미아학파를 옹호하는 게 예사였는데 말입니다."68 그러자 그가 대꾸하였습니다. "당분간 그 점을 빼놓고 말해 주게. 그렇지 않으면, 모처럼 어떤 신성한 무엇이 나한테 제 모습을 보여 주기 시작하는 듯하고 나로서는 그것에 단단히 정신을 가다듬는 참인데, 그 얘기를 다시 꺼내면 교활하고 기만적인 무엇이 되살아나서69 그것을 비틀어 놓고 흐트러뜨리고 말 것이네." 그 순간 나는 내 기쁨이 내가 감히 바라던 것보다 훨씬 풍족히 채워지는 느낌이었으므로 저 글귀가 저절로 입에서 흘러나왔습니다.

아버지 신께서 그렇게 이뤄 주소서.70

---

69 이전에 자기가 옹호하던 회의론을 vafrum et captatorium이라고 폄하하는 말투다.
70 Vergilius, *Aeneis* 10,875: "신들의 아버지께서 그렇게 이루어 주소서"(sic pater ille deum faciat).

질서론 _ 제1권 57

perducet enim ipse, si sequimur, quo nos ire iubet atque ubi ponere sedem, qui dat modo augurium nostrisque inlabitur animis. Nec enim altus Apollo est, qui in speluncis in montibus in nemoribus nidore turis pecudumque calamitate concitatus inplet insanos, sed alius profecto est, alius ille altus ueridicus atque ipsa – quid enim uerbis ambiam – ueritas, cuius uates sunt, quicumque possunt esse sapientes. Ergo adgrediamur, Licenti, freti pietate cultores, et uestigiis nostris ignem perniciosum fumosarum cupiditatum opprimamus.

11. Iam, inquit, interroga, oro te, si possim hoc tantum nescio quid explicare et uerbis et meis. – Hoc ipsum, inquam, mihi responde, primo unde tibi uideatur aqua ista non temere sic sed ordine influere. Nam quod ligneolis canalibus superlabitur et ducitur usque in usus nostros, potest ad ordinem pertinere. Factum est enim ab hominibus ratione utentibus, ut uno eius itinere simul et biberent

---

71 베르길리우스의 두 구절(*Aeneis* 3,88-89: quem *sequimur? quove ire iubes? ubi ponere sedes? da*, pater, *augurium*, atque *animis illebere nostris*)을 거의 그대로 인용하여 꾸민 문장이다. 리켄티우스가 Terentius 희극의 시구를 인용하여 대꾸한 데 대한 화답이다.

72 "피타고라스학파가 아폴론(Ἀπόλλων)의 이름을 다수(πολλόν)의 부정어(ἀ-πολλόν)라는 상징적 의미로 썼다"(『엔네아데스』 5,5,6). 아폴로는 시가(詩歌)를 주재하는 신인데 교부는 지고한 진언자 아폴로(altus Apollo veridicus)를 내세워 제자를 훈계한다.

73 제자를 격려하면서 아우구스티누스는 철학자(현자, sapientes)를 '아폴로의 신탁을 받는 자'(vates)로 치켜세우는 동시에 철학 연구에 '예배자'(freti pietate cultores)라는 종교적 요소를 가미한다. "선하게 살고 선하게 기도하고 선하게 연구하는 사람은 질서의 아름다움을 볼 것이다"(본서 2,19,51).

"당신이 우리더러 가라고 명하신 길로, 우리더러 정주定住하라고 명하신 처소로 우리가 만일 따라만 간다면, 그분 친히 우리를 인도하실 것이다. 그분 친히 상서로운 조짐을 보여 주시고 우리 정신에 내림하실 것이다.[71] 더구나 산속에, 동굴에, 숲속에 숨어 있다가 제사 향로에서 나는 냄새나 제물로 바치는 가축들의 도살에 신명 나서 미치광이들에게나 내림하는 그런 자는 고귀한 아폴로가 아닐 것이다. 그와는 전혀 다른 아폴로, 저 지고한 진언자眞言者, 아니 (무엇 때문에 말로 애매하게 만들어야 하는가?) 진리 자체이신 분이다.[72] 지혜로운 사람이 될 수 있다면 누구든지 바로 이 진리의 신탁자神託者들이다. 그러니 리켄티우스, 우리 앞으로 나아가자. 신심信心으로 다져진 예배자가 되어[73] 우리 모두 연기 나는 정욕의 위험한 불길을 우리 발로 꺼 버리자."

대자연에서는 아무것도 원인 없는 것이 없다

4.11. 그러자 리켄티우스가 말했습니다. "그러니 제발 질문을 해 주십시오. 이처럼 중대한 사안을 두고, 비록 제 어쭙잖은 말로라도,[74] 저도 모르면서도 뭔가를 제가 설명드릴 수 있겠습니다." "그럼 이 점에 대해서 나한테 대답을 해 보아라. 먼저, 저 물이 함부로 흐르지 않고 질서 있게 흐른다는 생각이 어디서 너한테 나왔느냐? 통나무 물길로 해서 물이 흐르고 타고 들어와서 우리가 쓰는 일은 질서에 속할 수 있다. 이성을 사용하는 인간들에 의해서 만들어졌으니까 말이다. 물길 하나로 사람들은 마시기도 하고 씻기도 한다. 그리고 적절한 지형에 따라서 그런 결과가 나오게 된 것이다. 그런데 네 말대로 나뭇잎들이 어떻게 떨어졌기에 우리가 신기하게 여

---

74 사본에 따라 et verbis et meis(제 말로 하기는 하지만)와 tuis verbis et meis(선생님 말씀과 제 말을 써서) 두 가지로 나와 여운을 달리한다.

et lauarent, et pro locorum oportunitatibus consequens erat, ut ita fieret. Quod uero illa, ut dicis, folia sic inciderunt, ut hoc, quod ammirati sumus, euenerit, quo tandem rerum ordine ac non casu potius factum putabimus? – Quasi uero, inquit ille, aliter, atque cediderunt, debuisse aut potuisse cadere cuiquam uideri potest serenissime intuenti nihil posse fieri sine causa. Quid? iam uis persequar situs arborum atque ramorum ipsumque pondus, quantum natura foliis imposuit? Quid? aeris uel mobilitatem, qua uolitant, uel mollitiem, qua descedunt, uariosque lapsus pro affectione coeli pro onere pro figuris suis ceterisque innumerabilibus atque obscurioribus causis quid me attinet quaerere? Latent ista sensus nostros, penitus latent; illud tamen, quod adgressae quaestioni satis est, nescio quo modo animum non latet, nihil fieri sine causa. Potest enim odiosus percontator pergere quaerere: quae causa erat, ut ibi arbores ponerentur? Respondebo secutos esse homines uber terrae. Quid, si fructuosae arbores non sunt ac temere natae sunt? Et hic respondebo nos parum uidere; nam temerariam quae illas genuit nequaquam esse naturam. Quid plura? Aut aliquid sine causa fieri docear aut nihil fieri nisi certo causarum ordine credite.

---

75 교부의 말(consequens erat ut ita fieret)도 인과론(因果論)을 담은 표현이지만 낙엽 같은 자연현상에 '필연적 인과관계'(rerum ordine non casu = causarum ordo)를 주장할 수 있느냐는 질문을 제자에게 던진다.

76 aut ... aut ... 형식의 배중율(排中律)에 입각한 명제: 명사 항목(termini)으로는 "'뭔가' 원인 없이 발생한다"는 특칭 긍정(特稱肯定)이고 "원인들의 확실한 질서를 떠나서는 '아무것도' 일어나지 않는다"는 전칭 부정(全稱否定)으로 보이지만, 명제(enunciata) 위주의 논리학에서는 둘 다 성립한다.

긴 그런 일이 생겼고 우리가 그것을 우연偶然으로 생겼다기보다는 사물의 질서秩序로 생겨났다고 여기게 되었느냐?"75 그러자 그는 이렇게 말했습니다. "누구에게는 나뭇잎들이 그렇게 떨어진 것과는 달리 떨어져야 한다거나 달리 떨어질 수 있다고 보일 수도 있겠지만, 사물을 고요히 관찰하는 사람에게는 아무것도 원인 없이는 발생할 수 없다는 그런 이치입니다. 그러니 어떻다는 것입니까? 선생님은 혹시 저더러 나무들과 가지들의 위치나 상태, 그리고 자연이 나뭇잎들에게 부여한 무게 자체까지 살펴보기 바라시는 것입니까? 그래, 나뭇잎을 날려 보내는 공기의 움직임이며, 나뭇잎이 내려앉는 사뿐함이며, 심지어 기후에 따라, 무게에 따라, 그 모양에 따라 그 밖에 헤아릴 수 없이 허다하고 애매모호한 다른 원인들에 따라 달라지는 온갖 변수變數들까지 살피는 것이 제 소관이라는 말입니까? 저런 현상들은 우리의 감관에 숨겨져 있습니다. 철저하게 숨겨져 있죠. 어떻게 해서인지는 모르겠지만, 그래도 원인 없이는 아무것도 일어나지 않는다는 원칙은 지성에 감추어져 있지는 않으며 제기된 질문에는 그 사실만으로도 충분합니다. 얄밉게 따지는 사람은 질문을 계속할 수도 있습니다. '나무들이 바로 그 자리에 자리 잡고 있었다는 사실은 어떤 원인인가?' 저 같으면 나무를 심은 사람들이 옥토를 찾아냈다고 대답하겠습니다. '과실수가 아니고 아무렇게나 돋아난 나무라면 어떻게 되는가?' 우리가 눈으로 보는 것은 조금밖에 안 된다고, 그 나무들을 탄생시킨 대자연은 아무렇게나 하지 않는다고 대답하겠습니다. 그 이상 무슨 얘기가 나오겠습니까? 뭔가 원인 없이도 발생한다는 것을 제가 배우거나, 그렇지 않으면 원인들의 확실한 질서를 떠나서는 아무것도 일어나지 않는다고 여러분이 믿거나 둘 중 하나겠습니다."76

V 12. Cui ego: Licet, inquam, me odiosum percontatorem uoces – uix enim possum non esse, qui expugnaui, ne cum Pyramo et Thisbe conloquereris – pergam tamen quaerere abs te. Natura ista, quam uis uideri ordinatam, cui bono – ut de ceteris rebus innumerabilibus taceam – istas ipsas arbores, quae fructus non afferunt, procreauit? – At illo cogitante, quid diceret, ait Trygetius: Numquidnam usus arbustorum in solis fructibus praebetur hominibus? Quanta sunt alia, quae umbra, quae lignis, postremo quae ipsis frondibus seu foliis fiant? – Noli obsecro, inquit ille, interrogationibus eius haec reddere. Innumerabilia sunt enim, quae proferri possunt, ex quibus nulla est hominibus utilitas aut certe ita latet uel inbecilla est, ut ab hominibus, praesertim nobis, erui defendiue non possit. Ipse potius nos doceat, quomodo aliquid fiat, quod non causa praecesserit. – Post, inquam, ista uidebimus. Non enim iam me necesse est esse doctorem, cum tu, qui iam tantae rei te certum esse professus es, adhuc me nihil docueris nimium discere cupientem et propter hoc solum dies noctesque uigilantem.

---

77 현자는 행복한 삶에서 시가(詩歌)의 등장인물들과의 조우도 꺼리지 않으므로 스승의 태도는 좀 지나쳤을지도 모른다.

78 ordo 문제를 utilitas(유용성)의 관점에서 성찰해 보라는 질문이다. 이성을 갖추지 못한 사물이 나타내는 질서에 관해서 스토아는 그 사물의 '자기 보존'이라는 유용성을 내세웠다. '질서 정연한 자연'(natura ordinata)이 하권(2,4,12)에서는 '자연의 질서'(ordo naturae)로 표현된다.

79 선생님의 질문 의도를 간파한 리켄티우스는 모든 자연현상을 '유용성'이라는 인과(因果)로 설명하려는 시도는 계속해서 반론에 부딪칠 수 있으므로 현상계 전체가 인과관계로 설명된다는 형이상학적 명제로 그쳐야 함을 학우에게 암시한다.

누가 대자연을 바라보면서 질서에 관해서 논할 것인가

5.12. 그에게 내가 이런 말을 했습니다. "나더러 얄밉게 따지는 사람이라고 해도 좋다. (사실 피라무스와 티스베와 더 이상 얘기 못하게 너를 말렸다는 점에서는 그런 사람이 아니라고 하기 어렵겠다.)[77] 어떻든 너한테 계속 따져야겠다. 저 자연自然 말이다. 네가 질서 정연한 것으로 보고 싶어하는 그 자연이 — 다른 헤아릴 수 없이 많은 사물들에 관해서는 입을 다물겠다 — 열매도 맺지 않는 나무들을 누구 좋으라고 생산해 냈겠느냐?"[78] 그가 무슨 말을 할까 궁리하고 있는 사이에 트리게티우스가 한마디 거들었습니다. "관목灌木들의 용도가 사람들에게 이바지하는 것이 과일뿐입니까? 다른 용도들도 얼마나 많은지요. 어떤 나무들은 그늘로, 어떤 나무들은 땔감으로, 끝으로 어떤 나무들은 이파리와 낙엽으로 이바지하라고 생겨나지 않았습니까?" 그러자 리켄티우스가 말을 잘랐습니다. "선생님의 질문에 그런 대답을 내놓지 말게. 제발 부탁이네. 인간들에게 전혀 쓸모가 없다는 사례는 무수히 들 수가 있어. 사람들에게, 특히 우리에게 용도가 발견되고 옹호받기에는 아예 감추어져 있거나 쓸모가 미약한 경우도 무수하단 말일세.[79] 오히려 원인이 선행되지 않는 무엇이 과연 어떻게 일어날 수 있는지를 선생님이 우리한테 가르쳐 주셔야 할 것일세." 그래서 내가 대답했습니다. "그 점은 뒤에 보기로 하자. 네가 이토록 어려운 주제를 두고 확실하게 안다고 공언하는 마당에 내가 굳이 선생 노릇을 할 필요가 없겠구나. 네가 나한테 아직 아무것도 가르쳐 준 선례가 없기는 하다만, 나는 뭔가를 배우겠다는 욕심이 너무 많고 그래서 밤이나 낮이나 깨어 궁리를 하고 있단다."[80]▶

13. Quo me mittis? inquit; an quia leuius te sequor quam illa folia uentos, quibus in profluentem iaciuntur, ut eis cadere parum sit, nisi etiam trahantur? Nam quid aliud erit, cum Licentius et Augustinum et ea quae sunt in media philosophia docet? – Noli obsecro, inquam, aut te tantum abicere aut me extollere. Nam et ego in philosophia puer sum et non nimis curo, cum interrogo, per quem mihi ille respondeat, qui me cotidie querulum accipit, cuius te quidem credo quandoque uatem futurum; neque hoc 'quandoque' forsitan longum est. Sed tamen alii quoque multum sepositi ab huius modi studiis docere aliquid possunt, cum disserentium societati quasi uinculis interrogationum coartantur. Idem autem aliquid non est nihil. An non uides – tuo enim simili utar libentius – illa ipsa folia, quae feruntur uentis, quae undis innatant, resistere aliquantum praecipitanti se flumini et de rerum ordine homines commonere, si

---

◀80 스승이니까 '원인 없는 결과'라는 사례를 제시할 수 있겠느냐는 리켄티우스 항의를 아우구스티누스는 '너처럼 똑똑한 생도에게 내가 굳이 스승 노릇을 해야겠느냐? 내가 너한테 배워야지'라는 말투로 즉답을 미룬다.

81 '질서'라는 주제에서 벗어나 '악' 혹은 '무질서'를 논의하는 삽입부(disgressio)가 길게 (5,13-8,23) 나온다.

82 in media philosophia: 구상어(具象語) 라틴어로는 '중기 철학'이 아니라 '철학의 중심'이다(예: in summo monte: 산꼭대기에).

83 한밤중에 이루어진 이 대화가 낙엽이 물길을 막는 현상에서 비롯하였으므로, 문학도 리켄티우스도 자기를 낙엽에 비유하여 스승의 전략을 피해 간다. 이 절 끝에 '낙엽'에 관한 스승의 반격이 나온다.

84 플라톤(*Epistolae* 8,341d)에서 유래하는 키케로의 표현(respondet Menon ut puer: *Tusculanae disputationes* 1,24,57).

배우고 가르치고 하면서 서로서로 가르치는 법이다[81]

5.13. "저를 높이 띄워 어디로 보내실 작정입니까? 저 낙엽들이 바람을 따라가듯이 저더러 그토록 가뿟하게 선생님 말씀을 따르라는 것입니까? 그렇게 그 바람결을 따르다 낙엽은 흐르는 물에 버려지는데, 또 떨어지는 일쯤은 대수롭지 않고 결국 물에 떠내려가고 마는데 말입니다. 리켄티우스가 아우구스티누스 님을 가르쳐 드리다니, 더군다나 사안이 철학에서도 중심이 되는[82] 문제를 두고 가르쳐 드리다니 그러다 저 낙엽의 신세와 뭐가 다르겠습니까?"[83] 그의 이런 말에 내가 대답했습니다. "제발 부탁이니 널 너무 낮추려고도 말고 나를 너무 치켜세우려고도 하지 말거라. 나도 철학에 있어서는 아이나 마찬가지란다.[84] 내가 질문을 할 적에는 누구를 시켜서 저분이[85] 나에게 답변을 주시는지에 대해 그다지 마음을 쓰지 않는단다. 저분은 날마다 탄식하는[86] 나를 그대로 받아 주시므로 역시 언젠가 너도 그분의 신탁자神託者가 되리라고 나는 믿는다. 이 '언젠가'라는 말마디가 꼭 먼 훗날도 아닐 게다. 또 다른 사람들도 비록 이런 종류의 공부와는 거리가 아주 멀지라도, 우리에게 뭔가를 가르칠 수 있단다. 그들도 일련의 질문들을 가지고 토론을 벌이는 사람들의 모임에 합류한다면 말이다.[87] 그리고 그 '뭔가'를 아무것도 아니라고는 못한다. 네가 든 비유를 기꺼이 이용하자면 말이다, 저 낙엽마저도 바람에 실려 가고 물살에 떠내려가고 여울진 실개천에서 떠내려가지 않겠다는 듯이 어느 정도 버티기도 하면서

---

[85] ille: 그리스도교 입문을 앞둔 아우구스티누스는 그리스도를 '내면의 스승'(magister interior)으로 받아들이던 참이었으므로(『교사론』*De Magistro* 참조) 그분 앞에서는 교사도 학생도 다 같은 제자임을 내비친다.

[86] querulus는 '탄식', '불평', '질문'을 한데 함의하는 단어다.

[87] 철학적 진리는 전문가들이 다 알 수는 없고 "계속적으로 그 주제에 몰두하고 의견을 공유하다 보면 부싯돌로 불이 켜지듯 돌연히 영혼에 깨달음이 온다"(Plato, *Epistolae* 7,341c-d).

tamen hoc, quod abs te defenditur, uerum est?

14. Hic ille lecto etiam exiliens prae laetitia: Quis neget, deus magne, inquit, te cuncta ordine administrare? Quam se omnia tenent! quam ratis successionibus in nodos suos urgentur! quanta et quam multa facta sunt, ut haec loqueremur! Quanta fiunt, ut te inueniamus! Vnde enim hoc ipsum nisi ex rerum ordine manat et ducitur, quod euigilauimus, quod illum sonum aduertisti, quod quaesisti tecum causam, quod tu causam tantillae rei non inuenisti? Sorex etiam prodit, ut ego uigilans prodar. Postremo tuus etiam ipse sermo te fortasse id non agente – non enim cuiquam in potestate est, quid ueniat in mentem – sic nescio quo modo circumagitur, ut me ipse doceat, quid tibi debeam respondere. Namque oro te, si haec, quae a nobis dicta sunt, litteris, ut instituisti, mandata peruagentur paulo latius ad hominum famam, nonne ita res magna uide-

---

88 키케로(*De natura deorum*)가 스토아 우주론을 소개하면서 구사하는 용어 — administrare(관리하심), ratis(선후 관계), nodos(연쇄 작용), omnia se tenent(보전하다) — 들이 고스란히 차용되어 있다.

89 "그리스인들이 εἱμαρμένη라고 하는 것을 나는 fatum이라고 일컫는다. 다시 말해서 원인들의 질서 내지 연쇄, 원인이 원인과 이어져 스스로 사물을 발생시킨다(ordo seriesque causarum, cum causa causae nexa rem ex se gignat). 일체의 영원으로부터 흘러나오는 구원(久遠)의 진리가 바로 그것이다"(Cicero, *De divinatione* 1,55,125).

90 sorex *prodit* ut ego vigilans *prodar*: prodit[prodire(나오다)]와 prodar[prodere(드러내다)] 동음이어(同音異語)를 이용한 수식(paronomasia)이다.

사람들에게 만물의 질서에 관해서 가르침을 내린다는 사실을 모르느냐? 네가 옹호하는 바가 참일 경우에 하는 말이지만 말이다."

감관에 들어온 사물. 진리는 감관 밖에 존재한다

5.14. 그러자 뭐가 기쁜지 그는 침대에서 벌떡 일어나 앉았습니다. "오 크신 하느님, 당신이 만유를 질서로 처리하심을 누가 부정하겠습니까? 만물이 스스로 얼마나 잘 보전하는지요! 얼마나 철저한 선후 관계를 가지고서 고유한 연쇄 작용 속으로 촉진받는지요!88 얼마나 큰일들이, 얼마나 많은 일들이 이루어졌기에 우리까지 이런 얘기를 하게 되었는지요! 그렇게 이뤄지는 일이 얼마나 위대하면 우리가 거기서 당신을 찾게 되었는지요! 우리가 잠을 깬 것도, 선생님이 저 물소리에 귀를 기울이신 것도, 선생님 스스로 그 원인을 묻게 되신 것도, 저런 사소한 일을 두고 그 원인을 찾아 내지 못하신 것도 모조리 만물의 질서에서 유래하고 그리로 이끌려 가는 것 아니겠습니까?89 뒤쥐가 나온 것도 제가 잠 깨어 선생님에게 등장하기 위함이었습니다.90 마지막으로 선생님의 말씀이, 아마도 선생님 편에서 다 정하신 것도 아닐 텐데 — 머리에 들어오는 모든 생각이 다 당사자의 권한에 속하는 것은 아닌 듯합니다 — 어떻게 해서 그렇게 흘러갔는지는 나도 모르겠지만, 내가 뭐라고 선생님께 대답해야 할지를 가르칩니다. 그래서 선생님께 여쭤 봅니다. 우리가 한 얘기들이, 선생님이 작정하신 대로, 문자로 기록되어 돌아다닌다면 사람들 사이에 널리 유명해지는데 이게 대단한 일로 보이지 않습니까? 그런데 이처럼 대단한 일에 관해서 문의를 받고서 어느 용한 신탁자神託者나 칼데아인이 있어서,91 우리가 토론하는 일이

---

91 칼데아인(Chaldaeus)은 자고로 신탁자로 소문났었다.

tur, ut de illa consultus aliqui uates magnus aut Chaldeus respondere debuerit, multo antequam euenit? Quod si respondisset, ita diuinus diceretur, ita efferetur laudibus omnium, ut tamen ex eo nemo quaereret, cur folium ex arbore ceciderit aut utrum mus oberrans iacenti homini molestus fuerit. Numquidnam enim talia futura quisquam illorum aut per se dixit aliquando aut a consultore coactus est dicere? Atqui si futurum quendam librum non ignobilem diceret et id necessario euenturum uideret – non enim posset aliter diuinare – profecto quicquid uolutatio foliorum in agro, quicquid uilissima bestiola in domo facit, tam sunt in rerum ordine necessaria quam illae litterae. His enim uerbis fiunt, quae sine illis praecedentibus uilissimis rebus nec in mentem uenire possent nec ore procedere posterisque mandari. Quare iam, rogo, nemo ex me quaerat, cur quidque fiat. Satis est nihil fieri, nihil gigni, quod non aliqua causa genuerit ac mouerit.

---

92 크리시푸스는 점술(divinatio)을 가리켜, 미래사를 두고 "신들이 사람들에게 열어 보이는 표지를 파악하고 보고 해설하는 능력"이라고 정의한 적 있다(Cicero, *De divinatione* 2,63,130).

93 "미래사를 점치는 점술(占術)을 그리스인들은 μαντική라고 부르는데 나는 그런 점술이 존재한다고 생각하네. 신들이 존재한다고, 또 그들의 지성에 의해서 세계가 통치된다고, 신들이 인류를 보살핀다고, 그리고 미래사의 징표를 우리에게 보여 줄 수 있다고 우리가 수긍한다면, 어째서 내가 굳이 점술을 부인해야 하는지 까닭을 모르겠네"(Cicero, *De republica* 2,13,32).

94 만유의 인과관계를 구성하는 질서(ordo)를 '유용성'(utilitas: 1,5,12)이나 심지어 '묘미'(pulchritudo: 1,8,25)와 등식화해 보라는 스승의 제안을 거절하면서 리켄티우스는 '필연'(necessitas: rerum ordo)이라는 표현에 국한시키려고 한다. 그는 fatum이라는 용어를 사용하지 않는다.

생기기 훨씬 전에 해답을 내놓았어야 할 것이 아닙니까?[92] 누가 그런 점을 쳐서 예언을 했다면 이 철학 명제는 응당 신성한 말씀처럼 간주되었어야 하고, 모든 사람들의 찬사를 받으면서 그대로 이루어졌어야 하고, 그래서 잎사귀가 어째서 나무에서 떨어지느냐는 둥, 왜 생쥐가 나돌아 다니다 누워 자는 사람을 귀찮게 만드느냐는 둥 그따위 물음은 아무도 던지지 말았어야 합니다. 그런데 저런 사람들 가운데 과연 누가 스스로 나서서 잎이 지고 생쥐가 돌아다니는 이런 일들이 일어나리라고 말한 적이 있었습니까? 문의하러 온 사람한테서 요구를 받아 하는 수 없어서라도 답변을 내놓은 일이 과연 있었습니까? 어떤 점쟁이가 장차 시시하지 않은 책이 나오리라는 예언을 했다고 합시다. 그 일이 필연적으로 일어나리라고 예견하였다고 합시다[93](그렇게 안 하면 점을 친다는 말도 못하죠). 그렇다면 들판의 나뭇잎들이 어떻게 구를지, 아주 쪼그만 짐승이 집 안에서 무슨 짓을 할지가 만물의 질서에 필연적으로 들어 있을 테고,[94] 문자로 기록될 우리네 책이 간행되는 일만큼이나 필연적일 것입니다. 그래서 우리가 나눈 이런 말들 덕분에 책이 집필되는 결과를 낳고, 또 이런 말들은 저 나뭇잎이 구르고 쥐가 돌아다니는 시시콜콜한 일들이 생겨나기 전에는 우리 머릿속에 떠오를 수도 없었을 테고, 입 밖으로 발설될 수도 없었을 테고, 책으로 쓰여 후대에 전해질 수도 없었을 것입니다. 그러니 제발 부탁입니다. 아무도 나한테 왜 저런 일이 일어나느냐고 묻지 말아 주십시오. 어떤 원인이 발생시키고 움직여 주지 않는 한 아무것도 생기지 않고 아무것도 발생하지 않습니다."[95]

---

[95] 이 형이상학적 원리에 입각해서 낙엽의 궤적이니 뒤쥐의 출현이니 하는 자연현상을 총체적으로 해설하려는 입장이다.

질서론 _ 제1권 69

VI 15. Apparet te, inquam, nescire, adulescens, quam multa et a qualibus uiris contra diuinationem dicta sint. Sed responde nunc, non utrum fiat aliquid sine causa – nam id iam uideo te nolle respondere – sed ordo iste susceptus tuus bonumne quicquam an malum tibi esse uideatur – Et ille submorans: Non, inquit, sic rogasti, ut unum e duobus queam respondere. Video hic enim quandam medietatem. Nam ordo mihi nec bonum nec malum uidetur – Quid saltem censes, inquam, ordini esse contrarium? – Nihil, ait ille; nam quomodo esse quicquam contrarium potest ei rei, quae totum occupauit, totum obtinuit? Quod enim erit ordini contrarium, necesse erit esse praeter ordinem; nihil autem esse praeter ordinem uideo: nihil igitur ordini oportet putare esse contrarium. – Ergone, ait Trygetius, contrarius ordini error non est? – Nullo modo, inquit; nam neminem uideo errare sine causa; causarum autem series ordine includitur et error ipse non solum gignitur causa sed etiam gignit aliquid, cui e causa fit. Quam ob rem quo extra ordinem non est, eo non potest ordini esse contrarius.

---

96 Cicero, *De divinatione*가 대표적인 작품이다.

97 잠시(1,6,15-16) '질서'(ordo)와 '악'(malum)의 관계, 곧 하느님과 악의 문제가 제기된다.

98 submorans: 사본에 따라서 submurmurans로 나와 '중얼거리면서', '투덜거리면서'라는 번역도 가능하다.

99 스토아는 어떤 사물이 선악과 '무관함'(indifferentia)을 특유하게 표현하여 중간 입장 (medietas)이라고 했었다(Cicero, *De finibus bonorum et malorum* 3,16,53).

질서에 상충되는 것은 아무것도 없다

6.15. 내가 말을 이었습니다. "젊은이, 점술占術에 반대해서 얼마나 많이 또 얼마나 많은 사람들이 발언을 했는지를 모르는가 보다.[96] 하지만 이제 다시 한 번 대답해 보라. 원인 없이 무엇이 일어나느냐는 질문이 아니고 — 이에 대해서는 네가 굳이 대답을 하고 싶어 하지 않는다는 것이 내 생각이다 — 네가 견지하는 저 질서가 선善이라고 보이는지 악惡이라고 보이는지 대답해 보아라."[97] 그는 약간 뜸을 들이더니[98] 대답했습니다. "그 둘 중 하나를 꼽아서 대답할 수 있게 묻지 않으신 점으로 미루어 여기에는 모종의 중간 입장도 있다고 봅니다. 내게는 질서라는 것은 선도 악도 아닙니다."[99] "그럼 적어도 질서에 정반대되는 것이 뭣이라고 여기느냐?" "아무것도 없습니다. 전체를 장악했고 전체를 관장하는 그 사물에 무엇이 상반될 수 있겠습니까? 질서에 상반되려면 질서 밖에 있어야 한다는 것이 필연적입니다. 그런데 아무것도 질서 밖에 있지 않다고 봅니다. 따라서 아무것도 질서에 상반된다고 간주해서는 안 됩니다."[100] 그러자 트리게티우스가 나섰습니다. "오류라는 것은 질서에 상반되어 존재하는 것이 아닐까?" "절대 아냐. 아무도 원인 없이는 오류를 범하지 않거든. 그리고 원인들의 계열은 질서에 내포內包된다구. 더군다나 오류는 어떤 원인으로 말미암아 발생할 뿐만 아니고 다른 것을 발생시키기도 하므로 원인에 의해서 생기는 것이야. 그러니까 질서 밖에 존재하지 못한다는 점에서 질서에 상반될 수 없다고."

---

[100] 질서가 만유를 내포한다면(ordo omnium rerum) 질서에 모순되는 개념은 질서 밖에서 (praeter ordinem) 발생하는 무엇이어야 한다.

16. Et cum tacuisset Trygetius egoque me ipsum non caperem gaudio, quod uidebam adulescentem, carissimi amici filium, etiam meum fieri, nec solum, uerum in amicum quoque iam mihi surgere atque grandescere et, cuius studium uel in mediocres litteras desperaueram, quasi respecta possessione sua toto impetu in mediam uenire philosophiam. – Quod dum tacitus miror et exaestuo in gratulatione, subito ille quasi mente quadam correptus exclamat: O si possem dicere quod uolo! rogo, ubiubi estis, uerba, succurrite. Et bona et mala in ordine sunt. Credite, si uultis; nam quomodo id explicem nescio.

VII 17. Ego mirabar et tacebam. Trygetius autem ubi uidit hominem paululum quasi digesta ebrietate affabilem factum redditumque conloquio: Absurdum, inquit, mihi uidetur, Licenti, et plane alienum a ueritate quod dicis; sed quaeso patiare me paululum nec proturbes clamitando. – Dic quod uis, ait ille; non enim metuo, ne me auferas ab eo, quod uideo ac paene teneo. – Vtinam, inquit, ab

---

101 로마니아누스를 일컫는 것으로, 초기 저서 『아카데미아학파 반박』과 『참된 종교』가 그에게 헌정되었다. 아우구스티누스의 동향인으로 그의 카르타고 수학과 로마 체류를 재정적으로 도왔고 아우구스티누스를 따라 마니교에 빠졌으나 395년경에는 그리스도교 신자가 되어 있었다(『서간집』 32).

102 앞의 1,3,9 및 각주 77 참조.

아우구스티누스는 제자의 착안에 기뻐서 어쩔 줄 모르다

6.16. 트리게티우스가 입을 다물고 있는 동안 나는 내심 기뻐서 어쩔 줄 몰랐습니다. 내가 무척 사랑하는 친구[101]의 아들인 이 젊은이가 내 아들이라도 되는 것 같았습니다. 아니, 아들만 아니고 내 앞에서 내 친구도 커 가고 자란다는 기분이었습니다. 그의 공부가 어설픈 문학으로 기울어 실망하던 참이었는데[102] 이제는 내가 기대하던 대로 제정신을 찾아 철학의 중심으로 혼신을 다해 뛰어드는 것을 목격했기 때문입니다. 내가 입을 다문 채 그 점을 탄복하고 기쁨에 들떠 있는데 그가 마음에 뭐가 떠올랐다는 듯이 갑자기 소리를 질렀습니다. "오, 지금 하고 싶은 바를 말로 표현할 수 있다면 참 좋겠는데! 말이여, 어디 어디 갔는가? 당장 나와 다오! 선한 것도 악한 것도 질서 속에 있습니다![103] 부디 믿어 주십시오. 나로서는 어떻게 표현해야 할지 모르겠습니다만."

악도 질서 밖에 존재하는 것이 아니다

7.17. 나는 대견해하면서도 잠자코 있었습니다. 저 아이가 술에 약간 취하기라도 한 듯 말이 술술 나오고 대화에 적극 끼는 것을 보고서 트리게티우스는 이렇게 말했습니다. "리켄티우스, 네가 하는 말이 내게는 자가당착이자 진리와 분명히 동떨어진 소리로 들린다. 그러니 우선 내 말을 좀 참고 듣고 난 연후에 소리를 지르든가 말든가 하고 우선 내 말을 끊지 말아 주었으면 한다." "그래 하고 싶은 대로 말해 봐. 내가 생각하고 주장하는 바를 네가 나한테서 앗아 간다고 해도 나는 무섭지 않아." "네가 옹호한다

---

[103] et bona et mala in ordine sunt: 선과 악이 모순되지 않느냐는 질문에 크리시푸스는 "선이 악에 상반될 경우 필연적으로 둘 다 상호 간에 반대되며, 상충적인 승화를 통해서 서로 지지하는 것으로서(quasi mutuo adversoque fulta nisu) 존립한다. 어떤 상반자도 상반되는 상대방 없이 존재하지 못한다"는 논지를 개진하였다(Gellius, *Noctes Atticae* 7,1).

eo quem defendis ordine deuius non sis! Non tanta in deum feraris, ut mitius loquar, incuria. Quid enim potuit dici magis impium quam etiam mala ordine contineri? Certe enim deus amat ordinem. – Vere amat, ait ille; ab ipso manat, et cum ipso est, et si quid potest de re tantum alta conuenientius dici, cogita quaeso ipse tecum. Nec enim sum idoneus, qui te ista nunc doceam. – Quid cogitem? inquit Trygetius; accipio prorsus quod dicis satisque mihi est in eo, quod intellego. Certe enim et mala dixisti ordine contineri et ipsum ordinem manare a summo deo atque ab eo diligi. Ex quo sequitur, ut et mala sint a summo deo et mala deus diligat.

18. In qua conclusione timui Licentio. At ille ingemescens difficultate uerborum nec omnino quaerens, quid responderet, sed quem ad modum quod respondendum erat promeret: Non diligit deus mala, inquit, nec ob aliud, nisi quia ordinis non est, ut et deus mala diligat; et ordinem ideo multum diligit, quia per eum non diligit ma-

---

104 스토아가 악의 존재를 선과의 대조로 풀이하였으므로 "악은 필연적으로 존재한다. 선에는 그 상반자가 존재해야 하기 때문이다"(『엔네아데스』 1,8,6)라는 명제까지 나왔는데, 그리스도교 입문을 앞둔 사람에게는 리켄티우스의 발언이 질서와 악 그리고 하느님이라는 삼각관계를 초래하는 것처럼 들린다.

105 하느님이 무엇을 (편향적으로) 사랑하시는 일이 없다는 주장에 대해서 deus amat ordinem, ordinem ab eo diligi라는 문구를 감히 발설해 본다.

106 리켄티우스의 명제[ab ipso manat et cum ipso est (ordo)]에 따르면, 신플라톤학파가 질서가 유래하는 '일자', '신적 지성' 혹은 '전체'라고 명칭하는 바를 그리스도교의 '하느님'과 동일시하게 되고, 악의 문제는 의당히 신적 의지에서 유래하는 것처럼 이해된다.

는 그 질서로부터 네가 멀리 탈선하지 않았으면 좋겠다. 내가 좀 점잖게 말을 하자면, 하느님을 무척 조심 없이 대하는데 그렇게 하지 않았으면 좋겠다. 악마저도 질서에 해당한다고 말하는 것보다 불경스러운 짓이 또 있겠어? 분명 하느님은 질서를 사랑하시거든."[104] 그러자 리켄티우스가 대꾸하였습니다. "그야 진정으로 사랑하시지. 질서란 그분으로부터 흘러나오고 그분과 함께 있으니까. 또 이처럼 고상한 사안에 대해서 다른 적절한 어법이 있다면 그건 네가 혼자서 생각해 내 봐. 그걸 내가 지금 너한테 가르치기에는 내가 적격한 인물이 못 되거든." "나더러 뭘 생각해 내라는 말이야?" 트리게티우스가 말을 받았습니다. "나는 네가 하는 말을 받아서 얘기하는 중이고 내가 알아듣는 한에서 네가 한 말로 충분해. 넌 악한 것이 질서에 속한다는 말을 분명히 했고, 질서 그 자체가 지존하신 하느님께로부터 유래한다고, 그분에게서 사랑받는다는 말을 분명히 했어.[105] 그러다 보면 악한 것이 지존하신 하느님께로부터 유래하고 하느님이 악한 것을 사랑하신다는 결론이 나오거든."[106]

하느님은 악을 원하시지 않고 질서를 원하시며 악은 질서 밖에 존재하지 않는다

7.18. 나는 사실 리켄티우스의 명제를 두고 이런 결론이 나오지나 않을까 염려했습니다. 그러나 그는 적당한 말을 찾는 어려움에 씨근덕거리면서 뭐라고 대답할 것인지는 조금도 따지지 않고 대답하는 방식에 관해서만 마음을 쓰는 것이었습니다. "하느님은 악한 것을 사랑하지 않으셔. 하느님마저도 악한 것을 사랑하신다는 얘기는 질서에 해당하지 않는다는 사유가 아니면 다른 사유가 없지. 또 질서를 무척 사랑하시는데 질서 때문에 그분은 악한 것을 사랑하지 않으시는 거야. 그렇지만 악한 것을 하느님이

la. At uero ipsa mala qui possunt non esse in ordine, cum deus illa non diligat? Nam iste ipse est malorum ordo, ut non diligantur a deo. An paruus rerum ordo tibi uidetur, ut et bona deus diligat et non diligat mala? Ita nec praeter ordinem sunt mala, quae non diligit deus, et ipsum tamen ordinem diligit; hoc ipsum enim diligit, diligere bona et non diligere mala, quod est magni ordinis et diuinae dispositionis. Qui ordo atque dispositio quia uniuersitatis congruentiam ipsa distinctione custodit, fit ut mala etiam esse necesse sit. Ita quasi ex antithetis quodam modo, quod nobis etiam in oratione iucundum est, ex contrariis, omnium simul rerum pulchritudo figuratur.

19. Post hoc intersiluit modice et repente sese erigens, qua Trygetius lectum habebat: Nam quaero ex te, quaeso, inquit, iustusne sit deus. – Tacebat ille nimis, ut postea retulit, ammirans et horrens

---

107 qui(장모음 유의)는 quo의 옛 형태로 '어떻게', '어째서'라는 부사어다. 관계대명사라면 '하느님이 사랑하지 않으시기는 하지만 악이 질서 속이 아니고 질서 밖에 존재한다는 말을 누가 할 수 있는가?'라는 의미가 된다.

108 iste ipse est malorum ordo: 악이 신에 의해서 조성되지도, 의도되지도 않았고 신에게 사랑받지 못하면서도 존재한다는 내용은, 교부의 『자유의지론』에서 상세히 토론된다.

109 플로티누스는 자연악이든 윤리악이든 선에 모순되는 개념이 아니고 크게 보면 신적 지성의 섭리적 질서에 내포되는 상대적이고 이차적인 개념이라고 받아들였다. "악은 '전체'(τo $\pi \hat{a} \nu$)에 필수적이라기보다는 악이 존재하지 않으면 전체가 완성되지 않는다($\dot{a} \tau \epsilon \lambda \acute{\eta} s$). 그 이유야 대체적으로 숨겨져 있지만, 대부분의 악, 아니 그 모두가 어느 모로든 '전체'에는 유익하다"(『엔네아데스』 2,3,18).

110 ut mala etiam esse necesse sit: 스토아와 신플라톤 사상은 악을 선의 상관자(相關者)로 풀이하였으므로 "악은 필연적으로 존재한다. 선에는 그 상반자가 존재해야 하기 때문이다"(『엔네아데스』 1,8,6)라는 명제에까지 이른다.

사랑하지 않으신다는 점으로 미루어 악한 것 자체가 질서 속에 존재하지 않는 일이 어찌 가능하겠어?[107] 하느님께 사랑받지 못한다는 사실, 바로 그 점이 악한 것들의 질서야.[108] 하느님이 선한 것을 사랑하시고 악한 것을 사랑하지 않으신다고 해서 네게는 사물의 질서가 대수롭지 않아 보이는가? 그러니 하느님이 사랑하지 않으시는 악한 것도 질서 밖에 존재하는 것이 아니다. 그러나 하느님이 사랑하는 것은 질서 자체다. 하느님은 바로 이 점을 사랑하시는데, 선한 것을 사랑하시고 악한 것을 사랑하지 않으신다는 것이며, 바로 그 점이 위대한 질서에 해당하고 신적인 안배에 해당한다.[109] 그 질서와 안배, 바로 그것이 이런 구분 자체 속에서 우주의 조화를 수호하고 따라서 악한 것 또한 존재함이 필연적이라는 결과를 낸다.[110] 그래서 우리 언어로도 듣기 좋게 들리지만, 일종의 반명제反命題에서, 일종의 대당對當에서[111] 만유의 아름다움이 한데 형상화하는[112] 것이다."

하느님은 의로운 분이므로 각자에게 자기 것을 부여하신다

7.19. 이 말을 하고 난 뒤 그는 얼마간 입을 다물었습니다. 그러더니 갑자기 몸을 일으켜 트리게티우스가 침상을 두고 있는 쪽을 향해서 "그럼 너한테 묻겠다. 하느님이 의로우시니?" 하고 한마디 던졌습니다. 트리게티우스가 너무 조용했던 까닭입니다. 트리게티우스가 후에 나에게 털어놓은 말에 의하면, 그는 동창생이고 한집안 사람인 리켄티우스가 새로운 영감을 받아 토로하는 말에 탄복하기도 하고 겁을 먹기도 했답니다. 그가 잠자

---

[111] ex antithetis, ex contrariis: 반명제(反命題)는 명제(命題)와 배중(排中)의 모순 관계가 아니고 종합(綜合, synthesis)을 발생시키는 요소로 간주된다.

[112] "저 신성한 전체는 … 그 작용에서 아름다움과 정의로움을 한데 이루어 가는데, 아름다움과 정의로움이 그 안에 없다면 어디에 있을 수 있겠는가?"(『엔네아데스』 3,2,13).

subito condiscipuli et familiaris sui afflatum noua inspiratione sermonem. Quo tacente ille ita secutus est: Si enim deum iustum non esse responderis, tu uideris quid agas, qui me dudum impietatis arguebas. Si autem, ut nobis traditur nosque ipsius ordinis necessitate sentimus, iustus est deus, sua cuique distribuendo utique iustus est. Quae autem distributio dici potest, ubi distinctio nulla est? Aut quae distinctio, si bona sunt omnia? Quidue praeter ordinem reperiri potest, si dei iustitia bonorum malorumque meritis sua cuique redduntur? Iustum autem deum omnes fatemur: totum igitur ordine includitur. – Quibus dictis resilit e strato et iam lenior uoce, cum ei uerbum nemo faceret: Nihilne mihi, inquit, uel tu, qui conpulisti ad ista, respondes?

20. Cui ego:

Noua nunc religio istaec in te incessit, cedo,

---

[113] 예: "주님께서는 의로우시어 의로운 일을 사랑하시니 올곧은 이는 그분의 얼굴을 뵙게 되리라"(시편 10,7).

[114] sua cuique distribuendo: 정의(正義)에 관한 그리스–로마 고전 세계의 전형적인 개념이었다(Cicero, *De natura deorum* 3,15,38).

[115] "질서(秩序)라는 것은 동등한 것들과 동등하지 않은 것들의 고유한 자리를 각각에게 부여하는 배치다"(『신국론』 19,13,1).

코 있자 리켄티우스가 말을 계속했습니다. "네가 나한테 불경不敬이라는 탓을 씌우려던 참이었으니까 하느님은 의롭지 않다고 대답할라치면 네가 하는 짓이 무슨 짓인지 잘 알 만하다. 또 우리가 전해 들은 대로, 그리고 질서 자체의 필연성으로 인해 우리가 감지하는 대로, 하느님이 의로운 분이시라면[113] 그분은 각자에게 자기 것을 분배分配하심으로써[114] 의로운 분이시다. 구분區分이라는 것이 일체 없다면 무슨 보답報答을 얘기할 수 있겠느냐?[115] 그리고 모두가 선한 것이라면 무슨 구분이 있겠느냐? 하느님의 정의에 입각해서 선인의 공적과 악인의 공적에 따라서 각자에게 자기 것을 갚아 준다면 질서 밖에서 발견될 만한 것이 무엇이겠느냐?[116] 모든 사람이 하느님은 의롭다고 한다. 그러니까 전체가 질서에 내포되는 것이다." 그 말을 하고 나서 리켄티우스는 다시 침상에 누웠습니다. 그리고 아무도 그에게 말을 건네지 않자 목소리를 부드럽게 깔고서 "저를 이 지경에다 몰아넣으셨는데 선생님이라도 한 말씀 안 해 주시겠습니까?"라고 했습니다.

아우구스티누스와 제노비우스가 이미 질서에 관해서 해명한 바가 무엇인가

   7.20. 그에게 내가 한 말입니다.

      지금 새로운 종교가 그대에게 내렸으니, 난 물러가겠노라![117]

---

   116 악의 필연성에 관한 특유한 논법이 세 의문문으로 제시된다: '구분 없으면 보답 없다', '모두가 선한 것이라면 구분이 없다', '그런데 선과 악에 따른 응보가 구분되므로 모든 것이 선할 수는 없다.'

   117 Terentius, *Andria* 730.

inquam. Sed quod uidebitur, per diem respondebo, qui mihi iam uidetur redire, nisi lunae est ille qui fenestris fulgor induitur. Simul et tacendum est, ne tanta bona tua, Licenti, absorbeat obliuio. Quando enim nostrae litterae non sibi haec mandari flagitent? Dicam plane tibi quod sentio. Disputabo aduersus te, quantum possum; non enim mihi, si me uiceris, maior triumphus dari potest. Si autem uel calliditati uel acuto cuidam errori hominum, quorum partes suscipere temptabo, cesserit inbecillitas tua, quae minus pasta eruditione disciplinarum tantum deum fortasse sustinere non poterit, res te ipsa commonebit, quantae tibi uires, ut in eum firmior redeas, parandae sint, simul quia et istam disputationem nostram elimatius uolo prouenire; non enim eam grossis auribus eam debeo. Nam Zenobius noster multa mecum saepe de rerum ordine contulit, cui alta percontanti numquam satisfacere potui seu propter obscuritatem rerum seu propter temporum angustias. Crebrarum autem ille procrastinationum usque adeo fuit inpatiens, ut me, quo diligentius et copiosius respondere cogerer, etiam carmine prouocaret. Et bono

---

118 사본에 따라 simul et agendum est(우리 당장 서둘러)라고 나와 있다.

119 리켄티우스의 유창한 발언을 우선 서판(書板, tabulae)에라도 메모해 두어, 속기사 없이 이루어진 간밤의 대화가 잊히지 않게 하자는 말이다.

120 논전에서 제자가 스승을 이긴다면 스승으로서는 제자를 훌륭하게 키워 낸 자랑이 된다는 역설적 표현이다.

121 본서가 제노비우스에게 헌정된 이유가 둘 사이에 이미 '질서'에 관한 토론이 있었는데 주제의 난해함과 시간 관계로 뜻을 이루지 못했기 때문이라는 설명이다.

122 『독백』(2,14,26)에 언급된다. "그 시가(詩歌)로 마법처럼 죽음의 공포가 물리쳐지고 해묵은 얼음으로 굳어진, 영혼의 마비와 냉기가 물러갔으면 좋겠다."

"내가 생각하는 바가 무엇인지는 낮에 대답해 주마. 하기야 창으로 들이비치는 저 빛이 달빛이 아니라면 이미 날이 새는 것으로 보인다만. 리켄티우스, 우리가 잠시 입을 다물어[118] 네 그 좋은 얘기들이 망각 속으로 쓸려 가버리지 않게 하자꾸나. 우리 문서함이 우리가 여태까지 나눈 그 얘기들을 저한테 넘겨 달라고 닦달하지 않을 때가 언제쯤이나 오겠느냐?[119] 내가 생각하는 바를 네게 분명하게 얘기해 주마. 내가 하는 데까지 너를 반박하는 토론을 해 보마. 네가 만일 나를 이겨 낸다면 나로서는 그보다 큰 개선凱旋이 없을 것이다.[120] 인간들이 취하는 노련하고도 예리한 진술에 담긴 오류 ― 내가 시도하는 바는 그 사람들의 입장을 비호해 보는 것이다 ― 에 맞서서 만일 네 소양의 부족 ― 그것은 네가 학문들을 배양할 기회가 부족함에서 온다 ― 으로 인해서 감당을 못한다면, 그래서 그토록 위대하신 하느님을 변호해 드리지 못하는 경우에 너는 거기서 교훈을 얻게 될 것이다. 네가 보다 견고한 논지를 품고서 하느님께로 돌아오려면 얼마나 센 기력을 닦아야 하느냐는 교훈을 배울 것이다. 또 나는 우리의 이 토론이 보다 세련된 양상으로 개진되기 바란다. 나로서는 귀가 둔한 사람들을 상대로 이 토론을 전개할 의무가 없는 까닭이다. 우리의 제노비우스 님은 사물의 질서에 관해서 나와 함께 자주 또 많은 얘기를 나누었단다. 그토록 심원한 문제를 따지는 분을 나로서는 한 번도 만족시켜 주지 못했다. 사안이 하도 모호하기 때문이기도 했고 시간이 짧기 때문이기도 했다.[121] 그분은 그때까지만 해도 토론이 번번이 뒤로 미루어지기만 하는 것을 못 참았고, 그래서 나더러 보다 진지하게, 보다 폭넓게 답변하라고 독촉하는 뜻에서 심지어 시 한 편을 지어 나를 충동하기도 했다.[122] 좋은 시였으니까 너 같은 사람은 그분을 더 좋아하게 되리라고 본다. 그 시를 네게 읽힐 수가 없었으니 그때는 네 생각이 이런 사안의 연구와는 아주 거리가 멀었기 때문이고

carmine, unde illum magis ames. Sed neque tunc tibi legi potuit ab istarum rerum studio remotissimo neque nunc potest. Nam profectio eius tam repentina et perturbata fuit tumultu illo, ut nihil istorum uenire nobis in mentem potuerit; nam id relinquere mihi responsuro statuerat et multa concurrunt, cur ei sermo iste mittatur. Primum est, quia debetur, deinde, quia, cuius modi nunc uitam ducamus, etiam sic indicari eius in nos beniuolentiae decet; postremo, quod in gaudio de spe tua nemini cedit. Nam et cum praesens esset, pro familiaritate patris tui uel potius omnium nostrum multum sollicitus erat, ne ingenii tui quaedam scintillae, quas diligenter animaduertebat, non tam conflarentur cura mea quam tua extinguerentur incuria; et cum te poeticae quoque studiosum esse cognouerit, sic gratulabitur, ut eum mihi gestientem uidere iam uidear.

VIII 21. Nihil mihi quidem gratius facies, inquit: sed siue mobilitatem meam et puerilem leuitatem ridebitis siue aliquo uere diuino nutu et ordine fit in nobis, non uobis dubitem dicere: pigrior sum ad illa metra subito effectus; alia, longe alia nescio quid mihi nunc

---

123 386년 아리우스파가 황후 유스티나를 믿고 밀라노에 있는 가톨릭 성당을 힘으로 점령하려고 시도하여 가톨릭 신자들이 암브로시우스 주교와 밤낮으로 성당에서 농성한 사건을 가리키는 듯하다(『고백록』 9,7,15 참조).

124 초기 대화편에서 리켄티우스는 아우구스티누스의 기대와 달리 시문에 몰두하여 자주 실망을 끼친다(참조: 『아카데미아학파 반박』 3,4,7; 본서 1,9,27).

지금도 그렇게 할 수가 없구나. 그분의 출발은 저 소요騷擾 중에¹²³ 아주 급작스럽고 황급히 이루어졌으므로 이런 주제 가운데 어느 것도 우리 머리에 떠오를 계제가 아니었다. 그는 내가 후에 대답해 주기 바라면서 일을 나에게 맡기기로 작정하였다. 그런데 지금은 우리 얘기를 그에게 보내 드릴 만한 여러 가지 여건이 마련되고 있구나. 우선 응당 그렇게 하지 않으면 안 될 빚을 지고 있기 때문이고, 그다음은, 우리가 이런 식의 삶을 영위하고 있으므로 그렇게라도 해서 우리에게 기울인 그분의 호의를 기리는 것이 바람직하기 때문이고, 마지막으로는, 너의 유망한 장래에 희망을 걸고 기뻐하기로는 누구에게도 뒤지지 않는 사람이 그분이기 때문이다. 왜 그러냐 하면 그분이 여기 있을 적에는 네 부친과의 친분으로 보거나, 더욱이 우리 모두에게 여간 마음을 쓰던 중에 네 재능이 갖춘 섬광을 그분이 아주 예리하게 감지하고 있던 점으로 보거나, 그런 재능이 나의 섣부른 간섭으로 너무 타오르거나 네가 등한해서 오히려 꺼지는 일이 있지 않을까 염려했기 때문이다.¹²⁴ 네가 시문詩文에 빠져 있다는 사실을 그분이 안다면 무척이나 대견해하겠구나. 그분이 어떤 언행을 보일는지 벌써 내 눈에 선하다."

리켄티우스는 당장 운문韻文에 열의를 잃다

8.21. 리켄티우스가 드디어 대답했습니다. "저한테 선생님이 해 주실 만한 일로 그보다 더 고마운 일이 없겠습니다. 하지만 여러분이 제 변덕이나 경솔한 유치함 때문이라고 저를 비웃든, 정말 어떤 신성한 영감이나 질서로 인해서 우리 안에 생겨나는 결과든 상관없이, 저로서는 여러분에게 이 사실 한 가지는 주저 않고 말씀드리겠습니다. 저 운문韻文에 갑자기 싫증이 났습니다. 멀리서 다른 뭐가, 저도 모르는 어떤 다른 빛이 이제 제게 비

luce resplenduit. Pulchrior est philosophia, fateor, quam Thisbe, quam Pyramus, quam illa Venus et Cupido talesque omnimodi amores. – Et cum suspirio gratias Christo agebat. Accepi ego haec, quid dicam libenter aut quid non dicam? Accipiat quisque, ut uolet, nihil curo, nisi quod forte immodice gaudebam.

22. Interea post paululum dies sese aperuit. Surrexerunt illi et ego inlacrimans multa oraui, cum audio Licentium succinentem illud propheticum laete atque garrule: *Deus uirtutum, conuerte nos et ostende faciem tuam, et salui erimus.* Quod pridie post cenam cum ad requisita naturae foras exisset, paulo clarius cecinit, quam ut mater nostra ferre posset, quod illo loco talia continuo repetita canerentur. Nihil enim aliud dicebat, quoniam ipsum cantilenae modum nuper

---

125 pulchrior est philosophia: 앞 절의 인용 문구 — "지금 새로운 종교가 그대에게 덮쳐 내렸으니" — 를 연상시킨다. 『아카데미아학파 반박』(2,3,7)에서 philocalia와 philosophia를 대조하던 교부의 착상이 제자 리켄티우스에게서 성취되었다고 하겠다.

126 앞의 1,3,8(각주 61, 62) 참조.

127 *ac-ce-*pi *e-go haec, quid* di-*cam* libenter aut *quid* non di-*cam*? *ac-ci-*piat *quis-que* ... : 제자가 철학으로 전향하겠다고 공언한 데 대한 스승의 기쁨을 연이은 구개음(c, qu, g) 음절로 나타내고 있다.

128 그에게는 눈물이 흔했고 눈물을 "죄를 고백하는 물, 마음을 낮추는 물, 생명의 물, 이 방인들의 철학서에서는 발견되지 않는 물, 그리스도께로부터 오는 물"(『시편 상해』*Enarrationes in Pslamos* 31,18)이라고 일컬었다.

129 illud propheticum: 성경에서 구약을 '모세오경'과 '예언서' — 혹은 '모세와 예언자' — 로 대별하였으므로 시편은 예언서에 해당하였다.

130 converte nos: 교부는 회심의 계기마저도 은총에서 비롯한다는 견지에서 자기 저서에서 이 시편을 무려 20여 회나 인용한다.

취 온 셈입니다. 이젠 철학이 더 아름답다고 고백합니다.[125] 티스베보다, 피라무스보다,[126] 비너스와 큐피드와 저 모든 애정 행각보다 말입니다." 그는 한숨을 쉬면서 그리스도께 감사를 드리고 있었습니다. 그 말마디들로 말하자면, 매우 유쾌하게 들렸습니다. 왜 그런 말을 해서는 안 되겠습니까?[127] 누구든지 좋을 대로 내 말을 받아들여도 좋고 그렇더라도 나로서는 괘념하지 않겠습니다. 적어도 내가 주책없을 만큼 기분이 좋았다는 것을 빼놓고는 말입니다.

리켄티우스는 어디서나 시편을 노래하고 다녔다

8.22. 그리고 조금 있다가 날이 밝았습니다. 그들은 자리에서 일어났고 나는 눈시울이 뜨거워져 많은 기도를 올렸습니다.[128] 리켄티우스가 유쾌하게 또 흥얼거리는 소리로 예언서의 저 구절을[129] 창하는 것을 들었던 까닭입니다. **"권능의 하느님, 저희를 돌이켜 주소서.[130] 당신 얼굴을 보여 주소서. 저희가 구원되리이다."**[131] 바로 전날 저녁 식사 후 그는 자연적 필요 때문에 밖으로 나가면서 우리 어머니가 견디기에는 좀 높은 목청으로 그 시편을 노래로 불렀습니다. 거룩한 시편을 변소 같은 자리에서 더군다나 몇 차례나 되풀이해서 불러 댔습니다. 그는 그 찬가의 가락을 근자에 익혔는데[132] 제 딴엔 무척 좋아하던 참이었고 그러다 보니까 별난 가락이 되고 말았는데 어머니의 꾸중에도 아랑곳하지 않았습니다. 그러자 당신도 알다시피 경건심이 대단한 여인으로서 어머니는 듣다 못해 그런 노래에는 그 자

---

131 시편 80,8. 새 번역: "만군의 하느님, 저희를 다시 일으켜 주소서. 당신 얼굴을 비추소서. 저희가 구원되리이다."

132 밀라노 교회에서는 동방교회 전통에 따라 시편에 가락을 붙여서 불렀다. "당신 교회에 감미롭게 울려 퍼지는 당신의 시편과 찬미가에 얼마나 눈물을 흘렸는지 모르며 그 노랫소리에 얼마나 깊이 감동했는지 모릅니다"(『고백록』 9,6,14).

hauserat et amabat, ut fit, melos inusitatum. Obiurgauit eum religiosissima, ut scis, femina ob hoc ipsum, quod inconueniens locus cantico esset. Tunc ille dixerat iocans: Quasi uero, si quis hic me inimicus includeret, non erat deus exauditurus uocem meam.

23. Ergo mane cum regressus esset solus – nam uterque ob eandem causam processerat – accessit ad lectulum meum: Verum mihi dic, inquit, ita fiat nobis quod uis, quid de me existimes. – Atque ego adulescentis dexteram adprehendens: Quid, inquam, existimem, sentis credis intellegis. Neque enim arbitror te frustra heri tam diu cecinisse, ut uirtutum deus conuerso tibi se ostendat. – At ille cum admiratione recordatus: Magnum, inquit, dicis et uerum. Non enim me ipsum parum mouet, quod modo tam aegre auocabar a nugis illis carminis mei, et iam redire ad eas piget et pudet; ita totus in quaedam magna et mira subuehor. Nonne hoc est uere in deum conuerti? Simul et illud gaudeo, quod frustra mihi scrupulus superstitionis iniectus est, quod tali loco talia cantitabam. – Mihi, inquam, neque hoc displicet et ad illum ordinem puto pertinere, ut etiam hinc aliquid diceremus. Nam illi cantico et locum ipsum, quo illa offensa est, et noctem congruere uideo. A quibus enim rebus

---

133 불가타본 시편(30,9.23)에 "원수의 손으로 당신이 나를 가둬 넣으셨고 내 기도하는 목소리 당신이 들어 주셨나이다"라고 되어 있어 이처럼 장난기 어린 성경 인용이 나올 법했다.

134 1권 8,23-10,28이 가장 집중적으로 '질서'를 논하고, 앞뒤 7,19-8,22; 10,29-11,33은 삽입부(disgressio)처럼 보인다.

리가 걸맞지 않다는 투로 꾸짖었습니다. 그러자 그는 농담조로 이렇게 대꾸하는 것이었습니다. "어떤 원수가 저를 여기다 가두어 넣었다면 제 목소리 들어 주실 분이 하느님 아니시겠어요?"[133]

인생의 여러 곡절도 질서에 의거해서 일어나는가[134]

8.23. 그래서 아침에 리켄티우스 혼자서 돌아오자 ─ 둘 다 같은 이유로 나갔었습니다 ─ 내 침상으로 다가와 이런 말을 했습니다. "제발 그냥 말씀해 주십시오, 저희에게 뭐가 이루어지기 바라시는지 말입니다. 제게 관해서 어떻게 생각하시는지 말입니다." 나는 젊은이의 오른팔을 붙잡고 말했습니다. "내가 어떻게 생각하는지는 네가 듣고 믿고 또 알고 있다. 네가 어제 권능의 하느님께서 너를 돌이키시어 당신을 보여 주십사 하고 두고두고 노래 부른 일이 괜한 짓은 아니었다고 본다." 그는 엊저녁 일을 기억하면서 스스로 놀라는 것이었습니다. "정말 중요한 말씀을 해 주셨습니다. 저 하찮은 시가詩歌에서 정나미가 떨어지고 그것도 그토록 심하게 정나미 떨어지자 저도 적잖은 충격을 받았습니다. 그리로 되돌아가는 일이 벌써부터 싫고 쑥스러워지니까 말입니다. 저로서는 뭔가 거창하고 놀라운 일에 송두리째 떠밀려 가는 것 같습니다. 혹시 이게 진짜로 하느님께로 돌아서는 것 아닙니까? 그런 데서 그런 노래를 흥얼거렸으니까 죄를 받지 않나 하는 미신적인 소심증小心症이 저한테 주입되려다가 말았다는 사실도 저는 기분 좋습니다." 그래서 내가 말했습니다. "그 일도 나한테는 기분 나쁘지 않다. 그것도 저 질서에 속한다고 생각한다. 그 덕분에 여기서부터 우리가 뭔가 말을 나누게 되니까 말이다. 그 노래를 그 장소에서 한 일을 두고는 어머니가 속이 상하셨는데, 그 노래를 그 밤 시간에 한 것은 괜찮다고 본다.[135]▶ 그런 노래로 우리가 하느님께 마음을 돌이키고 그분의 얼굴을 뵙

putas nos orare ut conuertamur ad deum eiusque faciem uideamus, nisi a quodam ceno corporis atque sordibus et item tenebris, quibus nos error inuoluit? Aut quid est aliud conuerti nisi ab immoderatione uitiorum uirtute ac temperantia in sese attolli? Quidue aliud est dei facies quam ipsa, cui suspiramus et cui nos amatae mundos pulchrosque reddimus, ueritas? – Melius dici non potest, inquit exclamans; deinde suppressius quasi ad aurem: uide quaeso, quanta occurrerunt, ut credam erga nos aliquid iam prosperiore ordine fieri.

24. Si ordinem, inquam, curas, redeundum tibi est ad illos uersus. Nam eruditio disciplinarum liberalium modesta sane atque succincta et alacriores et perseuerantiores et comptiores exhibet amatores amplectendae ueritati, ut et ardentius appetant et constantius insequantur et inhaereant postremo dulcius, quae uocatur Licenti, beata uita. Qua nominata omnes sese erigunt et quasi adtendunt in manus, utrum habeas, quod dare possis egentibus uariisque morbis impeditis. Quibus sapientia cum praecipere coeperit, ut medicum per-

---

◀135 찬송가를 변소에서 부르는 일은 격에 맞지 않으나 밤중에 찬송가를 부름은 경우에 어긋나지 않는다는 설명이다. 예부터 라틴인들은 침상과 식탁에서 노래를 흥얼거리는 일을 터부시한다.

136 회심은 '어디로부터'와 '어디로' — 여기서는 '하느님께', '진리로' — 라는 두 지점을 가진다.

137 quidve aliud est dei facies quam ipsa veritas: "늦게야 당신을 사랑했습니다! 이토록 오래되고 이토록 새로운 아름다움이시여, 늦게야 당신을 사랑했습니다"(『고백록』 10,27,38).

138 "누가 만일 함부로 또 학문의 절차 없이 이런 문제들에 관한 지식을 얻겠다고 감히 덤벼든다면 그는 공부하려는 사람이라기보다는 호기심 많은 사람이 되고 만다"(본서 2,5,17).

게 해 달라고 기도를 올리는데, 과연 너는 무엇으로부터 마음을 돌이키게 해 주십사 기도하는 것 같으냐?[136] 몸의 어떤 불결로부터, 오류가 우리를 사로잡는 어떤 어둠으로부터 돌이키게 해 달라는 것 아니냐? 그렇지 않으면 무절제한 악덕惡德을 등지고 돌아서서 덕성과 절제로 자기 자신에게로 고양高揚되는 일 말고 무슨 다른 일이겠느냐? 또 하느님의 얼굴이란 진리 자체가 아니고 다른 무엇이겠느냐?[137] 그 진리를 우리는 염원하고 있고, 또 그 진리를 사랑하다 보면 우리가 깨끗해지고 아름다워지는 것이다." 그는 탄성을 지르며 말했습니다. "그보다 좋은 말씀이 없겠습니다." 그러고서는 목청을 낮추어 귀에 대고 속삭이듯 한마디 하였습니다. "보십시오. 보다 도량 있는 질서에 의해서 우리를 두고 벌써 뭔가 이루어지고 있다는 사실을 저더러 믿으라고 얼마나 숱한 일들이 일어났는지 보십시오."

부름 받은 이는 많으나 뽑히는 이는 적다

8.24. 내가 말했습니다. "네가 질서에 마음이 쓰인다면 너로서는 네가 공부하던 그 시구詩句로 돌아가야만 한다. 자유 학예의 공부가 정돈되고 잘 간추려진 경우에[138] 진리를 애호하는 사람들로 하여금 포용할 그 진리에 더 명민해지고 더 항구해지고 더 품위를 지키는 사람으로 드러나게 만든다. 리켄티우스, 그래서 진리를 더욱 열렬하게 갈구하고 더욱 항구하게 뒤쫓으며 마지막으로 더욱 감미롭게 향유하기에 이르는데, 그것을 일컬어 행복한 삶이라고 한다.[139] 행복이라는 이름이 일단 나오면 모두가 몸을 벌떡 일으키고, 네가 그것을 가지고라도 있다는 듯이 네 손을 쳐다보고, 네

---

[139] 자유 학예의 가치를 크게 평가한 이 대목을 두고 『재론고』(1,3,2)에서는 "그리고 참된 경건심을 갖추지 못한 철학자들이 마치 덕성(德性)의 빛을 발한 것처럼 말하기도 했다"면서 바로잡는다.

ferant seque cum aliqua patientia curari sinant, in pannos suos recidunt, quorum concalefactione tabificati scabiem uoluptatum aerumnosarum scalpunt libentius, quam ut monita medici paulum dura et morbis oneraosa perpetiendo atque subeundo ualetudini sanorum lucique reddantur. Itaque illo summi dei nomine ac sensu tamquam stipe contenti uiuunt miseri, uiuunt tamen. Alios autem uiros uel, ut uerius loquamur, alias animas, dum hoc corpus agunt, iam thalamo suo dignas coniunx ille optimus ac pulcherrimus quaerit, quibus non uiuere sed beate uiuere satis est. Vade ergo interim ad illas Musas. Verum tamen scis, quid te facere uelim? – Iube, ait, quod placet. – Vbi se, inquam, Pyramus et illa eius super inuicem, ut cantaturus es, interemerint, in dolore ipso, quo tuum carmen uehementius inflammari decet, habes commodissimam oportunitatem. Arripe illius foedae libidinis et incendiorum uenenatorum execrationem, quibus miseranda illa contingunt, deinde totus adtollere in laudem puri et sinceri amoris, quo animae dotatae disciplinis et uirtute formosae copulantur intellectui per philosophiam et non solum mortem fugiunt uerum etiam uita beatissima

---

140 "야심을 품고 손아귀에 넣고 쾌락에 뒹굴고 색욕의 부스럼 딱지를 긁어 대야 하는 근심 걱정"(『고백록』 9,1,1)을 교부는 체험으로 알고 있었다.

141 아우구스티누스는 암브로시우스의 설교에서 그리스도를 영혼들의 신랑으로 언표하는 『아가』(雅歌)의 주석을 들었을 것으로 본다. 플로티누스도 인간 지성이 신적 이성과 갖는 해우를 혼인의 사랑으로 형용하였다(『엔네아데스』 1,6,7).

142 non vivere sed beate vivere satis est: 아우구스티누스는 단순한 생존이 아니라 '행복한 삶'만 의미 있다고 보았다.

143 본서 1,3,8 참조.

가 궁핍하고 갖가지 질병에 시달리는 사람들에게 그것을 나누어 주기라도 할 듯이 너를 바라본다. 하지만 그런 사람들에게 지혜가 나서서 지시를 내리기 시작한다면, 곧 의사를 부르라고, 아프더라도 좀 참고서 의사가 치료를 하게 허락하라고 가르친다면 사람들은 곧장 걸치고 있던 누더기 속으로 들어가 버린다. 의사의 좀 엄격하고 병고에도 귀찮은 처방을 어느 정도 견디고 따르면서 성한 사람의 건강과 광명을 되찾느니보다는, 차라리 누더기의 온기에 싸여 고름이 낀 채 비참한 쾌락의 옴딱지를 긁고 있기를 좋아한다.140 그래서 지존하신 하느님의 이름만으로 만족하고, 적선積善처럼 주어진 감관으로 만족한 채 불쌍하게 살아간다. 그래도 살긴 산다. 하지만 저 훌륭하고 아름답기 이를 데 없는 신랑新郎141은 다른 사람들을, 아니 더 확실하게 말하자면 다른 영혼들을, 비록 이 신체를 거느리고 있는 동안에도 당신의 신방新房에 들이기에 합당한 그런 영혼들을 찾고 있으며, 그런 영혼들로서는 그냥 사는 게 아니라 행복하게 살아야 흡족하다.142 그러니 너는 우선 저 무사(시와 음악의 여신)들한테로 가거라! 하지만 네가 뭘 하기를 내가 바라는지 너는 정말 알고 있느냐?" "원하시는 대로 명령하십시오." "네가 엮어서 노래할 그대로 피라무스와 그 여인이 서로 얼싸안고 자살하고 나면 너의 시가詩歌는143 그 고통으로 격심하게 타오를 터인데, 바로 고통 그 자체에서 너는 참으로 적절한 계기를 만날 것이다. 저 가련한 비련悲戀을 일으킨 저 추루한 정염, 독이 뿌려진 화염의 저주를 꽉 붙들어라. 그러고서 혼신을 다해 순수하고 순정한 사랑의 찬사로 들어 올려라. 그 사랑으로 학문을 갖춘 영혼들, 덕성으로 아리따운 영혼들이144 철학을 통해서 인식과 결합하기에 이를 것이요 그런 영혼들은 단지 죽음을 피하는 데서

---

144 학문 지식과 덕성이 행복한 삶의 원천임은 로마 지성계의 일반 생각이었다(Cicero, *Tusculanae disputationes* 5,25,72).

perfruuntur. – Hic ille tacitus ac diu consideratione nutans motato capite abscessit.

25. Deinde ego quoque surrexi, redditisque deo cotidianis uotis ire coeperamus in balneas – ille enim locus nobis, cum caelo tristi in agro esse minime poteramus, aptus ad disputandum et familiaris fuit – cum ecce ante fores aduertimus gallos gallinatios ineuntes pugnam nimis acrem. Libuit attendere. Quid enim non ambiunt, qua non peragrant oculi amantum, ne quid undeunde innuat pulchritudo rationis cuncta scientia et nescientia modificantis et gubernantis, quae inhiantes sibi sectatores suos trahit quacumque atque ubique se quaeri iubet? Nam unde aut ubi non potest signum dare? Vt in eisdem ipsis gallis erat uidere intenta proiectius capita, inflatas comas, uehementes ictus, cautissimas euitationes et in omni motu animalium rationis expertium nihil non decorum quippe alia ratione desuper omnia moderante; postremo legem ipsam uictoris, superbum cantum et membra in unum quasi orbem collecta uelut in

---

145 스승으로서 문학을 사랑하는 제자에게 행복에 이르는 길을 시사한다. 비극적 연가(戀歌)의 파토스는 순수한 사랑의 찬가(in laudem puri et sinceri amoris)로 승화할 계기를 추동하고 거기에 덕성과 학문이 갖추어지면 영혼은 철학의 경지에 이른다.

146 "누가 사랑에 빠진 사람을 속일 수 있으랴?"(quis fallere possit amantem?: Vergilius, *Aeneis* 4,296)를 연상시키는 구절로 '지혜를 사랑하는 사람들'을 가리킨다.

147 베르길리우스의 유명한 글귀 trahit sua quemque voluptas(사람을 끌고 가는 것은 그의 욕심이어니: *Ecloga* 2,65)를 따온 표현이다.

148 자연의 보편적 질서(ordo rerum)를 이성의 아름다움(rationis pulchritudo)으로, 이성(ratio) 자체로 언표하였다.

그치지 않고 참된 행복을 향유하기에 이를 것이다."¹⁴⁵ 여기서 그는 말없이 고개를 끄덕이더니 한참 골똘한 생각에 잠긴 채 내 곁을 떠났습니다.

수탉들이 싸움을 하다

8.25. 그다음 나도 일어나서 하느님께 일상의 기도를 올리고서 우리 일행이 욕탕으로 가던 중이었습니다. 하늘이 우중충하고 도저히 야외에 있을 수 없을 경우에는 그 장소가 토론을 하기에 적합했고 우리에게는 낯익은 곳이기도 했습니다. 그런데 바로 그때 문 앞에서 막 수탉 두 마리가 너무 심하게 싸우는 광경을 지켜보게 되었습니다. 구경할 만했습니다. 사랑하는 사람들의 눈이 간파하지 못하고 놓치는 것이 무엇이 있겠습니까?¹⁴⁶ 인식을 하는 사물이든 인식을 못하는 사물이든 모조리 규제하고 통솔하는 이성의 아름다움이 여기저기 어디로나 고갯짓을 하지 않겠습니까? 자기를 갈망하고 자기를 추종하는 자들을 어느 구석에서나 끌어당기고¹⁴⁷ 어디서든지 무슨 일에서든지 자기를 찾아내라고 명령하는 터에 말입니다. 어디로부터, 어느 곳에서 이성이 그 표지를 못 보내겠습니까?¹⁴⁸ 저 수탉들한테서도 공격을 하려고 곧장 내리뻗은 머리며 한껏 부풀린 깃털이며 사납게 쪼아 대는 부리며 아주 조심스럽게 몸을 사리는 자세를 보았습니다. 이성을 갖추지 못한 짐승들의 그 모든 동작에서, 저 위에서 다른 어떤 이성이 모든 것을 조정해서인지, 부조화한 것이 전혀 보이지 않았습니다. 마지막에는 승자의 법칙 그대로였습니다. 싸움에 이긴 수탉의 고고한 울음소리며 마치 하나의 동그라미처럼 모아진 지체들은¹⁴⁹ 지배자의 오만한 거드름 그대로였습니다. 그 대신 패자의 기색은 목덜미 깃털을 뽑힌 채 소리나

---

¹⁴⁹ Cf., Vergilius, *Georgica* 2,154: in spirum tractu se collegit(동그랗게 자기 몸을 사리는 것이었다).

fastum dominationis; signum autem uicti, elatas a ceruice pennulas et in uoce atque motu deforme totum et eo ipso naturae legibus nescio quomodo concinnum et pulchrum.

26. Multa quaerebamus, cur sic omnes, cur propter dominationem in subiectas sibi feminas, cur deinde nos ipsa pugnae facies aliquantum et praeter altiorem istam considerationem duceret in uoluptatem spectaculi, quid in nobis esset, quod a sensibus remota multa quaereret, quid rursum, quod ipsorum sensuum inuitatione caperetur. Dicebamus nobis ipsis: Ubi non lex? ubi non meliori debitum imperium? ubi non umbra constantiae? ubi non imitatio uerissimae illius pulchritudinis? ubi non modus? Atque inde ammoniti, ut spectandi modus esset, perreximus, quo propositum erat, atque ibi, ut potuimus, sane diligenter – nam et recentes res erant et quando poterant tam insignita trium studiosorum memoriam effugere? – omnia nostrae lucubrationis opuscula in hanc libelli partem contulimus nihilque a me aliud actum est illo die, ut ualetudini parcerem, nisi quod ante cenam cum ipsis dimidium uolumen Vergili audire cotidie solitus eram, nihil nobis ubique aliud quam rerum

---

150 "저 천체들로부터 지상 생물들에 이르기까지 지성을 갖춘 자연의 이성(naturae ratio intellegentis)이 드러나지 않는 사물이 과연 무엇인가?"(Cicero, *De natura deorum* 2,47,120).

151 imitatio verissimae illius pulchritudinis: 현상계에서 관찰되는 나름대로의 아름다움은 미(美)라는 이념에 대한 모방이라는 것이 플라톤 이래 일반화된 사상이었다.

152 modus: ordo라는 용어가 utilitas, pulchritudo를 거쳐 modus로 서술된다. modus(mensura: 문맥에 따라 '척도', '법도', '양태', '정도'로 번역된다)는 아우구스티누스의 형이상

동작이 참으로 초라해지고 말았는데, 어떻게 해서인지 모르겠지만, 그것마저도 자연법칙에 부합하고 아름다웠습니다.

이 일화에 관해서 몇 가지 질문이 나온다

8.26. 우리는 많은 물음을 제기하였습니다. 왜 수탉들은 모두 저렇게 행동하는가? 왜 암탉들을 자기한테 복종시켜 지배하려고 하는가? 왜 저 닭싸움의 형태가 우리로 하여금 고상한 연구를 잠시 제쳐 두고 구경거리를 탐하게 만들었는가? 우리 내부에 무엇이 있기에 감각과는 동떨어진 많은 문제들을 제기하게 만드는가? 또 저 감각들의 유인을 통해 파악되는 바는 과연 무엇인가? 그리고 우리 스스로 이런 얘기들을 했습니다. 법이 지배하지 않는 곳이 도대체 어딘가?[150] 강자에게 지배권이 돌아가지 않는 곳이 어딘가? 항속성恒速性의 그림자가 미치지 않는 곳이 과연 어딘가? 저 진정한 미美라는 이념의 모방이 존재하지 않는 곳이 도대체 어딘가?[151] 법도法度[152]라는 것이 존재하지 않는 곳이 어딘가?[153] 그러다 구경을 하는데도 법도가 있으리라는 생각이 들자 우리는 본시 작정한 곳을 향해서 걸음을 재촉하였습니다. 거기서 우리가 밤에 공부한 결과를 어지간히 부지런하게 책자의 이 부분에다 힘닿는 대로 옮겨 적었습니다. 그 내용이 아주 최근 것이었고 하도 분명해서 학도 세 사람의 기억을 벗어날 수가 없었던 것입니다. 건강을 아끼느라고 그날 하루 종일 나는 다른 일은 아무것도 하지 않았고 다만 날마다 하던 대로 저녁 식사 전에 그들과 더불어 베르길리우

학에서 ordo, species(forma), numerus와 더불어 모든 존재자의 초월적 특성을 이룬다(『선의 본성』*De natura boni* 참조).

153 "우리는 참된 법과 진정한 정의의 굳건하고 명백한 실상(實相)을 전연 가지고 있지 못하고 그 그림자와 허상(虛像)만을 향유하고 있을 뿐이다"(Cicero, *De officiis* 3,17,69).

modum considerantibus, quem non probare nemo potest, sentire autem, cum quisque aliquid studiose agit, difficillimum atque rarissimum.

IX 27. Deinde postridie bene mane alacres ad solitum locum conuenimus in eoque consedimus. Et ego attentis in me ambobus: Hic esto, inquam, Licenti, quantum potes, et tu quidem, Trygeti; nec enim parua res agitur: de ordine quaerimus. Quid ego nunc quasi in schola illa, unde me quoquo modo euasisse gaudeo, constitutus copiose atque ornate uobis ordinem laudem? Accipite, si uultis – immo facite ut uelitis – quo neque quicquam de huius laude breuius neque, ut mihi uidetur, uerius dici potest. Ordo est, quem si tenuerimus in uita, perducet ad deum, et quem nisi tenuerimus in uita, non perueniemus ad deum. Peruenturos autem nos iam, nisi me animus de uobis fallit, praesumimus et speramus. Diligentissime igitur inter nos ista quaestio uersari debet atque dissolui. Vellem adessent

---

154 카시키아쿰 체류 중 아우구스티누스와 문하생들은 매일 저녁 베르길리우스 서사시 *Aeneis*를 강독한 것으로 기록되어 있다(『아카데미아학파 반박』 1,5,15).

155 지금까지는 자연계 속의 질서에 치중하였는데 이하에는 하느님의 안배와 연관시켜 논하게 된다.

156 밀라노에서 황실 자녀들을 상대로 수사학을 가르치던 학교를 사직한 참이었다(『고백록』 9,2,4).

157 ordo ... perducet ad deum: 스토아나 신플라톤 사상이 내세우는 질서의 우주론적 측면을 넘어서서 대신적(對神的) 차원으로 방향을 바꾼다.

스 두루말이의 절반쯤 낭송을 들었을 뿐입니다.154 그 밖에 우리가 한 일이라곤 사물들의 법도라는 것을 고찰하는 일 말고는 아무것도 없었습니다. 사물의 법도에 관해서 감지하는 일이야 누구도 못할 리 없지만 그것을 실감하고서 학문적으로 따지기는 참 어렵고도 드문 일입니다.

그 자리에서 나온 해설을 아우구스티누스가 한데 모으다

    9.27. 이튿날 아침 일찍 우리는 유쾌한 기분으로 예의 그 장소로 모여서 자리를 잡고 앉았습니다. 그리고 나를 쳐다보던 두 사람에게 내가 말을 걸었습니다. "리켄티우스, 하는 데까지 주의를 집중해 보아라! 트리게티우스 너도. 작은 문제를 다루는 것이 아니거든. 우린 질서에 관해서 논할 참이다.155 내가 지금은 저 학교에서156 어느 정도 벗어나 있어서 기분이 좋다. 그런데 이제 와서 아직도 저 학교에서 하던 식으로 너희들에게 장황하게 또 수식을 가해서 질서를 칭송하기로 작정한 이유가 무엇이겠느냐? 그러니 마음 내키면 잘 들어 보아라! 아니 마음이 내키도록 애를 써 보아라! 질서를 두고 칭송하면서 이보다 간결하게 말하기가 힘들며, 내가 보기에는 이보다 진솔하게 말하기가 힘들다. 질서란, 우리가 일평생 그것을 고수하다 보면, 하느님께 인도하는 것이다.157 그리고 우리가 질서를 일평생 견지하지 않으면 우리는 하느님께 이르지 못한다. 우리가 하느님께 도달하리라는 점은 우리가 이미 가정을 해 두었고 또 희망을 걸고 있는 바이기도 하다.158 너희에게 쏟는 정이 나를 속이는 것이 아니라면 말이다.159 그러니 이 문제는 우리들 사이에서 아주 진지하게 논의되고 해소되지 않으면 안

---

    158 앞에서(1,4,10)는 '신심으로 굳건해진 예배자답게' '진리의 신탁자(神託者)로서' 자세를 갖춰야 한다고 강조했다.
    159 '너희한테 이런 기대를 거는 것이 분에 넘치는지도 모르겠다'는 뜻이다.

ceteri, qui nobiscum his negotiis solent interesse; uellem, si fieri posset, non istos tantum, sed omnes saltem familiares nostros, quorum semper admiror ingenium, nunc mecum habere quam uos estis intentos, aut certe ipsum tantum Zenobium, quem de hac re tanta molientem numquam pro eius magnitudine otiosus accepi. Sed quia id non euenit, legent litteras nostras, quoniam instituimus iam de istis rebus uerba non perdere resque ipsas a memoria fugaces scriptorum quasi uinculo, quo reducantur, innectere. Et sic fortasse ordo ipse poscebat, qui eorum procurauit absentiam. Nam et uos profecto in rem tantam, quia solis perferenda imponitur nobis, erectiore animo insurgitis et cum illi legerint, qui nobis maxima cura sunt, si quid eos mouerit ad contradicendum, alias nobis disputationes disputatio ista procreabit seque ipsa successio sermonum in ordinem inseret disciplinae. Sed nunc, ut promiseram, Licentio, quantum res patitur, aduersabor, qui totam causam iam paene confecit, si possit eam defensionis muro stabiliter firmeque uallare.

---

160 초기 대화편에는 그의 친구 알리피우스와 아우 나비기우스가 늘 참석했다.
161 그의 서간(『서간집』 1,3)을 보면 헤르모게니아누스(Hermogenianus)라는 사람이 『아카데미아학파 반박』을 읽고 반발했다는 소식을 듣고 그와 서간을 교환한 사정이 보인다.

된다. 우리와 함께 이런 일에 참석하던 다른 사람들도 참석했더라면 좋았겠다.¹⁶⁰ 아니 그 사람들만 아니고, 할 수만 있다면, 그 소질을 두고 내가 늘 탄복하는 우리 친지들이 너희가 와 있는 이 자리에 모조리 참석했더라면 좋았겠다. 그렇지 않으면 최소한 제노비우스 님이라도 함께 있었으면 좋았겠다. 그분은 늘 이 문제를 두고 나한테 재촉했는데, 문제의 중대성에 비추어 나는 한 번도 그분에게 여유를 내지 못했다. 그런 회동은 이루어지지 못했지만 결국 사람들은 우리 글을 읽게 될 것이다. 왜냐하면 이 문제에 관한 얘기를 그냥 내버려 두지 않기로 했고, 자칫하면 기억에서 놓치기 쉬우니까 기록의 사슬로 묶어서, 말하자면, 그 사람들 앞에 끌어다 주기로 작정했기 때문이다. 하긴 그 사람들이 이 자리에 와 있지 않게 배려한 것도 아마 질서가 요청해선지도 모르겠다. 너희들마저도 이토록 중요한 주제를 상대하는 마당에, 만일 우리끼리만 감당하도록 주제가 부과되다 보면, 너희가 마음이 격양되고 흥분할 수도 있다. 그래서 우리가 각별히 염두에 두고 있는 사람들이 만약 이 토론을 담은 글을 읽으면 뭔가가 그들을 충동해서 반대하고 싶은 말이 생길 테고,¹⁶¹ 그러면 그 시비가 우리한테 또다시 다른 시비들을 낳을 것이며, 그러다 보면 그런 일련의 발언들이 결국 학문의 질서로 수렴될 것이다.¹⁶² 하지만 당장은 이미 약속한 대로, 사정이 허락하는 범위 내에서, 리켄티우스의 주장을 반박하겠다. 그가 주제 거의 전체를 다 손댔기 때문에 과연 그 주제를 방어할 만한 성벽을 견고하고 튼튼하게 쌓을 수 있는지 보겠다."

---

162 아우구스티누스는 일정한 철학 주제로 제자들과 토론해서 그 내용을 책으로 엮는 일이 지성인들에게 가져올 파급을 교육 활동(ordo eruditionis)이라고 부른다.

X 28. Hic, ubi eos silentio uultu oculis suspensione atque immobilitate membrorum et rei magnitudine satis commotos et audiendi desiderio inflammatos esse conspexi: Ergo, inquam, Licenti, si tibi uidetur, collige in te quicquid uirium potes, elima quicquid habes acuminis et ordo iste quid sit definitione conplectere. – Tum ille ubi se ad definiendum cogi audiuit, quasi aqua frigida adspersus exhorruit et turbatiore uultu me intuens atque, ut fit, ipsa trepidatione subridens: Quid hoc est rei? quid quasi tibi uideor, inquit, annuere? Nescio, quo aduenticio spiritu me credis inflatum – Statimque sese animans: Aut fortasse, ait, aliquid mecum est? – Paululumque siluit, ut in definitionem, quicquid illi de ordine notionis erat, conduceretur, deinde erectior: Ordo est, inquit, per quem aguntur omnia, quae deus constituit.

29. Quid? ipse deus, inquam, non tibi uidetur agi ordine? – Prorsus, inquit, uidetur. – Ergo agitur deus? ait Trygetius. – Et ille:

---

163 스토아는 어떤 개념을 정의할 적에 예리함(acumen)을 핵심으로 간주했다고 한다(Cicero, *Tusculanae disputationes* 4,5,11).

164 spiritu inflatum: "정령이라는 것이 쳐들어오면 … 감관의 예리함과 섬세함에서 우리를 능가한다지만 이성으로 우리를 능가하리라는 점은 나는 부정한다"(『아카데미아학파 반박』 1,7,20).

165 ordo est, per quem aguntur omnia quae deus constituit: 리켄티우스는 앞에서(1,5,14) "어떤 원인이 발생시키고 움직여 주지 않는 한 아무것도 생기지 않고 아무것도 발생하지 않

리켄티우스가 질서의 정의를 내리다

10.28. 이 말을 듣고 입을 꼭 다문 그들의 침묵으로나 얼굴 표정으로나 눈짓으로나 사지를 경직시키고 부동자세로 있는 품으로나 그들이 무게 있는 주제를 놓고 어지간히 고무되어 있었고 내 말을 경청하겠다는 열성에 타오르고 있음을 보았습니다. 그래서 다음과 같이 입을 뗐습니다. "그러니까 리켄티우스, 할 만하면 네 안에 기운을 모두 추스려 보아라. 그리고 네가 뭔가 예리한 것을 갖추었다면[163] 그걸 갈고 닦아 보아라. 그러고서 그 질서가 무엇인지 정의를 내려 말해 보아라." 그는 자기더러 정의를 내리라고 요구하는 말을 듣고서는 찬물을 뒤집어쓴 것처럼 깜짝 놀라는 시늉을 하였고 당황한 얼굴로 나를 쳐다보았습니다. 그러고는 으레 하듯이 싱겁게 웃으면서 입을 열었습니다. "도대체 무슨 말씀이십니까? 제가 선생님께 뭘 말씀드릴 수 있으리라고 보셨습니까? 밖에서 들이닥치는 영靈이라도 저도 모르게 덮어쓴 사람이라고 믿으신다는 말씀입니까?"[164] 그러더니 즉시 정신을 가다듬고서 "아니면 뭔가 제게 있기는 있다는 말씀이신가요?" 하고 물었습니다. 그러고서는 한참 입을 다문 채 질서에 관해 무슨 개념이 있든 그것을 정의로 끄집어내려고 궁리하다가, 드디어 고개를 들더니 이렇게 말했습니다. "질서는 하느님이 제정하신 모든 것이 작용하는 원리입니다."[165]

제자들이 삼위일체를 섣불리 토론하다 경쟁심에 말려들다

10.29. "그래? 하느님 몸소 질서에 의해서 움직여지시는 것으로는 보이지 않니?" "정말 그렇다고 보입니다." 그러자 트리게티우스가 나섰습니다.

는다"라는 현상적 정의를 내린 바 있다. 키케로도 섭리(攝理)란 "태초에 세계와 그 모든 부분을 조성하였고 모든 시대에 걸쳐 관리하는 것"(*De natura deorum* 2,30,75)이라고 정의했다.

Quid enim? inquit: Christum deum negas, qui et ordine ad nos uenit et a Patre deo missum esse se dicit? Si igitur deus Christum ordine ad nos misit et deum Christum esse non negamus, non solum agit omnia sed agitur etiam deus ordine. – Hic Trygetius addubitans: Nescio, inquit, quomodo istuc accipiam. Deum enim quando nominamus, non quasi mentibus ipse Christus occurrit, sed Pater. Ille autem tunc occurrit, quando dei Filium nominamus. – Bellam rem facis, inquit Licentius. Negabimus ergo dei Filium deum esse? – Hic ille, cum ei respondere periculosum uideretur, tamen se coegit atque ait: Et hic quidem deus est, sed tamen proprie Patrem deum dicimus. – Cui ego: Cohibe te potius, inquam; non enim Filius improprie deus dicitur. – At ille religione commotus cum etiam uerba sua scripta esse nollet, urgebat Licentius, ut manerent, puerorum scilicet more uel potius hominum – pro nefas! paene omnium, quasi uero gloriandi causa inter nos illud ageretur. Cuius motum animi cum obiurgarem grauioribus uerbis, erubuit. Qua eius perturbatione animaduerti ridentem laetantemque Trygetium et am-

---

166 라틴어 ordo가 '질서'와 더불어 '명령'을 의미하므로, 그리스도가 아버지의 '명령대로' 지상에 왔다는 말과 '질서에 따라' 지상에 왔다는 말이 같게 들린다.

167 참조: 요한 3,17("하느님께서 아들을 세상에 보내신 것은 …"); 7,28("나는 나 스스로 온 것이 아니다. 나를 보내신 분은 참되신데 너희는 그분을 알지 못한다").

168 그리스도가 하느님의 아들, 곧 하느님이라고 주장할 경우, 그가 '보냄 받아'(= 명령받아) 세상에 왔다는 명제는 하느님이 질서 안에 내포된다는 말처럼 들린다.

169 고유명사는 한 존재에게만 해당한다는 문법적 도식대로(Priscianus, *Institutiones de arte grammatica* 2,25), '하느님'은 고유명사이니 '아버지 하느님'께만 해당한다는 답변이다.

"그렇다면 하느님이 무엇에 의해서 움직여지신다는 말이네?" 그러자 리켄티우스가 말했습니다. "뭐라고? 그리스도가 하느님이심을 넌 부정하니? 그분은 질서에 따라[166] 우리한테 왔고, 당신이 성부 하느님께 보냄 받았다고 말했는데? 만일 하느님이 질서에 따라 그리스도를 우리에게 보내셨다는 사실이나[167] 그리스도가 하느님이심을 우리가 부정한다면, 하느님은 질서로 모든 것을 움직이실뿐더러 하느님도 질서로 움직여지신다는 말이 돼."[168] 여기서 트리게티우스는 미심쩍은 듯, 한마디 했습니다. "그 말을 난 어떻게 받아들여야 할지 모르겠다. 우리가 하느님 이름을 언급할 적에는 저절로 그리스도가 머리에 떠오르지는 않고 아버지 하느님이 떠오르거든. 우리가 하느님의 아들을 거명해야 그리스도가 등장하지."[169] 리켄티우스가 응수했습니다. "잘하는 짓이다. 그러니까 하느님의 아들이 하느님이라는 것을 우리가 부인할 셈이냐?" 그 말에 대꾸하는 것이 위험스러워 보였는데 트리게티우스는 마지못해 말을 꺼냈습니다. "그분도 하느님이시지. 하지만 고유한 의미로는 아버지 하느님을 하느님이라고 말하는 거야." 그래서 내가 그에게 말해 주었습니다. "너 말 조심해. 아드님이라고 해서 고유하지 않은 의미에서 하느님이라는 말은 아니다."[170] 그는 종교심 때문에 동요하였고 자기 말이 기록에 남는 것을 싫어했습니다. 그러나 리켄티우스는 트리게티우스의 발언을 기록에 그대로 남겨야 한다고 우겼습니다. 아이들의 짓이기는 한데 사람이면 다 하는 행동거지였습니다. 불손하기도 해라! 우리 사이에서도 우쭐대려는 속셈으로 모두가 저런 짓을 하곤 합니다. 내가 심한 말로 리켄티우스의 심술을 꾸지람하자 그는 얼굴이 빨개졌

---

170 트리게티우스가 구사하는 proprie, improprie는 갓 입문하려는 그리스도교의 교리 — 삼위일체론 — 에 위배될 수 있음을 스승이 환기시켜 준다.

bobus: Itane agitis? inquam; nonne uos mouet, quibus uitiorum molibus atque imperitiae tenebris premamur et cooperiamur? haecine est illa paulo ante uestra, de qua ineptus laetabar, attentio et in deum ueritatemque surrectio? O si uideretis uel tam lippientibus oculis quam ego, in quibus periculis iaceamus, cuius morbi dementiam risus iste indicet! O si uideretis! quam cito, quam statim quantoque productius eum uerteretis in fletus! Miseri, nescitis ubi simus? Demersos quidem esse animos omnium stultorum indoctorumque commune est, sed non uno atque eodem modo demersis opem sapientia et manum porrigit. Alii sunt, credite, alii sunt, qui sursum uocantur, alii, qui in profunda laxantur. Nolite, obsecro uos, geminare mihi miserias. Satis mihi sint uulnera mea, quae ut sanentur, paene cotidianis fletibus deum rogans indigniorem tamen esse me, qui tam cito saner, quam uolo, saepe memet ipse conuinco. Nolite, obsecro, si quid mihi amoris, si quid necessitudinis debetis, si intellegitis, quantum uos diligam, quanti faciam, quantum me cura exagitet morum uestrorum, si dignus sum, quem non neglegatis,

---

171 다른 대화 중에도 비슷한 일로 스승의 꾸중을 듣는 장면이 있다(『행복한 삶』 2,15; 『독백』 1,12,23).

172 플라톤의 동굴의 비유에서 깨달음에 이른 자와 그의 가르침을 비웃고 동굴 속에 남아 있는 사람들(*Respublica* 514a-517a)을 연상시킨다. 아우구스티누스의 은총론은 구원을 받고 못 받는 경우로 확대하여 예정설(豫定說)에까지 이른다(『성도들의 예정』*De praedestinatione sanctorum* 참조).

173 플로티누스가 "싸우기 싫어하는 사람을 편들어 신이 몸소 싸워 주는 것은 온당치 못하다. 추수를 거두는 사람은 기도하는 사람이 아니고 자기 땅을 정성껏 보살피는 사람이다"(『엔네아데스』 3,2,8)라고 하는 말과 대조적이다.

습니다. 또 그가 난처해지자 이번에는 트리게티우스가 웃으면서 좋아하는 것을 눈치챘습니다. 그래서 둘 다에게 이런 말을 했습니다. "정말 그런 식으로 나올 테냐? 그렇지 않아도 우리가 악덕의 덩어리에 짓눌리고 무지의 어둠으로 그늘져 산다는 말에서 너희에게는 짚이는 게 없느냐? 이게 조금 전까지 보이던 너희의 조심성이며 하느님과 진리를 찾아 도약하겠다는 모습이냐? 그런 걸 보고서 내가 기뻐했다니 참 멍청한 짓이었구나. 아, 우리가 얼마나 위험에 처해 있는지, 저런 웃음이 얼마나 심한 정신병을 가리키는지 너희가 볼 수 있었으면! 나처럼 침침한 눈으로도 말이다.[171] 아, 그 점을 보기만 한다면 너희가 그 웃음을 울음으로 바꾸었으련만! 당장, 신속히, 그리고 오랫동안 말이다. 이 불쌍한 것들아, 우리가 어디 와 있는지 모르느냐? 어둠 속에 가라앉아 있는 양 어리석고 못 배운 사람들의 정신 모두에 공통된 처지다. 하지만 영락零落한 인간들 모두에게 지혜가 한결같이 똑같은 방식으로 도움과 손길을 뻗쳐 주는 것은 아니다. 어떤 사람들은 말이다, 내 말을 믿어 다오, 어떤 사람들은 저 위로 부름을 받고 어떤 사람들은 저 바닥으로 가라앉는단다.[172] 그러니 부탁이다. 제발 나한테 불행을 겹으로 가져다주지 말아 다오! 나한테 있는 내 상처로 충분하단다. 그걸 낫기 위해서도 거의 날마다 눈물로 하느님께 애원하고 있으며, 내 욕심처럼 빨리 낫기에는 너무 부당한 인간이라는 점을 내 스스로 나에게 설득하는 중이다.[173] 그러니 제발 부탁이다. 너희가 나에게 사랑의 연분이 있다면, 나와 어떤 인연을 맺고 있다면, 내가 너희를 얼마나 사랑하는지, 너희를 얼마나 귀중하게 여기는지, 너희의 행실을 바로잡아 주려는 걱정이 나를 얼마나 노심초사하게 만드는지 너희가 알아듣는다면, 너희가 나를 무시해 버리지 않아야 할 사람이라고 여긴다면, 그리고 내가 거짓말을 하지 않는다는 것은 하느님이 증인으로 서시거니와, 내 모든 소원은 그 무엇도 나를

si denique, deo teste non mentior, nihil me plus mihi optare quam uobis, rependite mihi beneficium, et si me magistrum libenter uocatis, reddite mihi mercedem: boni estote!

30. Hic ubi, ne plura dicerem, lacrimae mihi modum imposuerunt, Licentius molestissime ferens, quod omnia scribebantur: Quid enim, ait, fecimus, oro te? – Adhuc, inquam, nec fateris saltem peccatum tuum? Tu nescis in illa schola grauiter me stomachari solitum, quod usque adeo pueri non utilitate ac decore disciplinarum sed inanissimae laudis amore ducerentur, ut quosdam etiam aliena uerba recitare non puderet exciperentque plausus – o ingemescendum malum! – ab eisdem ipsis, quorum erant illa, quae recitabant. Ita uos, quamuis nihil umquam, ut opinor, tale feceritis, tamen et in philosophiam et in eam uitam, quam me tandem occupasse laetor, aemulationis tabificae atque inanis iactantiae ultimam sed nocentiorem ceteris omnibus pestem introducere ac proseminare conami-

---

174 로마니아누스는 두 아들을 아우구스티누스의 문하에 맡겼고(『아카데미아학파 반박』 2,2,3) 알리피우스는 비슷한 연배이면서도 아우구스티누스의 문하생을 자처하였다(『고백록』 6,7,12).

175 청소년들의 학교에서마저 학문의 순리에 어긋나는 일이 빈번한 사례를 일깨워 질서의 경륜에서 악의 문제[네 죄(peccatum tuum), 우리 죄벌(nostra poena) 참조]를 실감 나게 제시하고 있다.

176 자유 학예를 자녀들에게 연마시키는 부모의 명분이 "학문의 유익함과 영예"(utilitas ac decus)였다(Cicero, *De officiis* 3,28,101).

177 밀라노에서 황실과 귀족 자녀들을 가르치던 학교의 분위기를 아우구스티누스가 떠올리는 듯하다.

위하기보다는 너희를 위한 것이라면 말이다, 나한테 제발 잘해 다오. 너희가 기꺼이 나를 '선생'이라고 부른다면[174] 나한테 학비를 내는 뜻에서라도 제발 착하게 굴어 다오!"

리켄티우스는 지혜와 덕성에 어울리지 않는다

10.30. 거기에 이르러 나는 더 이상 말을 잇지 못했습니다. 눈물이 나더러 그만하라고 말린 탓입니다.[175] 리켄티우스는 몹시 당황했고 더구나 모든 얘기가 기록되는 마당이었으므로 내게 물었습니다. "제발 얘기해 주십시오. 저희가 무슨 짓을 했다는 말씀입니까?" "아직도 네 죄를 자백 안 할 셈이냐? 너는 저 학교에서도 내가 너를 두고 몹시 속이 상했다는 것을 모르느냐? 그때까지도 아이들은 학문의 유익함과 영예에[176] 이끌리지 않고 황당하기 이를 데 없는 칭찬을 좋아하며 움직이더란 말이다. 그러다 보면 어떤 아이들은 딴 사람의 말을 마치 제 말인 것처럼 그대로 뇌고서 박수를 받으면서도 그게 부끄러운 줄을 모를 정도였다. 참으로 통탄할 패악이지! 그 애들이 염송하는 글귀가 박수를 치는 바로 그 사람들의 것이고, 바로 그 사람들에게서 박수를 받으면서도 부끄러운 줄을 모를 정도였다.[177] 너희들은 비록 그런 짓은 한 번도 안 했다는 것이 내 생각이다. 그렇지만 너희는 철학에다, 또 내가 전적으로 몰두하면서 좋아하는 생활에다 치사한 경쟁과 어처구니없는 허영의 전염병을 퍼뜨리고 씨를 뿌리려 들고 있다는 말이다. 그건 그 밖의 다른 모든 전염병보다 더 해로운 전염병에 해당한다. 더구나 내가 너희에게 겁을 주어 그런 허영과 질병에서 떼어 놓으려고 하면, 너희는 되레 학문 연구에 더 게을러질 것이고, 허망한 명성을 찾는 열기로부터 무성의한 타성 속으로 식어 들어갈 것이다. 지금 와서도 그런 꼴을 당해야 한다면 내 신세야말로 참으로 가련하다. 그런 사람들한테서

ni et fortasse, quia uos ab ista uanitate morboque deterreo, pigriores eritis ad studia doctrinae et ab ardore uentosae famae repercussi in torporem inertiae congelabitis. Me miserum, si necesse erit tales etiam nunc perpeti, a quibus uitia decedere sine aliorum uitiorum successione non possint! – Probabis, ait Licentius, quam purgatiores futuri simus. Modo illud obsecramus per omnia, quae diligis, ut ignotum nobis uelis atque illa omnia deleri iubeas, simul ut parcas etiam tabulis, quas iam non habemus. Non enim aliquid in libros translatum est eorum, quae a nobis multa disserta sunt. – Prorsus, inquit Trygetius, maneat nostra poena, ut ea ipsa quae nos inlicit fama flagello proprio a suo amore deterreat. Vt enim solis amicis et familiaribus nostris litterae istae innotescant, non parum desudabimus. – Assensus est ille.

XI 31. Atque interea mater ingressa est quaesiuitque a nobis, quid promouissemus; nam et ei quaestio nota erat. Cuius et ingressum et rogationem cum scribi nostro more iussissem: Quid agitis? inquit; numquidnam in illis quos legitis libris etiam feminas unquam audi-

---

178 교부는 아마 "더러운 영이 사람에게서 나가면 ⋯ 자기보다 더 악한 영 일곱을 데리고 그 집에 들어가 자리를 잡는다. 그리하여 그 사람의 끝이 처음보다 더 나빠진다"(루카 11,24-26)는 성경 구절을 읽었을 것이다.

179 tabulae: 공책만 한 나무판자에 밀랍을 먹여서 철필(scriptorius)로 글을 쓸 수 있게 만든 학용품으로 로마의 아동들이 학교에 들고 다녔고, 작가들이 저술을 양피지로 된 책(liber, volumen)에 옮기기 전에도 이곳에 메모하거나 속기시켰다. 틀리거나 다 차면 철필의 뭉뚝한 끝으로 지워서(tabula rasa) 다시 썼다.

180 '책으로 기록되어 널리 소문나면 유명해지겠지만 꾸지람 들은 일이 부끄러워 다시는 영예를 찾지 못할 것입니다'라는 뜻이다.

어떤 악덕들이 물러갈 때에는 반드시 다른 악덕들이 뒤잇지 않고서는 물러갈 수가 없더라."[178] 리켄티우스가 말했습니다. "우리가 얼마나 깨끗이 정화될지 선생님은 확인하실 수 있을 것입니다. 당장은 이것만 부탁드립니다. 선생님이 아끼시는 모든 것을 걸고 말씀드리니 우리를 용서하시고 저 모든 얘기를 지우라고 명령해 주십시오. 서판書板[179]이 떨어졌으니 서판을 절약하는 뜻에서라도 말입니다. 우리가 토론한 그 많은 내용 가운데 아무것도 아직 서책으로 옮겨지지 않았습니다." 그러자 트리게티우스가 나섰습니다. "전혀 안 그렇습니다. 우리 죄벌은 기록으로 남아야 합니다. 그래야만 우리를 꾀어 들인 영예라는 것이 자기 손으로 우리를 채찍질하게 하여 자기를 사랑하지 말라고 우리를 겁줄 것입니다.[180] 친우들에게만 그리고 우리 친지들에게만 이 글이 알려지더라도 우린 적잖게 땀을 뺄 것입니다." 그 말에는 리켄티우스도 동의하였습니다.[181]

아우구스티누스의 시대에는 인문학이 어떠했는가

11.31. 그 사이에 어머니가 들어오셨고 그동안 진도가 어떻게 나갔느냐고 우리에게 물으셨습니다. 어머니도 우리 주제를 알고 있었던 것입니다. 나는 그이의 등장과 질문도 우리 식대로 기록해 두라고 명령해 두었습니다. "뭣들 하고 있느냐? 너희가 읽어 준 책에서 여자들도 이런 유의 토론에 끼었다는 얘기를 내가 듣기라도 했단 말이냐?" 그래서 내가 말씀을 드렸습니다. "시건방지고 미숙한 사람들의 판단은 크게 마음 쓰지 않겠습니다. 그자들은 책을 읽겠다면서도 마치 사람들에게 인사하겠다는 식으로

---

181 아우구스티누스가 굳이 이런 소란(1,10,29-30)을 기록에 남긴 것은, 학문하는 자세(『아카데미아학파 반박』), 학문과 삶에서 지혜의 의의(『행복한 삶』), 학문과 도덕의 상관관계(『독백』), 진리 탐구에서 스승의 필요(『교사론』) 등 평소의 소신을 피력했기 때문일 것이다.

ui in hoc genus disputationis inductas? – Cui ego: Non ualde curo, inquam, superborum imperitorumque iudicia, qui similiter in legendos libros atque in salutandos homines irruunt. Non enim cogitant, quales ipsi, sed qualibus induti uestibus sint et quanta pompa rerum fortunaeque praefulgeant. Isti enim in litteris non multum attendunt, aut unde sit quaestio aut quo peruenire disserentes moliantur quidue ab eis explicatum atque confectum sit. In quibus tamen quia nonnulli reperiuntu, quorum animi contemnendi non sunt – aspersi sunt enim quibusdam condimentis humanitatis et facile per aureas depictasque ianuas ad sacrosancta philosophiae penetralia perducuntur – satis eis fecerunt et maiores nostri, quorum libros tibi nobis legentibus notos esse uideo, et his temporibus – ut omittam ceteros – uir et ingenio et eloquentia et ipsis insignibus muneribusque fortunae et, quod ante omnia est, mente praestantissimus Theodorus, quem bene ipsa nosti, id agit, ut et nunc et apud posteros nullum genus hominum de litteris nostrorum temporum iure conqueratur. Mei autem libri si quorum forte manus tetigerint lectoque meo nomine non dixerint: 'iste quis est?' codicemque proiecerint,

---

182 키케로의 대화(*Tusculanae disputationes* 3,15,31)에도 소크라테스의 아내 크산티페는 가르치러 나가는 남편의 옷차림 외에는 신경을 쓰지 않았다는 일화가 삽입되어 있다.

183 교부는 대화편을 비롯한 사변적 저작에서 언제나 논제의 출발점(unde), 도착점(quo) 그리고 학구적 결과(quid)에 중점을 두고 접근하는 방법론을 내세운다.

184 condimentis humanitatis: 다른 저술에도 유사한 표현이 나온다(『아카데미아학파 반박』 2,2,6: "잔칫상에 인문(人文)을 반찬으로 곁들인 분위기").

185 sacrosancta philosophiae penetralia: 철학 애호가들이 즐겨 쓰던 형용이다(cf., Seneca, *Epistolae* 52,15).

덤빕니다. 인사를 하면서도 상대가 어떤 사람인가는 안중에 없고 무슨 옷을 입었는지,¹⁸² 재산이나 행운이 얼마나 휘번쩍하는지만 엿봅니다. 글에서도 그자들은 문제가 어디서 발생했는지, 화자話者들이 어떤 결론에 도달하려고 노력하는지, 그들이 무슨 설명을 내놓았고 또 입증했는지에는 별로 흥미가 없습니다.¹⁸³ 단지 그런 사람들 틈에서도 그 정신이 멸시받아서는 안 될 만한 인사들이 몇 명쯤은 발견되기는 합니다. 그런 인사들마저 인문人文의 몇 가지 반찬은 맛본 터라서¹⁸⁴ 문간이 금으로 도금되고 색색으로 칠해져 있으면 쉽사리 철학의 지성소¹⁸⁵로 이끌려 옵니다. 우리 선인先人들은 이런 사람들에게 충분한 배려를 해 놓았고 그분들의 책은 우리가 읽어 드리는 터라서 어머니에게도 어지간히 알려져 있으리라고 봅니다.¹⁸⁶ 다른 사람들은 빼놓고 말씀드리자면 근자에도 테오도루스¹⁸⁷는 재능이나 언변이나 행운이 가져다준 엄청난 선물이나, 다른 무엇보다도 지성에서 특출한 인물입니다. 그 사람은 어머니도 잘 아십니다. 그런데 그가 하는 말로는, 지금이든 후대에든 여하한 인간 부류도 우리 시대의 문학을 두고 함부로 시비를 걸 수 없으리라는 것입니다. 내 책이 누구 손에 들어간다면 내 이름을 읽어 보고서는 '이 사람이 누구야?'라고 하면서 책을 던져 버릴 것입니다. 그렇지만 호기심이 많고 공부에 깊이 빠진 사람이라면 비록 입구가 하찮아 보이더라도 들어가겠다고 밀고 들어올 것이고¹⁸⁸ 내가 어머니

---

186 키케로의 철학 입문서 *Hortensius*를 아우구스티누스가 젊을 적에 읽는 것을 어머니도 보았으리라는 얘기다.

187 테오도루스 만리우스Theodorus Manlius로 아우구스티누스가 『행복한 삶』을 헌정하였다. 언변이 탁월한(『독백』 2,14,26) 신플라톤학파로서 386년부터 아우구스티누스와 사귀면서 교부의 밀라노 체류와 그리스도교 입문에 영향을 끼친 인물로 추측되며, 399년 집정관을 지냈고 역대 황제 밑에서 고위 관직을 맡았다.

188 책 제목이 거창하면 — "문간이 금으로 도금되고 색색으로 칠해져 있는" — 흥미를 보이고 무명작가의 책이면 — "입구가 하찮아 보이는" — 하시던 당시 지성계의 풍조를 언급하는 듯하다.

sed uel curiosi uel nimium studiosi contempta uilitate liminis intrare perrexerint, me tecum philosophantem non moleste ferent nec quemquam istorum, quorum meis litteris sermo miscetur, fortasse contemnent. Sunt enim non solum liberi, quod cuiuis disciplinae liberali, nedum philosophiae satis est, sed summo apud suos loco nati. Doctissimorum autem hominum litterae etiam sutores philosophatos et multo uiliora fortunarum genera continent, qui tamen tanta ingenii uirtutisque luce fulserunt, ut bona sua cum qualibet huiuscemodi nobilitate nullo modo uellent, etiamsi possent, ulla condicione mutare. Nec deerit, mihi crede, tale hominum genus, cui plus placeat hoc ipsum, quia mecum philosopharis, quam si quid hic aliud aut iucunditatis aut grauitatis inuenerit. Nam et feminae sunt apud ueteres philosophatae et philosophia tua mihi plurimum placet.

32. Nam ne quid, mater, ignores, hoc Graecum uerbum, quo philosophia nominatur, Latine amor sapientiae dicitur. Vnde etiam di-

---

189 '자유 학예'(disciplinae liberales)라는 말이 '자유민'(liberi)이라면 할 수 있다는 것처럼 들린다(Seneca, *Epistolae* 88,2).

190 디오게네스(*Vitae philosophorum*)가 꼽는 철학자들 중 시몬Simon은 신기료장수(*Ibid*., 2,122), 메네데무스Menedemus는 천막 짓는 장인(*Ibid*., 2,125), 메니푸스Menippus는 노예였다고 한다(*Ibid*., 6,99).

191 델피의 여사제 테미스토클레아Themistoclea는 피타고라스의 스승(Diogenes Laertius, *Vitae philosophorum* 8,21)으로, 디오티마Diotima는 소크라테스의 스승으로서 사랑에 관한 대화를 주도하며(*Symposium* 201d-212b), 견유학파 크라테스Crates의 아내 히파르키아Hipparchia는 철학자로 기록된다(Diogenes Laertius, *op.cit.*, 6,96-98). 견유학파와 스토아학파는 여성들의 참여를 차별하지 않았다.

를 상대로 철학하는 모습을 보고서도 시시하다고 여기지 않을 것입니다. 또 누구의 발언이 내 저서에 섞여서 등장하더라도 발언한 사람들 가운데 누구를 경멸하는 일도 없을 것입니다. 저 인물들은 자유인自由人일 뿐만 아니라 — 자유 학예에만 그런 것이 아니고 철학을 하는 데도 그 점으로 충분합니다[189] — 자기네 동료들 가운데서도 높은 신분으로 태어난 사람들입니다. 아주 박식한 사람들의 문학은 철학으로 전향한 신기료장수들도 포함하고 있고 재산으로 보아 보잘것없는 부류의 사람들도 포함하고 있습니다.[190] 신분이 비록 그렇지만 저 사람들은 그 재능과 덕성의 빛이 찬란하게 빛났으므로 그런 선익을 저런 식의 귀족 신분과 맞바꿀 수 있었더라도, 무슨 조건으로도 맞바꿀 의향이 전혀 없었을 것입니다. 내 말을 믿으십시오. 이 책에서 유쾌하고 진중한 무엇을 찾아내기보다는 어머니가 나와 함께 이렇게 철학하신다는 사실이 더 마음에 드는 그런 부류의 인간들도 없지 않을 것입니다. 옛사람들에게는 여자들도 철학을 하였고[191] 따라서 어머니의 철학은 참으로 저를 기쁘게 해 줍니다.[192]

어머니 모니카는 철학에 적합한 인물이었다

11.32. 어머니, 어머니가 몰라서는 안 되니까 드리는 말씀인데 철학이라는 말이 나온 그리스어 단어는 라틴어로는 '지혜의 사랑'이라고 합니다.[193] 그래서 어머니가 몹시 즐기시는 성경도 우리더러 철학자들을 모조리 피하

---

[192] 로마 시대에도 호르텐시우스Hortensius의 모친(*Hortensius*, frg.48), 세네카의 모친 헬비아Helvia(Seneca, *Consolatio ad Helviam* 17,3), 포르피리우스의 아내 마르켈라Marcella(Porphyrius, *Ad Marcellam* 3)가 철학을 하였다. 어머니의 대화 참석(본서 2,1,1), 질서와 악에 관한 발언(2,6,23) 등에서 '어머니의 철학'(philosophia tua)이 입증된다(『아카데미아학파 반박』 3,19,43 참조).

[193] 철학(philo-sophia)을 amor sapientiae로 소개한 것은 키케로(*De officiis* 2,2,5)였다.

uinae scripturae, quas uehementer amplecteris, non omnino philosophos, sed philosophos huius mundi euitandos atque inridendos esse praecipiunt. Esse autem alium mundum ab istis oculis remotissimum, quem paucorum sanorum intellectus intuetur, satis ipse Christus significat, qui non dicit: 'regnum meum non est de mundo', sed: *regnum meum non est de hoc mundo*. Nam quisquis omnem philosophiam fugiendam putat, nihil nos uult aliud quam non amare sapientiam. Contemnerem te igitur in his litteris meis, si sapientiam non amares, non autem contemnerem, si eam mediocriter amares, multo minus, si tantum, quantum ego, amares sapientiam. Nunc uero cum eam multo plus quam me ipsum diligas et nouerim, quantum me diligas, cumque in ea tantum profeceris, ut iam nec cuiusuis incommodi fortuiti nec ipsius mortis, quod uiris doctissimis difficillimum est, horrore terrearis, quam summam philosophiae arcem omnes esse confitentur, egone me non libenter tibi etiam discipulum dabo?

---

194 콜로 2,8("아무도 사람을 속이는 헛된 철학으로 여러분을 사로잡지 못하게 조심하십시오. 그런 것은 사람들의 전통과 이 세상의 정령들을 따르는 것이지 그리스도를 따르는 것이 아닙니다")을 염두에 둔 말이다.

195 1코린 3,18-19 참조: "여러분 가운데 자기가 이 세상에서 지혜로운 이라고 생각하는 사람이 있으면, 그가 지혜롭게 되기 위해서는 어리석은 이가 되어야 합니다. 이 세상의 지혜가 하느님께는 어리석음이기 때문입니다."

196 요한 18,36.

197 『재론고』(1,3,2)에 이 구절에 관해 긴 수정문이 나온다: "두 세계, 곧 감각계(感覺界)와 가지계(可知界)를 논하면서 플라톤이나 플라톤학파의 명의로 하지 않고 마치 내 사상인 것처럼 소개하였을뿐더러, 주님이 "내 나라는 세상의 것이 아니다"라고 하시지 않고 "내 나라는

고 우습게 여기라고 명하는 게 아니라[194] '이 세상의' 철학자들을 피하고 우습게 여기라고 명합니다.[195] 이 육안으로부터 아주 멀리 떨어진 다른 세상이 있는데 소수의 건실한 인간들의 오성悟性만이 그것을 직관합니다. 이 점은 그리스도 친히 제대로 가리켜 보이십니다. 그분은 '내 나라는 세상에 속하지 않는다'라고 하시지 않고 **'내 나라는 이 세상에 속하지 않는다'**[196]라고 하십니다.[197] 모든 철학을 피해야 한다고 생각하는 사람은 결국 우리가 다름 아닌 지혜를 사랑하지 않기를 바라는 셈입니다. 어머니가 이 책에서 지혜를 사랑하지 않는 분처럼 나온다면 저도 어머니를 무시하겠지만 지혜를 웬만큼 사랑하신다면 어머니를 무시하지 않을 것이며 내가 사랑하는 만큼 지혜를 사랑하신다면 더군다나 무시하지 못할 것입니다. 그런데 지금 어머니는 나를 사랑하시는 것보다 지혜를 더 사랑하십니다. 어머니가 나를 얼마나 사랑하시는지 내가 알지만 어머니는 철학에 크게 정진하고 계시며, 그래서 우여곡절로 겪는 불편을 조금도 겁내어 두려워하지 않으시고 심지어 죽음마저도 두려워하지 않으십니다. 이것은 아주 박학한 사람들에게도 가장 힘든 일이고 철학의 최고 요체라고 모두 고백합니다.[198] 그러니 나도 어머니한테 기꺼이 제자로 들어가지 않겠습니까?"

이 세상 것이 아니다"라고 하셨음에도 불구하고, 주님께서 바로 이 점을 가리키고자 하신 것처럼 소개하였다. 그런 사실은 다른 말씀에서도 찾아낼 수 있는데 말이다. 만일 주 그리스도께서 다른 세상을 의미하고자 하셨다면 "새 하늘과 새 땅"이 도래하리라고 하신 바로 그 세계, "당신의 나라가 임하소서"라고 하면서 우리가 기원하는 바가 이루어질 [그 '새 하늘과 새 땅' 말이다]."

[198] summa philosophiae arx: 키케로(*De divinatione* 1,6,10: arx Stoicorum), 타키투스(*Dialogus de oratoribus* 10,5: summa eloquentiae), 세네카(*Epistolae* 26,8: egregia res est mortem condiscere) 참조.

33. Hic illa cum blande ac religiose numquam me tantum mentitum esse dixisset et uiderem tam multa nos uerba fudisse, ut neque scribenda non essent et iam libri modus esset neque tabulae reliquae forent, placuit quaestionem differri, simul ut meo stomacho parcerem. Nam eum plus, quam uellem, commouerant ea, quae mihi euomenda in illos adolescentes necessario uisa sunt. Sed cum abire coepissemus: Memento, inquit Licentius, quam multa et quam necessaria nobis abs te accipienda per occultissimum illum diuinumque ordinem etiam te nesciente subministrentur. – Video, inquam, et ingratus deo non sum uosque ipsos, qui haec aduertitis, ob id ipsum praesumo fore meliores. – Hoc fuit tantum illo die negotium meum.

글로 옮기는 문제로, 첫 권은 여기서 마친다

11.33. 그러자 어머니는 내가 여태까지 그렇게 거짓말을 많이 하는 것을 한 번도 못 보았노라는 말씀을 점잖게 또 조심스럽게 하셨고, 나도 너무 많은 말을 쏟아 놓아서 그것을 글로 옮겨야 할 텐데 이미 한 권의 분량을 넘은 데다 서판이 남지 않은 것 같았습니다. 그래서 문제를 뒤로 미루고 내 위장도 좀 아끼기로 하였습니다.[199] 나로서는 두 젊은이에게 토해 놓을 필요가 있다고 벼르고 있던 바를 두고 내가 바라던 것보다 더 심하게 몰아붙였던 셈입니다. 그러나 우리가 자리를 뜨기 시작하자 리켄티우스가 한 마디 했습니다. "우리가 얼마나 많고 얼마나 요긴한 것들을 선생님한테서 받아야 할 터인데, 선생님도 모르는 사이에, 저 지극히 은밀하고 신성한 질서를 통해서[200] 실제로 그것들이 저희에게 베풀어지고 있다는 사실을 기억해 주십시오." 그래서 내가 대답했습니다. "알겠다. 나도 하느님 은혜를 모르는 사람은 아니다. 너희도 그 점을 깨닫는다니 그것만으로도 앞으로 더 좋아지리라는 추측이 드는구나." 그날 내가 한 일은 여기까지입니다.

---

[199] "그뿐이 아니었습니다. 그해 여름에 과중한 문학 수업으로 폐가 약해지기 시작했고, 숨을 들이쉬기가 힘들어졌습니다. 가슴의 통증으로 거기에 병이 들었다는 증거가 나타났고, 맑은 목청을 내기도, 길게 소리를 뽑기도 힘들었습니다"(『고백록』 9,2,4).

[200] 그는 질서의 이치는 우리 감관에 가려진 문제라고 발언한 바 있다(본서 1,4,1).

LIBER SECUNDUS

I 1. Interpositis deinde pauculis diebus uenit Alypius et exorto sole clarissimo inuitauit caeli nitor et, quantum in illis locis hieme poterat, blanda temperies in pratum descendere, quo saepius et familiarius utebamur. Nobiscum erat etiam mater nostra, cuius ingenium atque in res diuinas inflammatum animum cum antea conuictu diuturno et diligenti consideratione perspexeram tum uero in quadam disputatione non paruae rei, quam die natali meo cum conuiuis habui atque in libellum contuli, tanta mihi mens eius apparuerat, ut nihil aptius uerae philosophiae uideretur. Itaque institueram, cum abundaret otio, agere, ut conloquio nostro non deesset. Quod in primo etiam huius operis libro abs te cognitum est.

---

1 『아카데미아학파 반박』(1,2,5)에도 그의 밀라노 출장이 나오므로 초기 대화편들이 거의 동시에 이루어지고 양피지로 동시에 옮겨져 간행된 것으로 추정된다.

2 같은 시기에 이루어진 『아카데미아학파 반박』(2,6,14)과 『행복한 삶』(4,23)의 대화 역시 일부가 이 '풀밭'에서 이루어졌다.

3 『행복한 삶』(1,6: "11월 13일이 내게는 생일이었습니다. 조촐한 점심을 들고 난 다음 모두 욕탕에 모였습니다")을 가리킨다.

제2권 _ 인간의 처분과 의지에 맡겨진 이치

어머니가 참석한 가운데 아우구스티누스가 다시 토론을 개시하다

1.1. 그간 며칠이 지나는 사이에 알리피우스가 돌아왔고[1] 맑은 해가 솟아 맑은 하늘과, 겨울 날씨치고는 그래도 온화한 날씨가 우리를 불러 풀밭으로 내려가게 만들었습니다. 그곳은 우리가 종종 또 친숙하게 사용하던 장소였습니다.[2] 우리 어머니도 함께 계셨습니다. 그분의 성품이며 하느님 사정에 열렬한 정신은 내가 오랫동안 함께 살며 주의 깊게 살펴보고 있었으므로 속속들이 알고 있었습니다. 그리고 내 생일에 식구들과 함께 가졌고 책으로도 펴낸 토론, 적지 않게 중요한 주제를 다룬 토론에서도[3] 나에게는 그분의 지성이 대단한 것으로 나타났으므로 참된 철학에는[4] 그보다 적합한 것이 없다고 여겨졌습니다. 그래서 틈이 나는 한 어머니가 우리 대화에 빠지시지 않도록 내가 정했습니다. 이 점은 이 책 첫째 권에서[5] 당신[6]이 알게 된 얘기입니다.

---

[4] vera philosophia: 가지계(可知界)를 인정하는 철학을 가리키기도 하고(『아카데미아학파 반박』 3,19,42), 그리스도교 신앙과 부합하는 철학을 가리키기도 한다(본서 2,5,16).

[5] 모친에 대한 칭송은 1,11,31-33도 참조.

[6] 이 책을 헌정받은 제노비우스(1,1,1 참조)를 가리킨다.

2. Cum igitur memorato in loco, ut commode potuimus, consedissemus, ego illis duobus adulescentibus: Quamuis uobis, inquam, suscensuerim pueriliter de magnis rebus agentibus, tamen mihi uidetur non sine ordine propitio deo accidisse, quod in sermone, quo uos ab ista leuitate detrahebam, tempus ita consumptum est, ut res tanta ad Alypii aduentum dilata uideatur. Quapropter, quoniam ei iam quaestionem notissimam feci et quantum in ea processerimus ostendi, paratusne es, Licenti, causam, quam suscepisti, ex illa tua definitione defendere? Nam meminisse me arbitror te ordinem esse dixisse, per quem deus ageret omnia. – Paratus sum, inquit, quantum ualeo. – Quomodo ergo, inquam, agit ordine omnia deus? Itane, ut etiam se ordine agat? an praeter eum ordine ab eo cetera gubernantur? – Vbi omnia bona sunt, inquit, ordo non est. Est enim summa aequalitas, quae ordinem nihil desiderat. – Negas, inquam, apud deum omnia bona esse? – Non nego, inquit. – Conficitur, inquam, neque deum neque illa? quae apud deum sunt, ordine admi-

---

[7] 1,10,28("질서는 하느님이 제정하신 모든 것이 작용하는 원리") 참조.

[8] praeter eum ordine ab eo: 문법상 '하느님'이 행위자 탈격(ablativus agentis: ab eo)으로, '질서'는 수단 탈격(ablativus medii: ordine)으로 명기된다. 하느님과 질서의 관계를 논할 때 하느님이 질서에 내포되는 경우(se ordine agat)는 그리스도교 철학에서 용인되지 않는다.

[9] 1,6,15-7,19에서 '질서'가 선과 악을 다 내포하고, 하느님은 오로지 선하시다면, 하느님은 질서 '밖'에 계시다는 논지가 나왔다.

[10] summa aequalitas: 선과 악이 공존하고, 악에 대해서 정의의 조처가 내려지는 것이 질서라고 결론지으면(1,7,19), 선만이 존재하여 최고의 동일성이 확보된 영역에는 질서가 불필요하다는 논리가 선다.

질서는 하느님께로부터 유래한다

1.2. 앞서 얘기한 장소에 되는 대로 편하게 자리 잡고 앉자 내가 두 젊은이에게 말을 걸었습니다. "너희가 그토록 중요한 문제를 하도 유치하게 다루는 모습을 보고서 내가 너희한테 울컥 화를 내기는 했지만, 그 일 역시 자비로우신 하느님 은덕으로 질서 없이 생긴 것은 아니었다고 본다. 너희의 경솔한 행동을 꾸짖는 연설로 시간을 너무 쓴 바람에 그 주제는 알리피우스의 도착 때까지 미뤄지고 만 듯하다. 그에게는 문제가 무엇인지 상세하게 알려 주었고 우리가 논의를 어디까지 끌고 갔는지도 제시하였다. 리켄티우스, 네가 받은 과제를 네가 내린 정의에 입각해서 변호할 준비가 되어 있느냐? 내가 기억하기로, 너는 질서란 그것으로 하느님이 모든 것을 작동시키는 무엇이라고 말한 것 같은데."[7] "힘닿는 데까지 해볼 준비가 되어 있습니다." "하느님이 질서로 어떻게 모든 것을 작동시키시느냐? 즉, 당신마저도 질서로 작용시키시느냐? 그렇지 않으면 당신은 질서 밖에 계시고 하느님에 의해서[8] 질서로 다른 모든 것이 통치되느냐?"[9] "모든 것이 선하다면 질서는 없는 것입니다. 거기서는 아무 질서도 요구하지 않는 최고의 동일함이 있기 때문입니다."[10] "하느님 앞에서는 모든 것이 선하다는 점을 부인하느냐?" "부인하지는 않습니다." "그러면 하느님도, 하느님 앞에 있는 모든 것도 질서에 의해서 관리되지 않는다는 결론이 나오는데." 그는 그렇다고 답했습니다. "그럼 모든 선이 네게는 아무것도 아닌 것으로 보인다는 말이냐?"[11] "정반대입니다. 그것들은 참으로 존재합니다."[12]▶ "그렇다면 존재하는 모든 것이 질서에 의해서 관리되고 질서로부터 분리

---

[11] "'질서 밖에서' 일어나는 일은 아무것도 없다"(praeter ordinem nihil fieri)는 스토아 정의를 리켄티우스가 내세운 적이 있으므로(1,3,8) 하느님 앞에 있는 모든 것, 최고의 동일함을 갖춘 모든 선이 겨우 그 nihil(아무것도 아닌 것)에 불과하냐는 반문이다.

nistrari. – Concedebat. – Numquidnam, inquam, omnia bona nihil tibi uidentur esse? – Immo, ait, ipsa uere sunt. – Vbi ergo est, inquam, illud tuum, quod dixisti, omnia quae sunt ordine administrari nihilque omnino esse, quod ab ordine separatum sit? – Sed sunt, inquit, etiam mala, per quae factum est, ut et bona ordo concludat; nam sola bona non ordine reguntur sed simul bona et mala. Cum autem dicimus: 'omnia quae sunt', non sola utique bona dicimus. Ex quo fit ut omnia simul, quae deus administrat, ordine administrentur.

3. Cui ego: Quae administrantur et aguntur, uidentur tibi moueri an immobilia putas esse? – Ista, inquit, quae in hoc mundo fiunt, fateor moueri. – Reliqua, inquam, negas? – Quae sunt cum deo, inquit, non mouentur; reliqua omnia moueri arbitror. – Cum igitur ea, quae cum deo sunt, inquam, non moueri putas, cetera autem concedis moueri, ostendis omnia, quae mouentur, non esse cum deo. – Repete hoc ipsum inquit, paulo planius. – Quod non mihi uisus est difficultate intellegendi fieri uoluisse, sed quaerendi spatium, quo inueniret quid responderet. – Dixisti, inquam, ea quae cum deo sunt non moueri, cetera autem moueri. Si ergo haec, quae mouen-

◂12 가지계의 이념을 quae vere sunt, 경험계의 인식 대상을 quae tantum sunt라고 표현하는 말(Marius Victorinus, *Adversus Candidum* 6,5; 7,7)을 아우구스티누스와 그 제자들은 알고 있었다.

13 참조: "항상 여일하고 불변하는 사물은 … 여일하여 아무런 변화도 용납하지 않는 것이 아닌가?"(Plato, *Phaedo* 78c-d).

된 것은 아무것도 전혀 존재하지 않는다고 한 네 말은 어찌 되느냐?" "하지만 악한 것도 존재합니다. 그 악한 것을 통해서 질서가 선한 것마저 포괄하게 되어 있습니다. 선한 것들만 있으면 질서에 의해서 통치되는 것이 아니지만, 선한 것과 악한 것이 함께 질서에 의해서 통치됩니다. 우리가 '존재하는 모든 것'이라고 말할 적에는 선한 것들만을 얘기하는 말이 아닙니다. 그렇다면 하느님이 관리하시는 모든 것이 질서에 의해서 관리된다는 말이 됩니다."

따라서 인간이 하느님과 함께한다면 질서를 따르는 것이다

  1.3. 그에게 내가 이렇게 물었습니다. "그렇게 관리되고 작용하는 것들이 네게는 움직이는 것으로 보이느냐, 부동不動이라고 생각하느냐?" "이 세상에 생겨나는 것들은 움직인다고 말씀드리겠습니다." "그 밖의 것들은 움직인다는 것을 부정하느냐?" "하느님과 함께 있는 것들은 움직이지 않습니다.¹³ 그 밖의 것들은 모두 움직인다고 여깁니다." "그러니까 하느님과 함께 있는 것들은 움직이지 않는 것으로 여긴다는 말이지? 그 밖의 것들은 움직인다고 너도 수긍하고 말이다. 그럼 너는 움직이는 모든 것은 하느님과 함께 있지 않다고 주장하는 셈이다." "다시 한 번 말씀해 주십시오. 좀 더 천천히." 그 질문이 알아듣기 어려워서 내가 말을 되풀이해 주기를 바란 것이 아니라, 질문을 주고받는 틈에 자기가 뭐라고 대답해야 할지 궁리해 내기 위함이라고 보였습니다. "너는 하느님과 함께 있는 것들은 움직이지 않고 그 밖의 것들은 움직인다고 말했다. 그렇다면 움직이는 이것들이 하느님과 함께 있다면 움직이지 않을 것이다. 하느님과 함께 있는 모든 것이 움직인다는 점을 너는 부인했으니까 말이다. 그럼 움직이는 것들은

tur, non mouerentur, si essent cum deo, quoniam omnia, quae sunt cum deo, negas moueri, restat, ut praeter deum sint quae mouentur. – Quibus dictis adhuc tacebat, cum tandem: uidetur mihi, inquit, quod et in hoc mundo si qua non mouentur, cum deo sunt. – Nihil hoc ad me, inquam; fateris enim, ut opinor, non omnia, quae in hoc mundo sunt, non moueri. Ex quo conficitur non omnia mundi huius esse cum deo. – Fateor, inquit, non omnia. – Ergo est aliquid sine deo? – Non, inquit. – Cum deo sunt igitur omnia. – Hic cunctabundus: Quaeso, inquit, illud non dixerim, quod sine deo nihil sit; nam prorsus omnia, quae mouentur, non mihi uidentur esse cum deo. – Sine deo est, inquam, igitur caelum hoc, quod moueri nemo ambigit. – Non est, inquit, sine deo caelum. – Ergo est aliquid cum deo, quod moueatur? – Non possum, inquit, ut uolo, explicare quod sentio; tamen quid moliar dicere, peto, ut, non expectatis uerbis meis, sagacissime, si potestis, intellegatis. Nam et sine deo mihi nihil uidetur esse et, quod cum deo est, rursum uidetur inconcussum manere, caelum autem dicere sine deo esse non possum, non solum quod nihil sine deo esse arbitror sed quod caelum putem habere ali-

---

14 리켄티우스가 하느님과 함께 존재함(esse cum deo: 『행복한 삶』 2,11-12에서는 habere deum)이라는 개념을 도입하자 스승은 하느님과 함께 존재하지 않음(non esse cum deo)이라는 개념과 하느님 밖에 존재함(praeter deum esse)이라는 개념을 추가 제시하여 제자를 추궁한다.

15 하느님 없이 존재함(esse sine deo)이라는 개념이 추가로 도입된다. 라틴어에서 sine는 cum의 반대말이다.

16 로마에서는 '해가 서쪽에서 뜬다 해도 …'라는 투의 속담처럼 통했다(Ennius, *Annales* 211).

하느님 밖에 있다는 결론이 남는다."[14] 그 말에도 한참이나 침묵을 지키더니 드디어 입을 열었습니다. "제가 보기에 뭔가가 이 세상에 있으면서도 움직이지 않는다고 한다면 하느님과 함께 있습니다." "그 말은 나한테 하는 대답이 전혀 아니다. 네가 한 말로는 이 세상에 있는 모든 것이 안 움직이는 것은 아니다. 그렇다면 이 세상의 모든 것이 하느님과 함께 있는 것은 아니라는 결론이 된다." "모든 것은 아니라고 말씀드리겠습니다." "그러니까 어떤 것은 하느님 없이 존재하고?"[15] "아닙니다. 그러니 모든 것이 하느님과 함께 있습니다." 그러면서도 그는 망설였습니다. "제발, 하느님 없이 아무것도 존재하지 않는다는 말은 해서는 안 되었습니다. 정말 움직이는 모든 것이 제게는 하느님과 함께 존재하는 것이 아니라고 보입니다." "그럼 하늘이 움직인다는 것은 사실은 아무도 의심을 품지 않으니까[16] 하늘은 하느님 없이 존재하는구나." "하늘이 하느님 없이 존재하는 것은 아닙니다." "그러니까 하느님과 함께 존재하면서도 움직이는 것이 있다?" "제가 느끼는 바를 생각처럼 설명드릴 수가 없네요. 하지만 내가 말하려는 바를 내 낱말로 나타내지 못하더라도, 여러분은 지혜롭게 할 수 있는 데까지 알아들으셨으면 합니다. 하지만 하느님 없이는 아무것도 존재하지 않는다는 점도 제가 보기에는 사실이고 하느님과 함께 있다면 꼼짝하지 않고 머물러 있다는 것도 사실로 보입니다.[17] 하늘이 하느님 없이 존재한다는 말씀은 못 드리겠습니다. 하느님 없이는 아무것도 존재하지 않을뿐더러, 하늘도 움직이지 않는 뭔가를 지니고 있다고 생각하고 싶습니다.[18] 그

---

[17] 리켄티우스는 하느님 없이는 아무것도 존재하지 않는다(nihil esse sine deo)라는 명제와 "하느님과 함께 있다면 부동으로 머문다"라는 명제를 한꺼번에 살리려고 시도한다.

[18] 하늘은 움직이지만 별자리는 그 하늘에 고정되어 움직이지 않는다는 당시 천문학 지식을 가리키는 듯하다(Cicero, *Tusculanae disputationes* 5,24,69).

quid, quod non mouetur, quod uero aut deus est aut cum deo, quamuis ipsum caelum non dubitem uerti ac moueri.

II 4. Defini ergo, inquam, si placet, quid sit esse cum deo et quid sit non esse sine deo. Si enim de uerbis inter nos controuersia est, facile contemnetur, dummodo rem ipsam, quam concepisti mente, uideamus. – Odi ego, inquit, definire. – Quid ergo faciemus? inquam. – Tu, inquit, defini quaeso. Nam facilius est mihi uidere in alterius definitione, quid non probem, quam quicquam bene definiendo explicare. – Geram tibi morem, inquam. Videtur tibi id esse cum deo, quod ab eo regitur atque administratur? – Non ait, ille, hoc animo conceperam, cum dicebam ea quae non mouentur esse cum deo. – Vide ergo, inquam, utrum haec tibi saltem definitio placeat: cum deo est quicquid intellegit deum. – Concedo, inquit. – Quid ergo? inquam; sapiens deum tibi intellegere non uidetur? – Videtur, inquit. – Cum ergo sapientes non solum in una domo aut urbe sed etiam per immensa regionum peregrinando nauigandoque moueantur, quomodo erit uerum quicquid cum deo est non moueri?

---

19 aut deus aut cum deo: 플로티누스(『엔네아데스』 2,3,2)는 사람이 무슨 행동을 하지 않고서도 남에게 잘해 줄 수 있듯이 "신적인 영역에 해당하거나 신성한 것은 타자에게 영향을 끼치면서도 영향을 받지 않는" 경우를 상정하였다.

20 '부동의 원동자'처럼 움직이지 않는 붙박이별의 세계도 존재한다는 생각까지는 했겠지만 esse cum deo가 '하느님께 지배받는다'는 사실을 함의한다는 생각은 리켄티우스가 미처 못했다.

게 하느님이거나 하느님과 함께 있는 어떤 것입니다.[19] 하늘 자체는 돌고 또 움직임을 저도 의심하지 않지만 말입니다."

하느님을 인식하는 사람은 하느님과 함께 있다

2.4. 내가 다시 말했습니다. "그럼 정의를 내려 보아라, '하느님과 함께 있다'는 것이 과연 무엇이고 '하느님 없이 있지 않다'는 것이 무엇인지. 우리 사이의 시비가 언어에 관한 것이라면, 네 정의를 보고서 네가 머리에 무슨 개념을 파악하고 있는가 하는 그 사실을 우리가 알아냄으로써 언어의 시비는 쉽사리 무시해 버릴 수 있을 것이다." "저는 정의 내리기가 싫습니다." "그럼 어떻게 해야 하겠느냐?" "부탁이니 선생님이 정의를 내려 주십시오. 무엇을 정의해서 잘 설명하는 일보다도 다른 사람이 내린 정의라면 거기서 내가 인정하지 않는 바가 무엇인지 파악하기가 훨씬 쉽습니다." "네 말대로 해 주마. 하느님과 함께 있다는 그것은 하느님께로부터 통치되고 지배된다는 것으로 보이지 않느냐?" "하느님과 함께 있는 것이 움직이지 않는다고 제가 말씀드릴 적에는 바로 이런 개념까지 머릿속에 두었다는 말은 아닙니다."[20] "그럼 적어도 이 정의가 네 마음에 드는지 보아라. 무엇이든지 하느님과 함께 있으면 하느님을 인식한다."[21] "동의합니다." "그래? 지혜로운 사람이 하느님을 인식하는 것으로 보이지 않느냐?" "그렇다고 보입니다." "지혜로운 사람이 어느 한 집이나 도회지에서만 아니라 무수한 지역을 순례하고 항해하면서 움직인다면 하느님과 함께 있는 것은 무엇이든지 움직이지 않는다는 말이 어떻게 되느냐?" "선생님은 저를 웃기셨습니다. 지혜로운 사람이 행하는 바를 하느님과 함께 있는 것이라고

---

21 교부는 esse cum deo에 intellegere deum이라는 인간학적 측면을 첨가한다.

– Risum mihi, inquit, mouisti, quasi ego quod sapiens facit dixerim esse cum deo. Cum deo est, sed illud quod nouit. – Non nouit, inquam, sapiens codicem suum pallium tunicam supellectilem, si quam habet, ceteraque id genus, quae stulti etiam bene nouerunt? – Fateor, inquit, nosse tunicam et nosse pallium non esse cum deo.

5. Hoc ergo, inquam, dicis, non omne, quod nouit sapiens, esse cum deo, sed tamen quicquid sapientis cum deo est, id nosse sapientem. – Optime, inquit; nam quicquid sensu isto corporis nouit, non est cum deo, sed illud, quod animo percipit. Plus etiam fortasse audeo dicere, sed tamen dicam, uobis enim existimatoribus aut confirmer aut discam. Quisquis ea sola nouit, quae corporis sensus attingit, non solum cum deo esse non mihi uidetur sed ne secum quidem. – Hic cum Trygetium animaduertissem in eo uultu, ut nescio quid uelle dicere uideretur, sed uerecundia eum, ne quasi in alienum locum irrueret, contineri, feci potestatem iam tacente Licentio, ut promeret, si quid uellet. At ille: Ista, inquit, quae ad sensus corporis pertinent, prorsus nemo mihi uidetur nosse. Aliud est

---

22 교부는 제자의 입에서 '앎'에도 대상에 따라 ('하느님'과 '외투'라는) 가치론적 위계의 질서가 있다는 말이 나오게 유도하였다.

23 인식 기능을 감각(sensus), 논증적 이성(ratio), 직관적 오성(intellectus)으로 삼분한다면, 마지막 것, 곧 '현자로서 인식하는'(id nosse sapientem) 대상만 '하느님과 함께 있음'(esse cum deo)의 외연에 들어온다.

제가 말씀드리기라도 한 것처럼 말입니다. 그가 하느님께 있다는 것은 그가 아는 바로써 그런 것입니다." "그렇다면 지혜로운 사람은 자기 책자, 자기 외투와 겉옷, 또 혹시 가지고 있다면 자기 집기를 아는 것이 아니더냐? 그 밖에도 그런 종류의 것들이 많지. 그런데 그것들은 어리석은 사람들도 잘 알거든." "외투를 알고 겉옷을 안다는 것이 하느님과 함께 있는 것은 아니라고 말씀드립니다."²²

현자는 하느님과 함께 있음으로써 자기 자신과 함께 있다

2.5. "그러니까 네 말은 이런 것이지. 현자가 아는 것 전부가 하느님과 함께 있는 것은 아니고, 현자의 것치고 하느님과 함께 있는 것은 현자로서 아는 그것이다."²³ "바로 그렇습니다. 신체의 감관으로 아는 것은 무엇이든 하느님과 함께 있는 것이 아니고 정신으로 파악하는 그것이 하느님과 함께 있습니다.²⁴ 더구나 이런 말씀을 드리면 아마 주제넘는 짓이겠지만 그래도 말씀드리겠습니다. 여러분이 평가해 주시는 대로 이 말이 제 주장을 강화하겠고, 그렇지 못할 경우 제가 가르침을 받도록 하겠습니다. 내게는 신체의 감관이 포착하는 것만 아는 사람은 그가 누구든지 간에 하느님과 함께 있지 않다고 보일 뿐 아니라 자기 자신과도 함께 있지 않습니다."²⁵ 그 시점에서 나는 트리게티우스가 뭔가 모르지만 얘기를 하고 싶어 한다는 것을 얼굴 표정으로 간파하였습니다. 하지만 남의 얘기에 끼어드는 것이 아

---

²⁴ "항속하고 항상 여일한 사물들은 감관에 내포되는 것이 아니고 오성에 내포된다"(non sensu sed intellegentia continentur: Cicero, *Timaeus* 8,28).

²⁵ 인식이 esse cum … 이라면, 앞에서(1,1,3) 자기를 알려면 "감관으로부터 멀리하고, 정신을 가다듬어 자신에게 집중하며, 자기 자신 안에 정신을 붙들어 놓아야 한다"는 스승의 전제가 있었으므로, 감각 세계에 머무는 인식은 non cum deo esse에다 non esse secum이기까지 하다.

enim sentire, aliud nosse. Quare si quid nouimus, solo intellectu contineri puto et eo solo posse conprehendi. Ex quo fit, ut, si illud est cum deo, quod intellegendo sapiens nouit, totum quod nouit sapiens possit esse cum deo. – Quod cum Licentius approbasset, subiecit aliud, quod nullo pacto possem contemnere. Ait enim: Sapiens prorsus ipse cum deo est; nam et se ipsum intellegit sapiens. Quod conficitur et ex eo, quod a te accepi, id esse cum deo, quod intellegit deum, et ex eo, quod a nobis dictum est, id esse cum deo, quod a sapiente intellegitur. Sed hanc eius partem, per quam istis utitur sensibus – non enim puto connumerandam esse, cum sapientem uocamus – fateor me nescire nec omnino cuius modi sit suspicari.

6. Negas ergo, inquam, non solum ex corpore et anima sed etiam ex anima tota constare sapientem, si quidem partem istam, qua utitur sensibus, animae esse negare dementis est. Non enim ipsi oculi uel aures sed nescio quid aliud per oculos sentit. Ipsum autem sen-

---

26 아우구스티누스는 『아카데미아학파 반박』(3,11,24-26)에서 감각은 감관에 일어난 감응(passio corporis)이라는 견해에까지 이르렀다. 여기서는 감관은 감응된 정보(pati)를 지성에 전달할 따름이고 정작 감각한 바(sentire)를 인식, 판단하는 것(nosse)은 이성이라는 단계로 발전한다.

27 '하느님을 인식하는 것'과 '현자에 의해서 인식되는 것'을 동치시키면 트리게티우스의 반박을 수긍하면서도 본래의 주장을 살리게 된다.

28 키케로의 "우리가 보는 것을 눈으로 감지하는 것이 아니고 신체에 있는 어떤 감관이 하는 것도 아니며 … 영혼이 보고 듣는다"(*Tusculanae disputationes* 1,20,46)는 답변이 이하에 나오는 설명으로 전개된다.

닌가 하는 수줍음에서 억누르고 있었습니다. 나는 리켄티우스가 이미 입을 다문 틈에 얼른 그에게 발언권을 줘서 하고 싶은 얘기를 하게 했습니다. 그가 이런 말을 했습니다. "그렇다면, 내 보기에는 신체의 감관에 해당하는 것은 정말 아무도 알지 못하는 것처럼 보입니다. 감각하는 것 다르고 아는 것 다릅니다. 우리가 뭔가를 안다면 오직 오성으로 내포하고 있으며 오성에 의해서만 무엇이 포착될 수 있습니다. 현자가 인식함으로써 아는 것이 하느님과 함께 있는 것이라면 현자가 아는 것 전부가 하느님과 함께 있을 수 있습니다."[26] 이 말을 리켄티우스는 수긍하면서 곧이어 말을 보탰으므로 나도 그를 저지할 수 없었습니다. "현자는 분명히 하느님과 함께 있습니다. 현자는 자기도 인식하기 때문입니다. 여기서 이런 말이 나옵니다. 선생님에게서 제가 받은 말씀 그대로, 하느님을 인식하는 것은 하느님과 함께 있습니다. 그리고 우리가 주장한 대로, 현자에 의해서 인식되는 것은 하느님과 함께 있습니다.[27] 그러나 현자가 저 감관을 사용해서 얻는 바로 그 부분에 관해서는 저도 모르겠고 어떤 방식으로 추정을 해야 할지도 도무지 모르겠습니다.[28] 내 생각에는 우리가 누구를 현자라고 부를 적에 그 점을 함축한다고 생각하지 않습니다."

현자에게서 감관, 오성, 기억은 무슨 역할을 하는가[29]

2.6. 내가 끼어들었습니다. "너는 현자가 신체와 영혼으로 성립되어 있다는 것만 부정할 뿐 아니라 영혼 전체로 성립되어 있다는 것도 부정할 셈이냐?[30] 현자가 감관을 사용하는 그 부분도 영혼의 것임을 부인하는 것은

---

[29] 존재의 바른 질서로 esse cum deo를 논하는 중에 '기억'으로 잠시 벗어났다가 2,4,12에서 화제가 질서론으로 돌아온다.

[30] ex anima tota constare sapientem: 현자에게서 영혼은 전일성을 보전하면서 감관들을 통제한다.

tire si non damus intellectui, non damus alicui parti animae. Restat, ut corpori tribuatur, quo absurdius dici nihil interim mihi uidetur. – Anima, inquit, sapientis perpurgata uirtutibus et iam coharens deo sapientis etiam nomine digna est nec quicquam eius aliud delectat appellare sapientem; sed tamen quasi quaedam, ut ita dicam, sordes atque exuuiae, quibus se ille mundauit et quasi subtraxit in se ipsum, ei animae seruiunt uel, si tota haec anima dicenda est, ei certe parti animae seruiunt atque subiectae sunt, quam solam sapientem nominari decet. In qua parte subiecta etiam ipsam memoriam puto habitare. Vtitur ergo hac sapiens quasi seruo, ut haec ei iubeat easque iam domito atque substrato metas legis inponat, ut dum istis sensibus utitur propter illa, quae iam non sapienti sed sibi sunt necessaria, non se audeat extollere nec superbire domino nec his ipsis, quae ad se pertinent, passim atque immoderate uti. Ad illam enim uilissimam partem possunt ea pertinere, quae praetereunt. Quibus autem est memoria necessaria nisi praetereuntibus et quasi fugientibus rebus? Ille igitur sapiens amplectitur deum eoque perfruitur, qui semper manet nec expectatur, ut sit, nec metuitur, ne de-

---

31 아우구스티누스의 전형적인 표현은 "감각은 신체의 작용이 아니고 신체를 통한 영혼의 작용이다"(sentire non est corporis, sed animae per corpus: 『창세기 문자적 해설』*De Genesi ad litteram* 3,5,7) 혹은 "영혼이 신체를 통해서 감관을 구사한다"(sensus quo anima per corpus utitur: 『영혼의 위대함』*De animae quantitate* 24,45)라는 문장으로 나타난다.

32 플로티누스(『엔네아데스』 1,2,4) 이래로 지성의 정화와 신적 합일은 진리 인식과 지성의 완성(현자가 됨)에 필수적인 조건으로 꼽힌다.

33 '기억'(記憶)이라는 지성의 '하급' 기능에 관해 지나가듯이 언급하지만 『고백록』과 『삼위일체론』에서는 인간 지성의 가장 중요한 비중을 가지는 기능으로 상론된다.

정신 나간 사람이나 할 짓이기 때문에 하는 말이다. 감각하는 것은 눈이나 귀가 아니라 다른 무엇이 눈을 통해서 감각한다.[31] 우리가 감각하는 것을 오성에 안 돌리더라도 영혼의 다른 부분에는 돌리지 않는다. 그럼 신체에 돌리는 일이 남아 있는데 그보다 터무니없는 말이 있을 수 있다고 보이지 않는다." "현자의 영혼은 덕성으로 정화되고 하느님께 귀의하고 있다는 그 점에서 현자라는 이름에 합당합니다.[32] 그러니 영혼의 다른 무엇이 현자처럼 불리는 것을 좋아할 리 없습니다. 그렇지만 말하자면 어떤 때꼽과 허물들이 있는데 현자가 그것으로부터 자신을 정화하고서 자신 속에 침잠沈潛하였다고 합시다. 그런데 이런 것들이 아직도 어느 모로 영혼에 봉사하고 있거나, 영혼을 전체라고 말할 경우에는 영혼의 어떤 부분에 봉사하고 그 부분에 종속되어 있다고 합시다. 물론 여기서 지혜롭다는 말은 영혼의 그 부분에만 해당합니다. 영혼의 종속된 그 부분에 기억記憶이 머문다는 것이 제 생각입니다. 현자는 이것을 마치 종처럼 부리며, 처음에는 영혼이 이 종에게 명령을 내리고, 이 종이 제대로 길들고 복종하기에 이르면, 다음과 같이 이 종에게 법의 한계를 부과합니다. 즉, 감관을 사용하되 자체에 필요한 것을 위해서, 그것도 다시 말해서 현자에게가 아니라 기억 자체를 위해서 사용하라는 한계입니다. 그렇다고 감히 자기 주인보다 자기를 높이 치거나 오만해지면 안 되고 자체에 해당하는 것이라고 할지라도 너무 흔하게 절도 없이 사용해서는 안 된다는 것입니다. 지나가는 사물들은 바로 그 부분, 영혼의 가장 천한 그 부분에 해당할 수 있습니다. 사실 기억이란 지나가는 사물, 마치 도망하듯이 사라지는 사물 아니면 어떤 사물에 소용 있겠습니까?[33] 그러므로 저 현자는 하느님을 포옹하고 하느님을 향유하고 있습니다. 하느님은 항상 그대로 머무시고, 무엇이 일어나도록 기다리시는 일이 없으며, 무엇이 없어지지 않을까 두려워하시는 일도 없고, 참으로

sit, sed eo ipso, quo uere est, semper est praesens. Curat autem immobilis et in se manens serui sui quodam modo peculium, ut eo tamquam frugi et diligens famulus bene utatur parceque custodiat.

7. Quam sententiam eius cum admiratione considerans recordatus sum id ipsum aliquando me breuiter illo audiente dixisse. Tum arridens: Gratias age, inquam, Licenti, huic seruo tuo, qui tibi nisi aliquid de peculio suo ministraret, nunc fortasse quod promeres non haberes. Nam si ad eam partem memoria pertinet, quae se uelut famulam bonae menti regendam concedit, ipsa nunc adiutus es, mihi crede, ut hoc diceres. Ergo antequam ad illum ordinem redeam, nonne tibi uidetur uel propter talia, id est propter honestas ac necessarias disciplinas, memoria opus esse sapienti? – Quid, inquit, memoria opus est, cum omnes suas res praesentes habeat ac teneat? Non enim uel in ipso sensu ad id, quod ante oculos nostros est, in auxilium uocamus memoriam. Sapienti igitur ante illos interiores

---

34 달리는 "우리는 무엇이 존재한다고 말할 적에 그것이 항속하는 한에서 그렇게 말한다" (esse dicimus, in quantum manet: 『서간집』 18,2).

35 peculium: 노예, 자녀, 아내가 가장으로부터 받아 모은 재산을 가리키며, 명목상으로는 가장(pater familias)의 소유였다. 오성이 기억이라는 감관의 능력을 구사하는 양상을 비유하는 설명이다.

36 "인간에게서 현명하고 선량한 지성보다 더 훌륭한 것이 무엇인가?"(Cicero, *Tusculanae disputationes* 5,23,67).

37 리켄티우스는 얼마 전 스승에게서 들은 얘기를 자기 견해인 양 피력하고 있는데, 기억의 도움이 없었더라면 추상적인 '기억 이론'을 상기해 내지 못했을 것이다.

존재하신다는 그 점에서 항상 현존하는 분이십니다.[34] 그러므로 현자는 움직이지 않고서 보살핍니다. 자기 안에 머무르면서도, 자기 노예의 용돈[35]을 잘 보살핍니다. 그가 검소하고 부지런한 종답게 그 용돈을 잘 사용하고 아껴 간직하게 합니다."

기억이 간직하는 바가 현자에게 필요한 것은 학문 때문이다

2.7. 내가 그의 주장에 탄복하면서 속으로 헤아리고 있자니까 얼마 전에 그가 듣는 데서 내가 짤막하게 한 말이 기억났습니다. 그래서 나는 웃으면서 그에게 이런 말을 했습니다. "리켄티우스, 너의 이 종한테 고마워하려무나. 이 종이 너한테 자기 재산에서 뭔가 갖다 바치지 않았더라면, 네가 환심을 살 만한 것을 못 지녔을 것이다. 만일 기억이 그 부분에 해당하고, 그 부분은 현자의 선량한 지성에[36] 지배받는 여종처럼 처신한다면, 바로 네가 이 말을 하는데도 너는 지금 그 여종한테서 도움을 받은 셈이다.[37] 내 말을 믿어도 좋다. 그러니까 그 질서에 관한 논의로 내가 돌아가기 전에 하는 말인데, 바로 저것들 때문에라도, 다시 말해서 훌륭하고 필수적인 학문들 때문에라도 현자에게 기억이라는 것이 필수적이라고 보이지 않느냐?" "지성이 지나간 모든 사안들을 목전에 있는 것처럼 파악하고 간직하고 있다면야 기억이 뭣 때문에 필요하겠습니까? 감각에서도, 바로 우리 눈앞에 있는 것까지도 기억을 불러 도와 달라고 하지 않습니다. 현자는 지성의 눈, 지성의 저 내면적 눈앞에[38] 모든 것을 두고 있습니다. 즉, 확고하고 불변하게 하느님을 직관直觀하고 있습니다. 하느님과 더불어 모든 것이 존재하고, 오성은 저 모든 것을 보고 소유하고 있는 터에, 기억이 뭣 때문에

---

[38] interiores intellectus oculos: 오성을 내면의 눈으로 얘기함은 아주 오래된 비유였다.

intellectus oculos habenti omnia, id est deum ipsum fixe immobiliterque intuenti, cum quo sunt omnia, quae intellectus uidet ac possidet, quid opus est quaeso memoria? Mihi autem ut opus esset ad haec quae abs te audieram retinenda, nondum sum illius famuli dominus sed ei modo seruio, modo pugno, ut non seruiam, et quasi audeo me adserere in libertatem meam, et si forte aliquando impero atque obtemperat mihi facitque saepe putare, quod uicerim, in aliis rursus rebus ita esse erigit, ut eius sub pedibus miser iaceam. Quam ob rem quando de sapiente quaerimus, me nolo nomines. – Nec me, inquam; sed tamen numquidnam sapiens iste suos potest deserere aut ullo pacto, cum hoc corpus agit, in quo istum famulum sua lege deuinctum tenet, relinquit officium beneficia tribuendi quibus potest et maxime, quod ab eo uehementissime flagitatur, sapientiam ipsam docendi? Quod cum facit, ut congrue doceat minusque ineptus sit, praeparat saepe aliquid, quod ex dispositione eloquatur ac disputet, quod nisi memoriae commendauerit, pereat necesse est. Ergo aut officia beniuolentiae negabis esse sapientis aut confiteberis res aliquas sapientis memoria custodiri. An fortasse aliquid suarum rerum non propter se quidem sed propter suos, sibi tamen

---

[39] 기억이라는 기능을 제대로 통제하지 못하는 만큼, '나를 현자 가운데 넣지 말아 주십시오'라는 익살이다.

[40] officium sapientiam docendi: 타인에게 지혜, 곧 철학을 가르치려면 선대에 대한 기억과 훌륭한 기억력이 필요치 않겠느냐는 아우구스티누스의 반론이다.

[41] "내가 우리끼리 나눈 토론을 문자로 옮겨 놓기 바란 것은 기억이라는 것이 우리가 생각해 낸 바를 간직하는 데 그다지 신빙성이 없는 까닭이며, 우리끼리 자주 취급한 그 주제를 저 젊은이들이 배우게 하려는 이유였네"(『아카데미아학파 반박』 2,9,22).

필요하겠습니까? 선생님한테 들은 바를 더듬어 가며 끄집어내려면 나한테야 기억이 절실합니다. 그렇지만 아직까지는 기억이라는 저 하인의 주인은 못 되고 때로는 오히려 내가 그것을 섬기며, 때로는 그것을 섬기지 않겠노라고 싸우곤 합니다. 마치 기억 앞에서 내가 내 자유를 내세우려는 듯이 행동합니다. 때때로 내가 통수권으로 그것을 제압하기도 하고, 그런 경우에는 내가 이겼다는 생각이 들기도 합니다. 그러나 다른 사안이 생기면 그것이 하도 고개를 뻣뻣이 세우는 바람에 내가 오히려 가련하게도 그것의 발밑에 엎드려 있는 꼴이 됩니다. 그러므로 우리가 현자에 관해서 논할 적에는 제발 내 이름을 거명하지 마시기 바랍니다."[39] "내 이름도 그 자리에 거명하지 말아 다오. 하지만 저 현자라는 사람이 자기 벗들을 못 본 체할 수 있을까? 이 신체가 작용하는 한, 자기 신체에서 자기 법도로 저 종을 굴복시켜 장악하고 있는 한, 저 종을 잘 부려서 딴 사람들에게 혜택을 제공하는 본분을 저버릴 수 있을까? 그중에서도 정작 당사자를 제일 심하게 독촉할 만한 일을 꼽자면, 딴 사람들에게 지혜 자체를 가르치는 일[40]일 텐데, 그가 과연 그런 임무를 저버릴 수 있을까? 이 임무를 수행할 경우에 제대로 가르치려면, 또 그 일에 부적격한 사람이 되지 않으려면, 누차 뭔가를 준비하고, 그것을 정리해서 강의하고 토론하며, 기억에 간직하고 있지 않으면 불가피하게 잃어버리고 말 것이다. 그러므로 너로서는 남을 가르치는 친절한 임무가 현자의 임무임을 부인하거나, 그렇지 않으면 현자도 어떤 사안들은 자기의 기억으로 간직한다는 사실을 인정하거나 둘 중 하나여야 한다. 자기가 이루어 낸 어떤 것을 꼭 자기 자신 때문은 아니더라도 자기 제자들 때문에 스스로 간직해 둘 필요가 있어 기억력이라는 자기 종에게 맡겨야 할 것이 아니냐?[41] 또 그 종은 건실한 인물일 테고, 또 주인

necessarium commendat seruandum illi famulo, ut ille tamquam sobrius et ex optima domini disciplina non quidem custodiat, nisi quod propter stultos ad sapientiam perducendos sed quod ei tamen ille custodiendum imperarit? – Nec omnino huic, inquit, commendari quicquam arbitror a sapiente, si quidem ille deo semper infixus est siue tacitus siue cum hominibus loquens; sed ille seruus iam bene institutus diligenter seruat, quod interdum disputanti domino suggerat et ei tamquam iustissimo gratum faciat officium suum, sub cuius se uidet potestate uiuere, et hoc facit non quasi ratiocinando sed summa illa lege summoque ordine praescribente. – Nihil, inquam, nunc resisto rationibus tuis, ut quod suscepimus potius peragatur. De isto uero diligenter, quem ad modum sese habeat – non enim parua res est aut tam paruo sermone contenta – uidebimus alias, cum deus ipse oportunitatem ordine dederit.

III 8. Definitum est autem, quid sit esse cum deo, et cum a me dictum est id esse cum deo, quod intellegit deum, uos etiam plus

---

42 deo semper infixus est: 플로티누스의 형용대로, 현자는 "신이 아닌 모든 것을 지나쳐 가서 유일하고 단순하고 단일하고 청정한 그분에게만 시선을 고정하기에 이른다"(『엔네아데스』 1,6,7).

43 summa illa lege summoque ordine: 이하(2,8,25; 2,18,47)에서 반복되는 표현으로 ordo와 lex가 한데 병치된다.

44 스승의 반론을 받아들이면서도, 지성이라는 주인은 기억이라는 종의 조언을 받지만 그것에 의지하는 것은 아니라고 답변한다.

45 방금 리켄티우스가 현자는 "언제나 하느님께 자신을 몰두하고 있으므로(sapiens deo semper infixus est) 아무것도 기억에 간수할 필요가 없다"고 한 발언이 본체론으로 흐를 수 있는 중요한 명제임을 넌지시 일러 준다.

의 최선의 규율規律하에, 어리석은 사람들을 지혜로 인도하는 데 소용된다면 서 주인이 잘 간수하라고 자기에게 명한 것이 아니면 간수하지 않을 것이 다." 리켄티우스가 말했습니다. "저는 현자가 침묵을 지키고 있든, 사람들 과 얘기하고 있든, 언제나 하느님께 시선을 고정하고 있으므로[42] 아무것도 기억에 간수할 필요가 없다고 여깁니다. 하지만 저 종은 미리 훈련이 잘되 었으므로 성의껏 간직하고, 주인이 토론하고 있는 동안에 적절하게 일깨 워 드리고, 아주 의로운 주인에게 하듯이 자기 본분을 달갑게 여기고 수행 하여야 마땅할 것입니다. 저 종은 자기 주인의 권하權下에서 자기가 생존 함을 깨달으며, 자기 본분을 다하더라도 스스로 추론推論해서 행동하는 것 이 아니라 저 지존한 법칙과 지고한 질서가[43] 명하는 대로 행동합니다."[44] "네 논리에 당장은 아무 반대도 않겠다. 그래야 일단 우리가 채택한 주제 가 계속될 성싶다. (네가 새로 내놓은 논제는) 작은 사안이 아닐뿐더러 짧 은 논의로 만족할 수 없으므로[45] 하느님이 질서에 따라 적절한 기회를 주 실 적에[46] 살펴보기로 하자. 사실이 어떤지 그때 가서 진지하게 논의하자.

현자가 하느님과 함께 있으면서 어리석음이라는 것을 알 수 있을까

3.8. 하느님과 함께 있음이 무엇인지는 정의가 내려졌다. 하느님을 인식 하는 것이 하느님과 함께 있음이라고 내가 말했고, 너희는 거기다 보태서 현자에 의해서 인식되는 것들도 하느님과 함께 있다고 하였다.[47] 내가 퍽 놀란 것은 너희가 어떻게 해서 당장 하느님과 함께 어리석음[48]을 병치시켰

---

[46] deus ipse oportunitatem *ordine dederit*: 우연처럼 보이는 기회도 하느님이 배려하시는 대상이다.
[47] 앞의 2,2,5 및 2,2,7에 나온 아우구스티누스와 리켄티우스의 주장 참조.
[48] stultitia: 현대어 번역(sottise, ignoranza, errore, unwisdom)이 조심스럽다.

adiecistis, ut ibi sint etiam illa, quae intelleguntur a sapiente. Qua in re multum me mouet, quomodo subito cum deo stultitiam collocaueritis. Nam si cum deo sunt, quaecumque intellegit sapiens, nec nisi intellectam stultitiam effugere potest, erit etiam, quod dictu nefas est, pestis illa cum deo. – Qua conclusione commoti cum in silentio se aliquantum tenuissent: Respondeat, inquit Trygetius, etiam ille, de cuius aduentu ad istam disputationem oportunissimo non nos puto temere gratulatos. – Tum Alypius: Deus meliora! inquit; hucine mihi tandem tantum meum silentium parabatur? Sed inrupta iam quies est. Verum nunc enitar huic utcumque rogationi satisfacere, cum mihi prius uel futurum prospexero et a uobis impetrauero, ut a me amplius ista responsione nihil flagitetis. – Nullo modo, inquam, est, Alypi, beniuolentiae atque humanitatis tuae uocem tuam sermoni nostro etiam desideratam negare. Sed perge modo, quod instituisti effice; cetera, ut iam sese habet ordo ille, prouenient. – Aeque mihi de ordine, inquit, sunt speranda meliora, in cuius adsertione interim me substituere uoluistis. Sed, ni fallor, ob hoc stultitiam deo ista tua conclusione ab his copulatam putasti, quod uniuersa, quae intellegit sapiens, cum deo esse dixerunt. Sed

---

49 "어리석은 자는 지혜를 결하고 있어서 지혜가 무엇인지 알지 못하지만" 현자는 어리석음을 갖추고 있지 않으면서도 어리석음이 무엇인지 안다(『믿음의 유익』*De utilitate credendi* 13,28). 리켄티우스의 정의대로라면, 무엇이 어리석음인지 현자가 깨닫는다면, 깨달음의 일부인 그 어리석음이 하느님께 있다는 말이 되고 만다.

50 『아카데미아학파 반박』(1,3,8)과 『행복한 삶』에 의하면 알리피우스가 공무로 밀라노에 다녀온 것으로 되어 있으므로, 이 언급은 본서의 토론도 『아카데미아학파 반박』과 같은 기간에 일어난 것으로 추측케 한다.

느냐는 점이다. 현자가 무엇을 인식하든 그것이 하느님과 함께 있다면 현자에 의해서 인식된 어리석음이라는 것도 빠질 수 없고, 따라서 말하기가 참 불경스럽지만, 어리석음이라는 그 병폐가 하느님과 함께 있다는 말이 될 것이다."[49] 그런 결론에 당황해서 그들은 얼마간 입을 다물고 있었습니다. 마침내 트리게티우스가 한마디 했습니다. "마침 아주 적절하게 때맞춰 도착하신 분이 대답하시면 좋겠네요. 그분의 도착을 두고 우리가 축하를 드려도 거리낄 것이 없게끔 말입니다."[50] 그러자 알리피우스가 나섰습니다. "하느님 맙소사![51] 여태까지 내 지긋한 침묵이 이 지경을 맞게 마련이었다 그 말이지? 하여튼 평온은 이미 깨졌다. 일단 여러분의 이 부탁을 만족시키도록 노력해 보겠다. 그런데 나로서는 앞을 미리 내다보아야겠고, 또 너희가 이 답변 말고는 다른 무엇으로도 나를 더 이상 귀찮게 하지 않겠다는 약속을 미리 얻어 내야겠다." 그래서 내가 그에게 한마디 했습니다. "알리피우스, 자네 호의로나 소양으로 보나 우리의 토론에 자네 목소리가 나오기를 간곡히 바랐다는 사실을 절대 부인하지 못하네. 하여튼 이제 앞으로 나아가게. 자네가 시작한 얘기를 마저 하게나. 그 밖의 것들이야 저 질서가 안배한 대로 차례차례 닥쳐올 테니까 말일세." "질서에 관한 한 나로서는 더 나은 얘기를 기대했어야 하는데 …. 그러니까 여러분은 내가 여러분을 대신해서 질서를 주장하는 일에 나서 주기 바라는 듯하다. 내 말이 틀리지 않았다면, 자네가 내린 결론에 의하면, 이 친구들이 하느님께 어리석음이라는 것을 병치시키고 말았다고 생각한 듯하네. 현자가 인식하는 모든 것이 하느님과 있다고 이 사람들이 주장했다는 이유로 말일세. 이들의 본래 주장을 어디까지 받아들여야 할지는 지금 따지지 않겠네. 우선

---

51 '하느님 맙소사!'(di meliora faxint)라는 속어(cf., Plautus, *Bacchides* 626).

id quatenus accipiendum sit, nunc omitto; tuam illam ratiocinationem paululum aduerte. Dixisti quippe: 'Nam si cum deo sunt, quaecumque intellegit sapiens, nec nisi intellectam stultitiam effugere potest' – Quasi uero illud obscurum sit, antequam stultitiam quisque uitet, sapientis eum nomine non esse censendum. – et dictum est a sapiente intellecta esse cum deo: cum igitur euitandae stultitiae gratia eandem stultitiam quisque intellegit, nondum est sapiens. Cum autem fuerit, non inter ea, quae ille intellegit, stultitia numeranda est. Quam ob rem quoniam ea coniuncta sunt deo, quae iam sapiens intellegit, recte a deo stultitia secernitur.

9. Acute quidem, inquam, ut soles, Alypi, respondisti, sed tamquam in alienas trusus angustias. Tamen quia, ut arbitror, adhuc mecum stultus esse dignaris, quid faciemus, si aliquem nanciscamur sapientem, qui nos tanto malo docendo ac disputando libenter liberet? Nam nihil eum prius, quantum arbitror, deprecaturus sum, nisi ut mihi ostendat, quae sit, quid sit, qualis sit omnino stultitia. De te enim facile adfirmauerim; me tamen tantum et tam diu deti-

---

52 아우구스티누스는 어리석음이 무엇인지를 현자가 '인식한 경우'를 따졌는데, 알리피우스는 현자는 어리석음을 '극복한 처지'라는 논지로 바꾸어 아우구스티누스를 반박한다.
53 '마지못해 끼어들었다는 말투였다.'
54 어리석은 자로 자처하지 않으면, 자기를 현자로 자처하는, '어리석은 자'가 된다.
55 quae sit, quid sit, qualis sit: 어떤 사물, 그 본질 그리고 성질을 묻는 기초적인 질문들이지만 로마인들에게는 동일한 질문의 수사학적 변형에 불과하다.

자네 논리를 잠시 살펴보게. 자네는 이렇게 말했거든. '현자가 무엇을 인식하든 그것이 하느님과 함께 있다면 현자에 의해서 인식된 어리석음이라는 것도 빠질 수가 없다.' 마치 누구든지 먼저 어리석음이라는 것을 극복하지 못한다면 현자의 이름으로 불려서는 안 된다는 점이 모호하기라도 하듯이 말일세.[52] 그러고 나서 현자에 의해서 인식된 것은 하느님과 함께 있다는 말이 나왔네. 그런데 누구든지 어리석음을 피한다는 명분으로라도 어리석음이라는 것을 인식한다면, 그는 아직 현자가 아닐세. 일단 현자라면 그가 인식하는 것들 가운데 어리석음이 들어가 있으면 안 되네. 따라서 현자가 이미 인식하는 것이 하느님과 결부된다면, 저 어리석음은 응당 하느님께로부터 배제되네."

어리석음이라는 것은 우리가 배우는 무엇이 아니다

3.9. 내가 말했습니다. "알리피우스, 자네는 평소처럼 정말 예리한 답변을 내놓았네. 그러면서도 마치 남의 골목에 떠밀려 들어왔다는 투로 얘기를 하는군.[53] 여하튼 내 생각에 자네는 내가 그렇듯이 어리석은 사람으로 자처할 테니까,[54] 어떤 현자를 만난다면 할 일이 무엇이겠는가? 우리를 가르치고 우리와 거침없이 토론해서 우리를 어리석음이라는 커다란 병폐로부터 벗어나게 해 달라고 비는 것 말고는 뭘 하겠는가? 현자라는 사람을 만나면 나로서는 그에게 딴것을 물을 뜻이 없다는 것이 지금 생각이네. 무엇보다 먼저, '도대체 어떤 것이 어리석음인가?', '어리석음이라는 것이 대체 무엇인가?' 그리고 '어리석음이란 어떤 성격의 것인가?'[55] 물론 자네를 두고는 나도 섣불리 어리석은 자라는 말을 않겠네. 하지만 나를 두고 말하자면, 어리석음이라는 것이 나한테서 이해되지 못하는 한, 또 이해되지 못하는 정도만큼, 그만한 정도로, 그만한 기간 동안 어리석음이 나를 붙들고

net, quantum et quamdiu a me non intellegitur. Dicturus est ergo ille te auctore: 'ut hoc uos docerem, quando stultus eram, ad me uenire debuistis; modo autem uos uestri magistri esse poteritis; nam ego iam stultitiam non intellego'. Quod quidem ab eo si audirem, non uererer ammonere hominem, ut comes nobis fieret, simulque magistrum alium quaereremus. Vt enim plene stultitiam non intellego, uideo tamen nihil responsione hac esse stultius. Sed pudebit eum fortasse ita nos aut relinquere aut sequi. Disputabit ergo et exaggerabit copiosissime stultitiae mala. Nos autem bene nobis prouidentes aut audiemus attente hominem nescientem, quae loquatur, aut credemus eum id, quod non intellegit, scire aut adhuc deo susceptorum tuorum ratione stultitia copulata est. Nihil autem superiorum est, quod uideo posse defendi: restat igitur, quod non uultis, extremum. – Nunquam te, inquit, inuidum senseram. Nam si ab istis, ut dicis, susceptis quicquam honorarii, ut solet, accepissem, dum ratiocinationis huius nimium tenax es, id eis modo reddere cogerer. Quare uel hoc contenti sint, quod me tecum laborante

---

56 그 현자도 어리석음이 무엇인지 모르는 한, 일행과 함께 어리석음을 가르칠 스승을 찾아야 하리라.

57 복합 추리(複合推理)에서 배제법(排除法)을 과신하지 말라는 '크리시푸스의 개'라고 알려진 스토아 논법이 있다. 네거리에 도달한 사냥개가 짐승이 지나갔는지 알자고 두 갈래 길의 냄새를 맡아 보고서 두 길에서 짐승 냄새가 안 나면 무작정 세 번째 길로 달려간다는 얘기다 (Marius Victorinus, *Adversus Candidum* 14,6-11).

58 suscepti: 소송을 의뢰하여 변호사가 수임한 사람. 알리피우스는 리켄티우스와 트리게티우스의 입장을 두둔하는 처지가 되었다.

59 honorarium: 알리피우스는 '법률 보좌관(consiliarius iudicis)과 국고장 보좌(comes largitionum)'를 지냈으므로 상담료(honorarium)를 받고서 상담에 응했다(『고백록』 6,10,16).

있겠지. 자네가 채근을 하면 현자는 이런 말을 하겠지. '내가 어리석음이 무엇인지에 관해 여러분에게 가르치기 바란다면, 내가 어리석은 사람이었을 적에 나한테 왔어야 합니다. 지금은 여러분이 스스로 배워 여러분의 선생이 될 수가 있겠습니다. 나는 더 이상 어리석음이 무엇인지 이해 못합니다.' 그에게서 그런 말을 듣는다면, 나는 그 사람더러 우리의 동행이 되어 달라고 기탄없이 권하겠고, 그래서 우리 함께 다른 선생을 찾아보자고 하겠네.[56] 그런데 어리석음이 무엇인지 내가 확실하게 알아듣지는 못하지만, 사실 저런 대답처럼 어리석은 게 도무지 없다고 난 생각하네. 저럴 경우 아마 저 현자라는 사람은 우리를 버리기도 어색하고 우리를 따르기도 부끄러울 것이네. 그러면 그는 토론을 벌일 테고 어리석음의 폐해에 관해서 얼마든지 풍부하게, 과장해서 얘기를 쏟아 놓겠지. 그러면 어리석은 자라는 우리 처지를 잘 헤아리면서 우리는 다음 셋 중 어느 하나의 태도를 취할걸세.[57] 그 사람의 말을 주의 깊게 경청하거나 ― 그런데 그는 어리석은 자가 아니고 이미 현자이므로 어리석음에 관해서 자기가 하는 말을 모를 것이네 ― 그 사람은 자기가 이해 못하는 내용이지만 알고는 있으리라고 믿거나, 자네가 비호하는 의뢰인들의 논리대로,[58] 어리석음이 하느님과 결부되어 있거나 셋 중 하나네. 그런데 앞의 두 명제는 전혀 견지할 수 없는 것이네. 마지막 것만 남는데, 그것은 여러분이 수긍하지 않으려는 것이고." 알리피우스가 말했습니다. "자네도 시샘을 할 줄 안다는 점을 내가 여태까지 한 번도 감지를 못했네. 자네가 일컫는 대로, 으레 하듯이, 내가 저 의뢰인들한테서 뭔가 사례금을[59] 받았다면 나로서는 그것을 돌려줄 수밖에 없겠네. 자네가 이 논리를 두고 지나치게 완강하게 나오니까 하는 말일세. 그러니 양단간일세. 저 젊은이들이 내가 자네하고 시비하느라고 자기네가 할 말을 생각해 낼 시간을 적잖게 주었다면 그것으로 만족하거나, 그

non parum eis ad excogitandum temporis dedi, uel, si uicti patroni nulla quidem sua culpa consilio libenter auscultant, et in hoc iam tibi cedant et sint in ceteris cautiores.

10. Non contemnam, inquam, quod in tua defensione Trygetius nescio quid etiam perstrepens dicere cupiebat, faciamque bona tua uenia; nam fortasse non bene instructus es, qui recens huic negotio superuenisti, ut remoto patrocinio ipsos causam suam peragentes audiam patienter, ut coeperam. – Tum Trygetius Licentio prorsus absente: Quomodo uultis, inquit, accipite et ridete stultitiam meam. Non mihi uidetur debere dici intellectus, quo intellegitur ipsa stultitia, quae non intellegendi uel sola uel maxima causa est. – Non facile, inquam, recuso istud accipere. Quamuis enim me multum moueat, quod sentit Alypius, quomodo recte possit quisque docere, qualis sit res, quam non intellegit, quantamque menti afferat perniciem, quod mente non uidet – nam id utique attendens, quod tu dixisti, dicere est ueritus, cum ei sit ista etiam de doctorum libris nota sententia – tamen sensum ipsum considerans corporis – nam et isto ipso anima utitur et ipsa sola est cum intellectu qualiscumque con-

---

60 앞서 『아카데미아학파 반박』(3,3,5)에서 "허위라는 것은 아무도 인식할 수 없다"(nosse falsum nemo potest)는 명제를 확립한 바 있다.

61 '무지' 혹은 '어리석음'은 지성의 인식 대상이 아니라면서도 지성에 커다란 폐해를 준다고 하는 설명은 앞뒤가 안 맞는다.

62 다른 곳(『행복한 삶』 4,29)에서 "어리석음은 곧 빈궁(貧窮)이라는 결론"을 내렸고, 어둠이란 빛이 없음이므로 '어둠을 본다'는 말이 모순되듯이 '어리석음을 갖춘다'는 말도 어폐가 있다.

렇지 않으면, 자기네 변호인이 본인 잘못 없이도 패하고 말았지만 그 변호인의 조언에 기꺼이 귀를 기울여 이 사안에서도 자네한테 숙이고 들어가고 그 밖에 다른 주제에서도 좀 더 조심스러워지거나 둘 중 하나일걸세."

'어리석음'은 이해하지 못함을 나타내는 어휘다

3.10. 내가 말을 이었습니다. "자네가 변호를 하는 동안에 뭔지 모르지만 하여튼 트리게티우스가 뭔가 얘기하고 싶어 안달이었는데 그 점을 묵살하지 않겠네. 그래서 자네가 괜찮다면 그의 발언을 들어 보겠네. 자네는 조금 전부터 이 토론에 참석한 터라서 아마 자세한 경위를 모르고 있을지도 모르겠네. 그러니 처음에 시작했던 대로 저 젊은이들이 변호사와 떨어져서 자기 입장을 진술하는 것을 참을성 있게 들어 볼 생각이네." 그 순간에는 리켄티우스가 자리에 없었고 트리게티우스가 말을 꺼냈습니다. "마음 내키시는 대로 제 말을 받아들이시고 제 어리석음을 두고 그냥 웃으셔도 됩니다. 단지 제가 보기에 어리석음을 인식하는 오성은 오성이라고 불러서는 안 됩니다. 어떤 것이 인식이 되지 않는 유일한 원인 내지 가장 큰 원인은 어리석음입니다."[60] 내가 대꾸했습니다. "그 말을 받아들이지 않기가 쉽지 않구나. 이 점은 알리피우스도 느낄 만한데, 하여간 그 내용이 무엇이든 간에, 누구든지 본인이 인식하지 못한 대상을 남에게 가르친다는 게 어떻게 가능하냐는 점이 나를 퍽 당황하게 만든다. 또 지성으로 보지 못하는 것이라고 하면서, 그것이 지성에 얼마나 큰 폐해를 끼치는지 모른다고 역설하는 말도 적잖이 나를 당황하게 만든다.[61] 알리피우스는 트리게티우스 네가 말한 바를 유의했음에도 그 명제를 입 밖으로 꺼내기를 꺼렸다.[62] 그 이론은 학자들의 서책에서 배워 그가 익히 알고 있는 바였다. 신체의 감관을 고찰해 보자. 영혼은 그 감관도 사용한다. 오직 영혼만 오성

latio – adducor, ut dicam neminem posse uidere tenebras. Quam ob rem, si menti hoc est intellegere, quod sensui uidere, et licet quisque oculis apertis sanis purisque sit, uidere tamen tenebras non potest, non absurde dicitur intellegi non posse stultitiam; nam nullas alias mentis tenebras nominamus. Nec iam illud mouebit, quomodo stultitia possit non intellecta uitari. Vt enim oculis tenebras uitamus eo ipso, quo nolumus non uidere, sic quisque uolet uitare stultitiam, non eam conetur intellegere, sed ea, quae possunt intellegi, per hanc se non intellegere doleat eamque sibi esse praesentem, non quo ipsam magis intellegit sed quo alia minus intellegit, sentiat.

IV 11. Sed ad ordinem redeamus, ut nobis aliquando reddatur Licentius. Illud enim ex uobis iam requiro, utrum quaecumque agit stultus ordine uobis agere uideatur. Nam uidete, rogatio quos laqueos habeat. Si ordine dixeritis, ubi erit illa definitio: Ordo est, quo deus agit omnia, quae sunt, si etiam stultus, quae agit, agit ordine? Si autem ordo non est in his, quae aguntur ab stulto, erit aliquid, quod ordo non teneat; neutrum autem uultis. Videte quaeso,

---

63 데모크리토스의 말에 의하면 "어둠이 사방에 퍼져 있다. 그래서 제아무리 예리한 지성의 시선도 하늘도 땅도 꿰뚫어 볼 수 없다"(Cicero, *Academica* 2,39,122).

64 지성과 감관의 작용을 '봄'(visio)으로 표현하고 눈이 어둠을 볼 수 없듯이, 지성이 '허무', '허위', '무지'를 인식할 수 없다는 말은 플라톤 이래의 유비였다(Plato, *Respublica* 477a. 519b; *Symposium* 219a).

65 지성은 진리를 향해 열려 있고, '어리석음'은 '무지'처럼 인식 대상이 아니며, 지성이 사물들을 인식하는 활동에 정진할수록 그만큼 '어리석음' 혹은 '오류'를 피한다는 요지다.

과 모종의 연관을 가진다. 신체의 감관을 염두에 두고 말하자면 아무도 어둠을 볼 수 없다고 말하지 않을 수 없다. 지성에 있어서 인식하는 일은 감관이 보는 일과 마찬가지다. 누가 제아무리 건강하고 순수한 눈을 가지고 있다고 할지라도 어둠을 본다는 것은 불가능하다.[63] 지성의 어둠을 '어리석음'과는 딴 이름으로 명명할 수 없어서 하는 말이지만, 어리석음이라는 것 역시 인식될 수 없다는 말도 모순이 아니다.[64] 그리고 어리석음이 인식 대상이 아닌 이상, 어떻게 어리석음을 피할 수 있을까 하여 당황하지 않는다. 안 보겠다는 마음을 품지 않음으로써 우리가 눈으로 어둠을 피하듯이, 누구든지 어리석음을 피하고 싶다면, 어리석음을 인식하려고 노력할 것이 아니다. 오히려 이 어리석음 때문에 인식할 수 있는 것들을 인식하지 못한다는 사실을 안타깝게 여겨야 한다. 또 어리석음이 자기에게 현전한다고 해서 그 때문에 어리석음이 더 잘 인식되는 것이 아니고, 그 어리석음으로 말미암아 다른 사물들이 덜 인식된다는 사실을 깨달아야 할 것이다.[65]

어리석은 자가 행하는 것도 질서에 따라서 행해진다

4.11. 그럼 리켄티우스가 우리에게 돌아오기를 기다리면서 다시 질서에 관한 얘기로 돌아가 보자. 우선 여러분이 보기에 어리석은 자가 행하는 것이 무엇이든 과연 질서에 따라서 행해지는 것이냐고 여러분에게 묻고 싶다. 이 질문이 무슨 덫을 감추고 있는지 잘 살피기 바란다. 여러분이 그것이 질서에 따라서 행해진다고 대답할라치면, '질서란 그것으로 하느님이 존재하는 모든 것을 작동시키는 무엇'[66]이라고 하던 저 정의는 어디 가느냐? 만일 어리석은 사람도 행하는 바를 질서에 따라 행한다면 하는 말이

---

[66] ordo est quod deus agit omnia, quae sunt: 본서 1,10,28; 2,1,2 참조. 앞에서는 quae sunt(존재하는)라는 문구는 없었음.

ne cuncta ipsius ordinis defensione turbetis. – Hic item Trygetius – nam ille alter adhuc omnino absens erat – Facile est, inquit, huic quidem respondere complexioni tuae, sed me in praesentia similitudo deficit, qua sententiam meam uideo asseri inlustrarique debere. Tamen dicam, quod sentio; facies enim tu, quod paulo ante fecisti. Non enim illa commemoratio tenebrarum ad id, quod a me inuolutum prolatum erat, parum nobis attulit luminis. Namque omnis uita stultorum quamuis per eos ipsos minime constans minimeque ordinata sit, per diuinam tamen prouidentiam necessario rerum ordine includitur et quasi quibusdam locis illa ineffabili et sempiterna lege dispositis nullo modo esse sinitur, ubi esse non debet. Ita fit, ut angusto animo ipsam solam quisque considerans ueluti magna repercussus foeditate auersetur. Si autem mentis oculos erigens atque diffundens simul uniuersa conlustret, nihil non ordinatum suisque semper ueluti sedibus distinctum dispositumque reperiet.

---

67 트리게티우스는 스승에게서 들었던, 무질서(악)와 자유의지 및 섭리에 관한 주요한 기초 명제들을 간추린다.

68 complexio: dilemma의 번역어로서 "두 명제 중 어느 것을 수긍하더라도 그대 입장이 배척되는 경우"(in qua utrum concesseris, reprehenditur)라고 정의된다(Cicero, De inventione 1,29,45).

69 per eos ipsos: 무질서가 '인간의 자유의지'에서 초래되었음을 최초로 언급한다.

70 per divinam providentiam necessario rerum ordine includitur: 질서가 악으로 유린되는 것이 아니고 악이 결국에는 질서에 귀속된다 함은 아우구스티누스의 주요 사상으로 자리 잡는다. 그는 '악의 존재'가 아니라 '악을 극복하는 질서의 보전'에 주안점을 둘 것이다.

71 본서 2,2,7에서 지존한 법칙(summa lex)과 지고한 질서(summus ordo)가 동일시되었고, 여기서는 형언할 수 없고 영원한 법칙(ineffabilis et sempiterna lex)이 신적 섭리(divina providentia)와 동일시된다. 2,18,47에서는 이 법이 만유의 지고한 법칙(summus ordo rerum omnium), 곧 하느님(ordo dei, pater ordinis fons veritatis: 2,19,51)과 등치된다.

다. 그런데 만일 어리석은 사람에 의해서 행해지는 것들에는 질서가 존재하지 않는다고 대답한다면, 질서가 장악하지 않는 다른 무엇이 따로 있는 셈이다. 여러분은 이 대답 둘 다 안 바랄 것이다. 그러니 질서를 옹호한다면서 죄다 혼란에 빠뜨리지 않도록 조심하여라." 그러자 트리게티우스가 한마디 했습니다.[67] 다른 한 명은 아직까지도 자리에 안 왔던 것입니다. "선생님의 이 양도논법[68]에 답변하기는 쉽습니다. 그러나 당장 이 자리에서 제 생각을 주장하고 설명할 만하다고 여겨지는 적절한 비유가 떠오르지 않습니다. 그렇더라도 제가 느끼는 대로 말씀드리겠습니다. 그러고 나면 조금 전에 하신 것처럼 선생님이 제 얘기를 보충해 주실 것입니다. 선생님이 어둠을 상기시킨 말씀은 제가 그 전에 약간 모호하게 제시한 내용을 두고서 우리한테 적지 않은 빛을 던져 주었습니다. 어리석은 사람들의 삶 전체는, 비록 그 사람들 탓으로[69] 조금도 일관성이 없고 질서 있는 것이 못 되지만, 신적 섭리를 통해서 결국 만유의 필연적인 질서에 내포됩니다.[70] 형언할 수 없고 영원한 법칙에 의해서[71] 어떤 일정한 위치에[72] 배치되며, 어떻게 해서도 존재해서는 안 될 곳에 존재하도록 버려두지 않습니다. 옹졸한 지성이 그런 삶만을 따로 떼어 고찰할 경우에 대단하고 흉측한 모습에 충격을 받고서 등을 돌리고 맙니다. 하지만 만일 지성의 눈을 쳐들어 자기 시야를 넓혀서 우주 전체를 조감한다면, 질서 없는 것이 아무것도 없고, 각각의 것이 반드시 마치 제자리에 놓여 있듯이, 나름대로 구분되고 배치되어 있음을 발견할 것입니다."[73]

---

72 quasi quibusdam locis: 플로티누스(『엔네아데스』 3,2,17)의 표현이다.
73 인간의 자유의지에서 발생하는 무질서의 극복을 상론하기로는 후일의 『자유의지론』 (387~395년)이 있고, 역사적 차원의 질서는 『신국론』(413~427년)에서 상세히 논구된다.

12. Quam magna, inquam, quam mira mihi per uos deus ille atque ipse, ut magis magisque credere adducor, rerum nescio quis occultus ordo respondet! Nam ea dicitis, quae nec quomodo dicantur non uisa nec quomodo ea uideatis intellego; ita ea et uera et alta esse suspicor. Simile autem aliquod in istam sententiam tu fortasse unum requirebas. At mihi iam occurrunt innumerabilia, quae me ad consentiendum prorsus trahunt. Quid enim carnifice tetrius? quid illo animo truculentius atque dirius? At inter ipsas leges locum necessarium tenet et in bene moderatae ciuitatis ordinem inseritur estque suo animo nocens, ordine autem alieno poena nocentium. Quid sordidius, quid inanius, dedecoris et turpitudinis plenius meretricibus lenonibus ceterisque hoc genus pestibus dici potest? Aufer meretrices de rebus humanis, turbaueris omnia libidinibus; constitue matronarum loco, labe ac dedecore dehonestaueris. Sic igitur hoc genus hominum per suos mores impurissimum uita, per ordinis leges condicione uilissimum. Nonne in corporibus animantium quaedam membra, si sola adtendas, non possis adtendere? Tamen ea na-

---

[74] non visa: 번역이 조심스럽다(sans le voir/ senza intuizione/ how you discern).

[75] 보기에 흉측하지만 결국 질서의 안배에 속하는 사물의 예를 들고 싶었을 것이다.

[76] suo animo nocens ... ordine alieno poena nocentium: '해로운 자'가 '해로운 자들의 징벌'이 되는 역설을 동일한 단어로 구사하였다. 사형집행인을 예거한 것은 플로티누스였다(『엔네아데스』 3,2,17).

[77] 아우구스티누스가 창녀를 예거한 것은 그들이 로마법상 일정한 사회적 보호를 받았기 때문이다. 매춘의 폐지를 주장하지는 않지만 후일에는 퍽 엄격한 입장을 보이기도 한다(『마니교도 파우스투스 반박』*Contra Faustum* 22,61 참조).

인간 생활에서 질서 밖에서 일어나는 것처럼 보이는 사례들

4.12. 내가 말했습니다. "여러분을 통해서, 저 위대하신 하느님과 만유의 질서 자체 — 그것이 과연 어떠한 것인지는 나도 모르지만 만유의 저 은밀한 질서를 나도 차츰차츰 믿어 가는 중이다 — 가 얼마나 훌륭하고 얼마나 놀라운 일들을 나에게 담보해 주시는지 모르겠다. 여러분이 발언하고 있는 바는 참으로 진실하기도 하고 지고하다는 예감이 든다. 단지 보지 않은 것을[74] 여러분이 어떻게 말로 표현하는지, 만일 본다면 도대체 어떻게 그것을 보는지는 내가 이해를 못하겠다. 트리게티우스 너는 아마도 네 생각을 표현할 만한 유비類比를 하나 찾고 있었으리라 본다.[75] 내게는 그런 유비들이 무수히 떠오르면서 나더러 저를 꼽아 달라고 조르는구나. '희광이'보다 무시무시한 것이 뭐더냐? 그의 성정보다 사납고 끔찍한 것이 뭐더냐? 하지만 그 인물은 법률 체제에서 나름대로 필수적인 위상을 가지고 있고, 제대로 통제되는 국가 사회의 질서 속에 엄연히 편입되어 있다. 자기 성정으로 보면 해로운 인물이지만, 타인들의 질서에 의해서 사회에 해로운 자들의 형벌을 집행하는 일을 한다.[76] 창녀나 포주나 그런 부류의 폐해보다 더 추루하고 허망하고 불명예와 추잡함이 그득한 것으로 무엇을 들 수 있겠는가? 그런데 창녀들을 인간사에서 제거해 보라. 그러면 그대는 색정으로 모든 것을 소란케 만들고 말 것이다. 또 그 여자들을 여염집 주부들의 자리에 놓아 보라. 그러면 그대는 정숙한 여자들을 망신과 수치로 욕되게 하는 셈이리라. 이런 부류의 인간들은 참으로 불결한 자기네 행습 때문에 삶이 가장 천박한 것처럼 간주되고, 법질서에 의해서 신분이 가장 비천한 것으로 간주된다.[77] 동물의 신체에서도 어떤 지체를 두고 그 지체만을 쳐다볼 적에 그대가 쳐다보기 민망한 부분이 있지 않던가? 하지만 자연의 질서는 그 지체도 필요로 해서 빼놓지 않기를 바랐고 그러면서도 점잖

turae ordo nec, quia necessaria sunt, deese uoluit nec, quia indecora, eminere permisit. Quae tamen deformia suos locos tenendo meliorem locum concessere melioribus. Quid nobis suauius, quod agro uillaeque spectaculum congruentius fuit pugna illa conflictuque gallinaciorum gallorum, cuius superiore libro fecimus mentionem. Quid abiectius tamen deformitate subiecti uidimus? Et per ipsam tamen eiusdem certaminis perfectior pulchritudo prouenerat.

13. Talia, credo, sunt omnia, sed oculos quaerunt. Soloecismos et barbarismos quos uocant, poetae adamauerunt; quae schemata et metaplasmos mutatis appellare nominibus quam manifesta uitia fugere malunt. Detrahe tamen ista carminibus, suauissima condimenta desiderabimus. Congere multa in unum locum, totum acre puti-

---

[78] '희광이'와 '창녀'가 사회 질서에서 역설적 유비(2,7,18 참조)가 된다면, 동물의 생식 비뇨기는 자연 질서에서 같은 기능을 한다고 설명한다(플로티누스 『엔네아데스』 3,2,7 참조).

[79] 앞에서 일동이 닭싸움을 구경하는 얘기가 나왔다(1,8,25).

[80] 사회 질서와 자연 질서의 예외에 뒤이어 교부는 수사학 교수답게, 문학의 미학적 질서 — "저런 수식들을 통솔하고 제어하는 질서"(ordo ea gubernans et moderans) — 에 드러나는 예외, 곧 파격(破格)을 열거한다.

[81] *Rhetorica ad Herennium*(4,12,17 sqq.)에 의하면 문체(elocutio)는 우아미(elegantia), 작문(compositio), 세련미(dignitas) 관점에서 평가된다. 단어의 수사(figura)에서는 두 가지 파격이, 문장의 수사(dictio)에서는 과도함(nimia)과 이질감(aliena), 비약(saltus)과 미사여구(venustas), 절제(submissa)와 투박함(impolita)을 열거할 만한데, 아우구스티누스는 이것들도 문장 전체의 질서와 조화에 어긋나지 않음을 지적한다.

[82] soloecismus et bararismus: 둘 다 문학상의 파격(破格)이지만 외래어나 그 어법을 과용하는 어휘상의 파격(barbarismus)과 문법상의 파격(soloecismus: 예컨대 taedet me studendi 는 원래 studere여야 한다)을 구분하였으므로 풀어 번역하였다.

지 못하므로 두드러지게 드러남은 허용하지 않았다. 그 흉물스러운 것들로서는 제격인 자리를 보전한 채 더 나은 자리는 더 나은 지체들에게 양보하였다.[78] 시골 농장에서야 수탉들의 싸움과 알력보다 우리에게 더 재미있고 더 적절한 구경거리가 무엇이겠느냐? 그것에 관해서는 우리가 앞 책에서 언급했다.[79] 거기서 패자의 비굴한 모습보다 더 역겨운 것이 무엇이더냐? 그런데 바로 그 비굴함 때문에 그 싸움의 멋이 한결 두드러지게 돋보였다.

토론 중에 질서를 벗어났다고 여겨지는 것들도 질서에 부합한다[80]

4.13. 내 보기에 모든 게 그렇지만 눈여겨볼 것들이 또 있다.[81] 문법이나 어휘를 무시하는 파격破格[82]이라고 부르는 것을 시인들은 몹시 좋아했다. 또 사람들은 전의轉義니 어형 변이語形變異니 하는 명칭을 붙여서, 그처럼 노골적인 문학적 오용誤用의 폐풍弊風을 피하기보다는 명칭만 바꾸어서 기어이 사용하고 싶어 하였다.[83] 우리가 시가詩歌에서 이런 파격을 모조리 제거해 보라. 그러면 유쾌하기 이를 데 없는 그런 맛[84]이 아쉬워질 것이다. 그렇지만 파격을 구사한 수많은 구절들을 한데 모아 놓아 보라. 전체가 어색하고 고약하고 역겨워 싫증이 날 것이다. 또 그런 것을 일상 담화나 공식 담화에[85] 집어넣어 보라. 당장 그런 것은 빼라고, 극장에나 가 보라고 엄포하지 않겠는가? 저런 수식들을 통제하고 단속하는 질서가 있어서 어

---

[83] 수사학적 의도로 단어 자체에 채색(彩色)을 달리하는 figura를 굳이 schema라는 그리스어 명칭으로, 구문적인 변형을 시도하는 transformatio를 metaplasmus라는 그리스어 명칭으로 대체하면서까지 파격을 그대로 구사한다는 지적이다.

[84] 수식(exornatio)은 진중함(gravitas)과 유쾌함(suavitas)으로 나뉜다.

[85] 수사학 교수였던 아우구스티누스는 공회당 연설문(sermo forensis)을 가르쳤으므로 극장 희극 대사(sermo theatralis)에 쓰이는 비속어들을 경멸하였다(『고백록』 1,18-19 참조).

dum rancidum fastidibo. Transfer in liberam forensemque dictionem, quis non eam fugere atque in theatra se condere iubebit? Ordo igitur ea gubernans et moderans nec apud se nimia nec ubilibet aliena esse patietur. Summissa quaedam impolitaeque simillima ipsos saltus ac uenustos locos sese interponens inlustrat oratio. Quae si sola sit, proicis ut uilem; si autem desit, illa pulchra non prominent, non in suis quasi regionibus possessionibusque dominantur sibique ipsa propria luce obstant totumque confundunt.

V 13. Magnae et hic debentur ordini gratiae. Mentientes conclusiones aut inrepentes paulatim uel minuendo uel addendo in assensionem falsitatis quis non metuat, quis non oderit? Saepe tamen in disputationibus certis et suis sedibus conlocatae tantum ualent, ut nescio quo modo per eas dulcescat ipsa deceptio. Nonne hic quoque ordo ipse laudabitur?

---

86 submissa oratio라고 읽을 경우, 다음과 같은 번역도 가능하다: '절제되고 마치 수식이 전혀 없는 것처럼 짜인 연설문이라면, 논리적 비약(saltus)과 미사여구(venusti loci)를 간간이 삽입함으로써, 연설문이 한결 두드러지기도 한다.'

87 conclusiones vel minuendo vel addendo: 키케로에 의하면, 일부러 논지에서 한동안 이탈했다가(degressio) 갑자기 논지로 돌아오면 청중에게는 그 주제가 새롭게 들리고, 그 기회에 본래의 사실을 과장하거나 축소하더라도 청중이 오히려 동조하게 만드는 화술이 있다(*De oratore* 3,53,203).

느 것 하나도 제자리에서 과도함도 용납하지 않고, 아무 데서나 튀어나와서 이질감을 주는 일도 용납하지 않을 것이다. 약간 저자세에다 경박한 문구에 가까운 어법이라면, 연설문에 적당히 삽입함으로써, 그 연설에 들어있는 논리적 비약과 미사여구 자체를 한결 돋보이게 만들기도 한다.[86] 만일 그 저자세 문구가 단독으로 나와 있으면 보잘것없는 문장으로 취급당할 것이다. 그래도 전체 문장에서는 만일 그 문구가 빠지면 저 미사여구들이 부각되지 못하고, 따라서 제 영역에서 주도적 위치를 장악하지 못하며, 미사여구가 띠고 있는 광채가 오히려 자체에 지장이 되고 전체 맥락에 혼란을 끼친다.

5.[13]. 여기서도 질서에서 입는 혜택이 크다. 거짓을 담은 결론, 논지에서 무엇을 조금 감하거나 무엇을 조금 보태 가면서 허위에 대한 동조를 끼워 놓는 그런 결론을 누가 두려워하지 않으며, 누가 혐오하지 않겠는가? 그럼에도 불구하고 모모한 토론에서 또 적절한 장소에다 삽입하면 그런 결론들이 상당한 위력을 발휘하여, 어떻게 해서인지는 모르지만, 그런 결론들로 말미암아 그 기만欺瞞 자체가 사람을 유쾌하게 만들기도 한다.[87] 그렇다면 여기서도 칭송을 받을 만한 것은 질서가 아니겠느냐?[88]

---

[88] ordo disputationis, 곧 '쟁론의 질서'에서 보이는 파격을 언급하였다(본서 2,10,29 참조).

14. Iam in musica, in geometria, in astrorum motibus, in numerorum necessitatibus ordo ita dominatur, ut si quis quasi eius fontem atque ipsum penetrale uidere desideret, aut in his inueniat aut per haec eo sine ullo errore ducatur. Talis enim eruditio, si quis ea moderate utatur – nam nihil ibi quam nimium formidandum est – talem philosophiae militem nutrit uel etiam ducem, ut ad summum illum modum, ultra quod requirere aliquid nec possit nec debeat nec cupiat, qua uult, euolet atque perueniat multosque perducat, unde iam, dum ipsis humanis rebus teneatur, sic eas despiciat cunctaque discernat, ut nullo modo eum moueat, cur alius optet liberos habere nec habeat, alius uxoris nimia fecunditate torqueatur, egeat ille pecunia, qui largiri liberaliter multa paratus est, eique defossae incubet macer et scabiosus fenerator, ampla patrimonia luxuries dispergat atque diffundat, uix toto die lacrimans mendicus nummum impetret, alium honor extollat indignum, lucidi mores abscondantur in turba.

---

89 ordo in numerorum necessitatibus: 모든 수는 그 원리인 일자(一者), 곧 '하나'로 소급되므로 '하나'가 만유의 '법도' 내지 '척도'라는 점에서 교부는 필연적인 질서를 본다.

90 자유 학예(artes liberales)야말로 인간이 자연과 예술에 삼투해 있는 '질서'에 감응하는 길이라는 신념이 교부에게 있었다(2,14,39-15,43에서 재론). 물론 무학자에게는 '신앙'을 통한 지름길도 없지 않다.

91 키케로(*Tusculanae disputationes* 5,2,5)의 표현이며 철학을 국가 지도자의 필수 학문으로 꼽기도 한다(*De republica* 6,26,290).

92 summus modus: 교부는 '최고의 법도'를 '진리'(『아카데미아학파 반박』 2,2,4)라고도 하고 '하느님'이라고 부르기도 한다("진리를 통해서 최고의 법도에 이르는 자는 누구든지 행복하다. 정신에게는 바로 이것이 하느님을 모시는 것, 다시 말해서 하느님을 향유하는 것이다": 『행복한 삶』 4,34).

어리석음으로부터 벗어나는 길은 학예를 연구하거나

5.14. 음악에서도, 기하에서도, 성좌의 운동에서도, 수數의 필연성에서도 질서가 철저히 지배하고 있다.⁸⁹ 그래서 누가 이 질서의 원천과 깊숙한 내정內庭을 들여다보고 싶어 한다면, 저런 것들 속에서 그 원천과 내정을 발견하거나, 저런 것들을 거쳐서 아무런 오류도 없이 그리로 인도받는다.⁹⁰ 누가 절도 있게 사용한다면 — 여기서도 지나침만큼은 반드시 기피해야 한다 — 학습學習이라는 것이 바로 그렇다. 그렇게 해서 철학의 병사를 키워 내고 심지어 장수將帥도 키워 낸다.⁹¹ 그리하여 그 장수는 저 지고한 법도法度⁹² — 그 이상은 추구할 수도 없고 해서도 안 되고 욕심내서도 안 된다⁹³ — 를 향해서 힘껏 날아오르고 당도하며 또 많은 사람들을 그리로 영도하게 된다. 그 경지에서는 본인이 인간사에 붙들려 있다 하더라도 그것들을 경멸하고, 모든 것을 분별하기에 이르므로 그 무엇도 그를 동요하게 만들지 못한다. 왜 누구는 자녀를 가지고 싶은데 못 가지고 왜 누구는 아내의 지나친 출산으로 쩔쩔매는지, 왜 누구는 기꺼이 많은 것을 베풀 자세가 되어 있음에도 돈이 궁하고 왜 누구는 돈을 구덩이에 묻어 놓고도 그 위에서 빼빼 마른 몸으로 누워 있는지, 왜 옴딱지가 더께더께 앉은 수전노는 거창한 유산을 받아 사치에다 흩뿌리고 탕진하는데 왜 걸인은 하루 종일 눈물로 지새도 엽전 한 푼 손에 넣지 못하는지, 왜 누구는 부당한 인간임에도 드높은 영예를 누리고 왜 선량한 행실은 군중 속에 가려 빛을 보지 못하는지 번민하지 않는다.

---

⁹³ 진리의 척도를 인간(πάντων χρημάτων μέτρον ἄνθρωπος)이라고 주장한 프로타고라스(Plato, *Theaetetus* 152a)를 반박하면서 "우리에게는 최고의 의미에서 신이 만유의 척도로 보인다"(ὁ δε θεός ἡμῖν πάντων χρημάτων μέτρον αν εἴν μάλιστα: *Leges* 716c)라는 플라톤의 유명한 명제를 연상시킨다.

15. Haec et alia in hominum uita cogunt homines plerumque impie credere nullo nos ordine diuinae prouidentiae gubernari; alios autem pios et bonos atque splendido ingenio praeditos, qui neque nos deseri a summo deo possunt in animum inducere et tamen rerum tanta quasi caligine atque commixtione turbati nullum ordinem uident uolentesque sibi nudari abditissimas causas errores suos saepe etiam carminibus conqueruntur. Qui si hoc solum interrogent, cur Itali semper serenas hiemes orent et item semper Getulia nostra misera sitiat, quis eis facile respondebit? aut ubi apud nos indagabitur illius ordinis ulla suspicio? Ego autem si quid meos monere possum, quantum mihi apparet quantumque sentio, censeo illos disciplinis omnibus erudiendos. Aliter quippe ista sic intellegi, ut luce clariora sint, nullo modo possunt. Si autem aut pigriores sunt aut aliis negotiis praeoccupati aut iam duri ad discendum, fidei sibi praesidia parent, quo illos uinculo ad sese trahat atque ab his horrendis et inuolutissimis malis liberet ille, qui neminem sibi per

---

94 신적 섭리에 대한 믿음을 놓지 않으면서도 자기 불행의 연유를 밝히지 못하는 인간은 흔히 문학을 빌려 그 번민을 토로해 왔다는 사실을 아우구스티누스는 절감한다.

95 Vergilius(*Georgica* 1,100: "비가 넉넉한 동지와 온화한 겨울 날씨를 빌게나")의 시구.

96 Vergilius(*Ecloga* 1,64: 우리는 군인들에게 땅을 몰수당하고 "여길 떠나 메마른 아프리카로 가리라")의 시구다. 게툴리아는 사하라 사막 지역의 이름이었다.

97 『재론고』(1,3,2)에서는 "자유 학예에 관해서 큰 비중을 부여하였는데 사실 많은 성인(聖人)들은 이 학예에 관해서 많이 모른다. 또 이 학예를 아는 사람이라고 해서 성인은 아니다"라는 말을 부연한다.

98 바로 앞의 책자 말미에서(『행복한 삶』 4,36) 아우구스티누스는 "지존하시고 참되신 하느님 아버지께, 또 영혼들의 주님이시요 해방자이신 분께"라는 신앙고백을 한 바 있다.

신실한 믿음으로 이루어진다

5.15. 저런 세태나 인생에서 당면하는 다른 현상들은 사람들로 하여금 자칫하면 세상이 신적 섭리의 질서로 지배되는 것이 결코 아니라는 불경스러운 믿음을 가지게 몰아붙인다. 그렇지만 다른 사람들, 경건하고 선량하고 탁월한 품성을 갖춘 사람들은 우리가 지존하신 하느님께 버림받는다는 믿음을 마음에 받아들이지 못한다. 그러면서도 암담하고 혼란스러운 사태에 당황하여 제 눈에는 아무런 질서도 보이지 않으므로, 깊이 감추어진 이유들이 자기에게 드러나 보이기 바라는 뜻에서, 시가詩歌로나마 자기의 혼란한 마음을 한탄하는 경우가 자주 있다.[94] 어째서 이탈리아인들은 늘 '온화한 겨울 날씨를 비는데'[95] 우리네 '가련한 게툴리아는 언제나 가뭄인가?'[96]라는 이것 한 가지만을 놓고 따지더라도, 누가 그들에게 간단하게 답변을 내놓겠는가? 우리한테서만 보더라도, 저 위대한 질서를 짐작하는 말마디나마 어디서 찾아낼 수 있던가? 나의 문하생들에게라도 내게 보이는 대로, 내가 느끼는 대로 충고할 만한 한마디가 있다면, 그들은 저 모든 학문을 연마해야 한다는 것이 내 생각이라는 한마디뿐이다.[97] 그렇지 않고서는 그 빛이 비록 대낮보다 밝더라도 저것들을 도무지 이해 못할 것이다. 만약 게으름을 피우거나 딴 일에 매달려 있거나 무엇을 배우기에는 너무 머리가 굳어 있다면, 스스로 신앙이라는 보조 수단을 마련할 일이다. 그러면 그분께서 사슬로 끌어 그들을 당신한테로 당기실 것이고, 가공스럽고 사정없이 뒤얽힌 저 해악으로부터 그들을 구원해 주실 것이다.[98] 그분은 당신을 잘 믿는 사람이라면 비사秘事를 통해서[99] 아무도 멸망하게 허용하

---

[99] per mysteria: 때로는 성경(『아카데미아학파 반박』 2,1,1)을 가리키지만, 여기서는 뒤에 오는 문구대로, 하느님의 지혜이신 '사람의 아들'을 가리키는 듯하다.

mysteria bene credentem perire permittit.

16. Duplex enim est uia, quam sequimur, cum rerum nos obscuritas mouet, aut rationem aut certe auctoritatem. Philosophia rationem promittit et uix paucissimos liberat, quos tamen non modo non contemnere illa mysteria sed sola intellegere, ut intellegenda sunt, cogit, nullumque aliud habet negotium, quae uera et, ut ita dicam, germana philosophia est, quam ut doceat, quod sit omnium rerum principium sine principio quantusque in eo maneat intellectus quidue inde in nostram salutem sine ulla degeneratione manauerit, quem unum deum omnipotentem, eumque tripotentem Patrem et Filium et Spiritum Sanctum, docent ueneranda mysteria, quae fide sincera et inconcussa populos liberant, nec confuse, ut quidam, nec contumeliose, ut multi, praedicant. Quantum autem illud sit, quod

---

100 요한 3,15("믿는 사람은 누구나 사람의 아들 안에서 영원한 생명을 얻게 하려는 것이다")를 연상시킨다.

101 2,4,11-5,15에서 악과 섭리의 문제를 질서의 관점에서 나름대로 매듭짓고 다음 두 절에서는 '신앙과 이성'으로 그리스도교 철학의 고유한 주제를 간추리면서 '이성'을 '신앙의 신비'에로 정향시킨다.

102 sola가 ratio(이성)를 수식한다면, '이성만으로 그것을 이해하라고 촉구한다'라는 번역이 가능하다.

103 vera et germana philosophia: 다른 곳에서 이런 철학은 "지존하신 하느님이 백성을 위하시는 자비로 신적 오성(悟性)의 권위를 인간 육체의 위치까지 낮추시고 복속시킨" 사건(『아카데미아학파 반박』 3,19,42), 즉 하느님의 존재와 말씀의 육화까지 논구하는 철학으로 서술된다.

104 그리스철학의 고유한 원리 개념 — 플로티누스(『엔네아데스』 4,3,11 참조)의 경우 '만유의 자연'(τοῦ παντὸς ψύσις), 거기서 유래하는 '오성'(νοῦς), 오성에 의지하는 '영'(ψυχή)

지 않으신다.[100]

하느님을 신봉하는 명분과 권위

5.16. 사안의 불확실성으로 인해서 당황할 적에 우리가 따라갈 길이 둘 있다. 이성理性을 따르거나 권위權威를 따르거나 둘 중 하나다.[101] 철학은 이성을 약속하고 겨우 극소수 인간만을 구출해 내지만, 그 소수에게나마 저런 비사를 멸시하지 말라고 할 뿐만 아니라, 오직 그 비사야말로 진지하게 이해할 만한 것으로 간주하고서 그것만을[102] 이해하라고 촉구한다. 그러니 참된 철학, 말하자면 순정純正한 철학[103]이려면 다음의 것을 가르치는 일 외에 딴 임무가 없다. 만유의 원리 — 원리 없는 원리 — 가 무엇인지, 그 안에 얼마나 위대한 오성이 깃들어 있는지, 또 우리 구원을 위하여 그 원리에서 무엇이 발출하였는지 — 물론 거기서 발출하면서 아무 것도 격하格下됨이 없었다 — 가르쳐야 한다.[104] 그가 유일하고 전능하신 하느님이시고, 그분이 삼중으로 능하신[105] 성부와 성자와 성령이시라고 가르쳐야 한다. 이것은 경외해야 마땅한 신비가 가르치는 바이고, 그 신비는 신실하고 흔들리지 않는 신앙을 가지고서 백성들을 구해 낸다. 그 신비가 가르치는 바는, 몇몇 사람이 하는 식으로 혼란스러운 것도 아니고 또 많은 사람이 하는 식으로 경멸할 만한 것도 아니다.[106] 사실 이것은 참 위대한 신비

의 3원리 내지 3위를 언급한다 — 에 따라서, '원리 없는 원리'(principium sine principio, intellectus)로부터 곧바로 그리스도교의 성부, 성자, 성령을 대입하고 deus tripotens라고 단정하게 된다.

105 라틴어 tripotens는 아우구스티누스와 마리우스 빅토리누스Marius Victorinus에게서만 구사되는 용어로 영지주의(靈知主義)에서 유래하는 삼위일체 용어다.

106 이단은 '성자 종속설'이나 '양태설'로 삼위일체의 교리에 혼란을 초래했고, 켈수스나 포르피리우스 등 그리스도교를 비판하는 지성인들은 이 교리를 경멸한다는 설명이다.

hoc etiam nostri generis corpus tantus propter nos deus adsumere atque agere dignatus est, quanto uidetur uilius, tanto est clementia plenius et a quadam ingeniosorum superbia longe alteque remotius.

17. Anima uero unde originem ducat quidue hic agat, quantum distet a deo, quid habeat proprium, quod alternat in utramque naturam, quatenus moriatur et quomodo immortalis probetur, quam magni putatis esse ordinis, ut ista discantur? Magni omnino atque certi, de quo breuiter, si tempus fuerit, post loquemur. Illud nunc a me accipiatis uolo, si quis temere ac sine ordine disciplinarum in harum rerum cognitionem audet irruere, pro studioso illum curiosum, pro docto credulum, pro cauto incredulum fieri. Itaque mihi quod modo interroganti tam bene atque apte respondetis, et miror unde sit et cogor cognoscere. Videamus tamen, quo usque progredi uestra latens possit intentio. Iam nobis Licenti etiam uerba reddantur, qui tam diu nescio qua cura occupatus alienus ab hoc sermone

---

107 플라톤의 발언으로 내려오는 "어느 신도 인간들과 혼합되지 않으며(nullus deus miscetur hominibus), 그들의 지고한 특성은 우리와의 접촉으로 오염되는 일이 결코 없다(nulla adtrectatione nostra contaminantur)"(Apuleius, *De deo Socratis* 4,128)는 명제 때문에 '하느님 말씀의 육화'는 그리스 지성인들에게서 처음부터 배척당했다.

108 고래로(cf., Plato, *Phaedo* 65b sqq.; Aristoteles, *De anima* 412a sqq.) 영혼의 탐구에 제기되는 대표적인 명제 여섯을 꼽았다(『영혼의 위대함』 1,1 참조).

109 교부는 이 주제들을 놓고 순차적으로 『독백』, 『영혼의 위대함』, 『영혼 불멸』을 집필했다.

110 sine ordine disciplinarum: 앞 절에서는 신앙의 신비를 이해하는 데, 이 절에서는 영혼론을 다루는 데 자유 학예가 필요하다고 강조하였다.

111 참조: "나는 내가 무엇을 믿고 있는가를 탐구하고 있는 게 아니라 무엇을 알고 있는가를 탐구하고 있다"(『독백』 1,3,8).

다. 우리 때문에 저 위대한 하느님이 우리 것과 똑같은 종류의 육체를 취하시고 운신하시기에 이르렀다는 점에서 그렇다. 또 아주 저속해 보이지만 자비로 충만한 것이고, 재간 있다는 자들의 오만으로부터[107] 멀리 그리고 높다랗게 거리를 두는 신비다.

영혼을 믿는 명분과 권위

5.17. 그러면 영혼은 어디서 기원을 가지며, 이곳 현세에서 무슨 작용을 하며, 하느님으로부터 얼마나 떨어져 있으며, 신체와 정신 두 본성에 관계하면서 자기 고유한 성격은 무엇이고, 어디까지 사멸하며, 그것이 불사불멸함은 어떻게 입증되는가?[108] 여러분으로서는 이런 것들을 배운다는 것이 얼마나 위대한 질서에 해당하는 일이라고 보겠는가? 참으로 위대하고 확고한 질서가 거기 자리 잡고 있으며 이에 관해서는 시간이 있으면 뒤에 간단하게 얘기할 생각이다.[109] 지금은 여러분이 나한테서 바로 이 점을 받아들였으면 한다. 누가 만일 함부로 또 학문의 절차 없이 이런 문제들에 관한 지식을 얻겠다고 감히 덤벼든다면[110] 그는 공부하려는 사람이라기보다는 호기심 많은 사람이 되고, 박식한 사람이라기보다는 멋대로 믿는 사람이 되며,[111] 신중한 사람이라기보다는 불신하는 사람이 되고 만다. 내가 질문하는 데 대해서 지금 여러분은 참 적절하게 답변을 잘하고 있음을 인정하지 않을 도리가 없고, 나로서는 단지 그런 답변이 어디서 나오는지 탄복하는 중이다. 하지만 여러분의 답변에 포함되어 있는 여러분의 숨은 의도가 어디까지 나아갈 수 있는지 살펴보기로 하자. 우선 리켄티우스의 말을 우리에게 다시 들려주어야겠다.[112] 무슨 걱정에 사로잡혀 있었는지 모

---

112 '현자의 지성만 하느님과 함께 있다'(esse cum deo: 본서 2,2,6)라는 명제를 내놓았다가 그 주제의 토론이 한동안 유보되어 있었으므로 리켄티우스는 발언을 하지 않고 있었다.

fuit, ut eum ista non aliter quam eos qui non assunt familiares nostros credam esse lecturum. Sed redi ad nos quaeso, Licenti, atque hic totus fac ut assis; tibi enim dico. Nam definitionem meam tu probasti, qua dictum est, quid sit esse cum deo, cum quo mentem sapientis manere immobilem me, quantum assequi ualeo, docere uoluisti.

VI 18. Sed illud me mouet, quomodo, cum iste sapiens, quamdiu inter homines uiuit, in corpore esse non negetur, quo pacto fiat, ut eius corpore huc atque illuc uagante mens immobilis maneat. Isto enim modo potes dicere, cum mouetur nauis, homines, qui in ea sunt, non moueri, quamuis ab ipsis eam possideri gubernarique fateamur. Etenim si sola eam cogitatione regerent facerentque ire, quo uellent, tamen, cum ea moueretur, non possent illi qui ibidem constituti sunt non moueri. – Non, ait Licentius, animus ita est in corpore, ut corpus imperet animo. – Neque ego hoc dico, inquam; sed etiam eques non ita est in equo, ut ei equus imperet, et tamen, quamuis quo uelit equum agat, equo moto moueatur necesse est. –

---

113 사본에 따라서는 docere voluisti라고 되어 있어 리켄티우스에게 하는 말로 해석된다.
114 플라톤 — "신들은 뱃사공이 선미에서 뱃머리를 똑바로 이끌어 가는 것처럼 … 사멸하는 모든 것을 배를 조종하듯 이끌어 갔다"(*Critias* 109c) — 이래로 정신과 신체의 관계에도 배의 비유가 빈번하게 인용된다(『엔네아데스』 4,3,21).

르지만 그가 워낙 오랫동안 이 토론에서 스스로 소외되어 있었으니까 말이다. 내 생각에 이 자리에 없는 우리 친지들이 글로 옮겨진 우리의 토론을 읽게 되겠지만 리켄티우스도 이 자료를 따로 읽어야 할 것 같다. 여하튼, 리켄티우스, 우리한테로 돌아오너라. 네가 맨 정신으로 이 자리에 와 있음을 보여 다오. 너한테 하는 말이다. 넌 하느님과 함께 있음이 무엇이냐를 두고 내가 내린 정의를 일단 수긍했다. 그리고 내가 알아듣기로는, 여러분은 현자의 정신은 하느님과 함께 머문다는 점에서 부동不動한다고 나한테 가르쳐 주고 싶어 하였다.¹¹³

현자에게 있으면서도 가변적인 것이 무엇인가

6.18. 현재 이 문제가 나를 곤란하게 만든다. 저 현자가 사람들 사이에 살아가는 동안은 신체 속에 있다는 사실은 부인하지 못할 터인데 그의 신체가 여기저기로 옮겨 다니는 마당에 어떻게 하면 그의 정신만은 움직이지 않고 그냥 머무는 그런 일이 생기느냐는 점이다. 너는 배가 움직이더라도 배 안에 탄 사람들은 움직이지 않는다는 식으로 대답할 수 있겠다. 그 배가 거기 탄 사람들에게 소유되고 그 사람들에 의해서 운행되고 있지만 말이다. 심지어 사람들이 생각만으로 배를 움직이고 자기들이 원하는 데로 가게 만든다고 할지라도 배가 움직이는 한, 배 속에 있는 그 사람들도 안 움직일 수가 없는데 말이다."¹¹⁴ 그러자 리켄티우스가 말했습니다. "영혼이 신체에 있다고 할 때 신체가 영혼을 통솔하는 식으로 있는 것은 아닙니다."¹¹⁵ "나도 그런 말을 하는 게 아니다. 기사騎士가 말 위에 있어도 말이

---

115 리켄티우스는 "영혼이 신체 속에 있음은 사공이 배를 움직이듯이, 형상이 질료를 부리는 것과 흡사"하지만, "장인(匠人)이 도구의 작용에 영향을 받지 않듯이, 영혼은 신체로부터 오는 영향을 받지 않는다"는 플로티누스(『엔네아데스』 1,1,3)의 지론을 따르고 있다.

Potest, inquit, sedere ipse immobilis. – Cogis nos, inquam, definire, quid sit moueri; quod si potes, facias uolo. – Prorsus, inquit, maneat quaeso beneficium tuum; nam manet postulatio mea, et, ne me prorsus interroges, utrum mihi definire placeat, quando id facere potuero, ipse profitebor. – Quae cum dicta essent, puer de domo, cui dederamus id negotii, cucurrit ad nos et horam prandii esse nuntiauit. Tum ego: Quid sit, inquam, moueri, non definire nos puer iste sed ipsis oculis cogit ostendere. Eamus igitur et de isto loco in alium locum transeamus; nam nihil est aliud, nisi fallor, moueri. – Hic cum arrisissent, discessimus.

19. At ubi refecimus corpora, quoniam caelum obduxerat nubes, solito loco in balneo consedimus. Atque ego: Concedis ergo, inquam, Licenti, nihil esse aliud motum quam de loco in locum transitum? – Concedo, inquit. – Concedis ergo, inquam, neminem in eo loco esse, in quo non fuerat, et motum non fuisse? – Non intellego,

---

116 necesse est: 영과 육의 결합 및 상호 작용은, 신플라톤학파가 말하는 '우발적인' 무엇이 아니고, 필수적인 관계임을 시사한다. 말과 기사의 유비는 교부의 다른 작품(『가톨릭교회의 관습과 마니교도의 관습』*De moribus Ecclesiae catholicae* 1,4,6; 『신국론』 19,3,1)에도 나타난다.

117 리켄티우스는 앞에서도(2,2,4) '하느님과 함께 있음'이 무엇인지 정의해 보라는 스승의 요구를 기피하였다.

기사를 통솔하는 것이 아니다. 단지 말이 움직여 주기 바라는 그 모양대로 기사도 움직여야 한다는 것은 필수적이다."116 "기사는 움직이지 않고도 잔등에 앉아 있을 수 있습니다." "넌 우리더러 '움직인다'는 것이 무엇인지 정의를 내리게 할 셈이냐? 할 수 있다면 네가 정의를 내려 보기 바란다." "제발 선생님의 너그러우신 호의를 계속 베풀어 주십시오. 그러니 저더러 정의를 내릴 마음이 있느냐고 묻지 말아 주십시오. 그걸 제가 해낼 수 있을 적에나 말씀드리겠습니다."117 그런 얘기를 주고받는 순간 우리가 심부름을 시키는 아이가 집에서 우리한테 달려오더니 점심시간을 알렸습니다. "저 아이는 움직이는 것이 무엇인지 정의를 내리라고 요구하는 게 아니라 움직이는 것이 무엇인지 눈으로 보여 달라고 요구하는 것 같다. 그러니 가자. 이 자리에서 다른 자리로 움직이자. 내 말이 틀리지 않다면, 움직인다는 것은 다른 게 아니다."118 이 말에 사람들이 한바탕 웃고 나서 자리를 떴습니다.

현자가 할 일은 덕성으로 하느님과 함께 있음이다

6.19. 우리가 식사로 몸의 기력을 되찾고 난 다음 하늘이 구름을 몰고 왔으므로 우리는 평소에 하던 대로 욕탕浴湯에 모여 앉았습니다. 그다음 내가 말을 꺼냈습니다. "리켄티우스, 그러니까 '운동'이란 공간에서 공간으로 이동하는 것 외에 다른 것이 아님을 수긍하느냐?" "수긍합니다." "누가 어느 공간에 없었는데 지금 그 공간에 있다, 그런데 움직임이 없었다, 이런 일은 아무에게도 일어날 수 없음을 인정하느냐?" "못 알아듣겠습니다." "어떤 것이 다른 공간에 있었는데 지금은 또 다른 공간에 있다. 그렇

---

118 아리스토텔레스(*Physica* 243a-b)가 이곳에서 저곳으로 옮겨 가는 '공간적 이동'을 운동의 전형으로 꼽은 사실은 모두 알고 있었다.

inquit. – Si quid, inquam, in alio loco fuit dudum et nunc in alio est, motum esse concedis? – Assentiebatur. – Ergo, inquam, posset alicuius sapientis uiuum corpus hic modo nobiscum esse, ut animus hinc abesset? – Posset, inquit. – Etiamne, inquam, si nobiscum conloqueretur et nos aliquid doceret? – Etiamsi, inquit, nos ipsam doceret sapientiam, non illum dicerem nobiscum esse sed secum. – Non igitur in corpore? inquam. – Non, inquit. – Cui ego: Corpus illud, quod caret animo, nonne mortuum fateris, cum ego uiuum proposuerim? – Nescio, inquit, quomodo explicem. Nam et corpus hominis uiuum esse non posse uideo, si animus in eo non sit, et non possum dicere, ubiubi sit corpus sapientis, non eius animum esse cum deo. – Ego, inquam, faciam, ut hoc explices. Fortasse enim, quia ubique deus est, quoquo ierit sapiens, inuenit deum, cum quo esse possit. Ita fit, ut possimus et non negare illum de loco in locum transire, quod est moueri, et tamen semper esse cum deo. – Fateor, inquit, corpus illud de loco in locum transitum facere, sed mentem ipsam nego, cui nomen sapientis inpositum est.

---

119 키케로(*Tusculanae disputationes* 1,9,18)가 "영혼이 육체로부터 떠남이 곧 죽음이다" (discessum animi a corpore esse mortem)라고 정의하였다.

120 앞에서(2,2,4) 현자는 '인식을 함으로써 실상 하느님과 함께 있다'는 명제가 피력되었다.

다면 움직임이 있었다고 수긍할 테지?" 그는 이 말에 동의하였습니다. "그래서 어느 현자의 살아 있는 몸이 지금 여기 우리와 함께 있는데, 영혼은 여기에 부재한다는 말이 가능하냐?" "가능합니다." "그가 우리와 담화하고 있고 우리에게 뭔가 가르치고 있더라도?" "설령 우리에게 지혜를 가르치고 있더라도 그가 우리와 함께 있다기보다는 자기 자신과 함께 있다고 말하고 싶습니다." "그럼 자기 몸속에 있지 않네?" "거기 있지 않습니다." 그 말에 내가 대꾸했습니다. "그런데 말이다, 영혼을 결한 몸은 죽은 몸이라고 하지 않더냐?[119] 난 살아 있는 몸이라고 규정했거든." "어떻게 설명을 해야 할지 모르겠습니다. 정신이 그 안에 있지 않다면 사람의 몸이 살아 있다고 볼 수 없습니다. 다만 현자의 몸이 어디 있든 간에 그의 정신은 하느님과 함께 있지 않다는 얘기는 못합니다."[120] "네가 이것을 설명하게 해 주마. 하느님은 어디에나 계시므로 현자가 어디 가 있든 상관없이 하느님을 만날 것이고 아마도 그분과 함께 있을 수 있을 것이다. 그렇다면 그가 한 공간으로부터 다른 공간으로 옮겨 가는, 곧 움직이는 사실을 우리가 부정하지 않으면서도 현자가 항상 하느님과 함께 있다는 사실도 부정하지 않을 수 있다." "저 몸은 한 장소에서 다른 장소로 가는 이동을 만들어 내겠지만 저는 지성이 옮겨 간다는 것을 부인합니다.[121] 현자라는 이름은 바로 지성에 부여된 것입니다."

---

121 포르피리우스(*Sententiae intellectuales* 44)는 스승 플로티누스(『엔네아데스』 6,7,1)의 지론대로, 지성은 여러 대상을 인식하더라도 한 대상에서 다른 대상으로 시선을 옮기는 것이 아니고 인식되는 사물과 동일화되는 것이므로, 지성에는 과거니 미래니 하는 시간적 이동이 없어 현재만 존재한다는 주장을 펴는데, 리켄티우스는 그런 관점에서 신체의 이동은 있어도 영혼의 이동은 없다는 견해를 고수한다.

VII 20. Nunc interim tibi cedo, inquam, ne res obscurissima et diutius diligentiusque tractanda impediat in praesentia propositum nostrum. Sed illud uideamus, quoniam definitum est a nobis, quid sit esse cum deo, utrum scire possimus etiam, quid sit esse sine deo, quamuis iam manifestum esse arbitror. Nam credo uideri tibi eos, qui cum deo non sunt, esse sine deo. – Si possent, inquit, mihi uerba suppetere, dicerem quod tibi fortasse non displiceret. Sed peto perferas infantiam meam resque ipsas, ut te decet, ueloci mente praeripias. Nam isti nec cum deo mihi uidentur esse et a deo tamen haberi, itaque non possum eos sine deo esse dicere, quos deus habet. Cum deo item non dico, quia ipsi non habent deum, si quidem deum habere iam inter nos pridem in sermone illo, quem die natali tuo iucundissimum habuimus, placuit nihil aliud esse quam deo perfrui. Sed fateor me formidare ista contraria, quomodo quisque nec sine deo sit nec cum deo.

---

122 『행복한 삶』(3,20-22)에서도 habere deum(= esse cum deo)과 non esse sine deo를 제자들과 논구한 바 있다.

123 하느님과 함께 있지 않음(cum deo non esse)을 하느님 없이 있음(esse sine deo)과 동일시하는 함정을 펴자 리켄티우스는 하느님과 함께 있지는 않음(nec cum deo esse)이지만 하느님께 거느림 받음[a deo haberi: 조금 뒤에서는 하느님이 거느리심(quod deus habet)]이라고 응수한다. "원리는 만유를 내포한다"(『엔네아데스』 5,5,9)는 공리를 전제한다.

어리석은 사람이 필연적으로 질서 밖에 존재하는 것은 아니다

7.20. "잠정적으로 네 말에 양보하겠다. 사안이 아주 모호한 데다 더 오래 더 철저하게 다루어야 할 텐데 그렇게 하다가는 현재 제기된 우리의 현안을 방해하는 결과가 나올 우려가 있다. '하느님과 함께 있음'이 무엇인지는 우리가 정의를 내린 이상, '하느님 없이 있음'이 무엇인지도 우리가 알 수 있는지 살펴보기로 하자.[122] 하기야 이미 그 내용이 분명해졌다고 생각하지만 말이다. 네게는 하느님과 함께 있지 않는 자들은 하느님 없이 있는 것으로 여겨지리라 본다." "이럴 때 선생님께 드릴 말씀이 당장 준비되어 있고, 그래서 선생님 비위에 거슬리지 않는 그런 말씀을 드릴 수 있으면 좋겠습니다. 하지만 제가 아직 어리다는 점을 염두에 두어 주십사 부탁드립니다. 그러니 제가 드리려는 말뜻을 민첩한 지성으로 포착해 주셨으면 합니다. 선생님께는 그게 당연합니다. 저한테는 저런 사람들은 비록 하느님과 함께 있지 않지만 하느님께 거느림 받고 있다고 보입니다.[123] 그러니 저로서는 하느님이 거느리고 계신 자들을 하느님 없이 있다고 말할 수는 없습니다. 하지만 하느님과 함께라는 말은 못하겠습니다. 그들 본인은 하느님을 모시고 있지 않기 때문입니다. 얼마 전 선생님의 생신날 우리끼리 나눈 저 유쾌한 토론에서[124] 하느님을 모신다는 것이 하느님을 향유享有하는 것 외에 아무것도 아니라는 결론이 우리 마음에 들었습니다.[125] 그렇지만 나는 어떤 사람이든 하느님 없이 존재하지 않으면서도 어떻게 하느님과 함께 존재하지 않는다는 말이냐는 저 모순이 두렵다고 자백합니다."

---

124 『행복한 삶』 4,34 참조.

125 하느님께 거느림 받음(haberi a deo)이더라도, 스승의 말을 빌려, frui deo에 이르지 못하면, 하느님과 함께 있지는 않음(nec cum deo esse)이라는 자기 명제가 옳다는 주장이다.

21. Non te moueant ista, inquam. Nam ubi res conuenit, quis non uerba contemnat? Quare iam ad illam tandem ordinis definitionem redeamus. Nam ordinem esse dixisti, quo deus agit omnia. Nihil autem, ut uideo, non agit deus, nam inde tibi uisum est nihil praeter ordinem posse inueniri. – Manet, inquit, sententia mea, sed iam uideo, quid sis dicturus: utrum deus agat, quae non bene agi confitemur. – Optime, inquam; prorsus oculum in mentem iniecisti. Sed ut uidisti, quid essem dicturus, ita peto uideas, quid respondendum sit. – Atque ille nutans capite atque umeris: Turbamur, inquit. – Et huic forte quaestioni mater superuenerat. Atque ille post aliquantum silentium petit, ut a me hoc ipsum rursus interrogaretur; cui loco superius a Trygetio fuisse responsum non omnino animum ad uerterat. Tum ego: Quid, inquam, uel cur tibi repetam?

actum, aiunt, ne agas.

Quare moneo potius, ut ea, quae supra dicta sunt, uel legere cures, si audire nequiuisti. Quam quidem absentiam a sermone nostro ani-

---

[126] 본서 1,10,28: ordo est per quem aguntur omnia, quae deus constituit.
[127] 본서 1,6,15에서 제기된 명제(nihil praeter ordinem inveniri)다.
[128] '질서'와 '악'의 문제는 앞서(2,4,11) 트리게티우스가 해답을 시도한 바 있었다.
[129] actum aiunt, ne agas: Terentius(*Phormio* 419)의 명구다.

리켄티우스는 감관으로도 지성으로도 그 자리에 없었다

7.21. "그 점을 두고는 걱정 말아라. 내용이 합치한다면야 단어야 가벼이 보지 않을 사람이 누구겠느냐? 그러니 이제는 질서에 관한 저 정의로 돌아가 보자. 너는 그것으로 하느님이 모든 것을 작용시키는 무엇이 질서라고 말했다.[126] 내 보기에도 하느님이 작용시키지 않으시는 것은 아무것도 없다. 바로 그래서 너에게는 질서 밖에서는 아무것도 발견되지 않는다는 생각이 떠오른 것이다."[127] "그러니까 제 주장은 여전히 유효합니다. 단 선생님이 무슨 말씀을 하시려는 것인지는 알겠습니다. 선하게 작용하지 않는다는 그 점도 하느님이 작용하시는 것이냐는 말씀이겠지요." "말 잘했다. 네 눈을 내 생각에다 내리꽂은 셈이다. 하지만 내가 무슨 말을 하려는지 알아보았듯이, 너로서는 뭐라고 대답해야 옳을지 제발 그 점도 살펴보아라." 그러자 그는 머리를 흔들고 어깨를 추썩이면서 이렇게 대답했습니다. "참 곤란합니다." 때마침 내가 질문을 던지는 그 순간에 우리 어머니가 도착하셨습니다. 그가 잠시 입을 다물고 있다가 질문을 다시 한 번 해 달라고 내게 부탁해 왔습니다. 그는 그 요점에 대해서 앞서 트리게티우스에게서 대답이 나왔다는 사실을 전혀 감지하지 못하고 있었습니다.[128] 그래서 내가 한마디 했습니다. "뭐냐? 왜 너한테 같은 말을 반복해야 하는 거냐? 남들이 하듯이

끝난 얘기 또 하지 말라고들 한다.[129]

그보다는 앞서 말한 바를 못 들었거든, 읽고서라도 알아내라고 충고하고 싶구나. 우리 대화 중에 네 정신이 딴 데 가고 없음을 내가 참고 참고 또

mi tui non aegre tuli diuque ita esse pertuli, ut neque illa impedirem, quae tecum intentus remotusque a nobis pro te agebas, et ea persequerer, quae te amittere stilus iste non sineret.

22. Nunc illud quaero, quod nondum discutere diligenti ratione temptauimus. Nam ut primum nobis istam de ordine quaestionem nescio quis ordo peperit, memini te dixisse hanc esse iustitiam dei, qua separat inter bonos et malos et sua cuique tribuit. Nam est, quantum sentio, manifestior iustitiae definitio; itaque respondeas uelim, utrum tibi uideatur aliquando deum non fuisse iustum. – Numquam, inquit. – Si ergo semper, inquam, deus iustus, semper bonum et malum fuerunt. – Prorsus, inquit mater, nihil aliud uideo, quod sequatur. Non enim iudicium, dei fuit ullum, quando malum non fuit, nec, si aliquando bonis et malis sua cuique non tribuit, potest uideri iustus fuisse. – Cui Licentius: Ergo dicendum nobis censes semper malum fuisse? – Non audeo, inquit illa, hoc dicere. – Quid ergo dicemus? inquam; Si deus iustus est, quia iudicat inter bonos et malos, quando non erat malum, non erat iustus. – Hic illis

---

130 non aegre tuli diuque ita esse pertuli: 책망과 한탄을 드러내는 문장으로, 앞서(2,3,10; 2,4,11; 2,5,17) 거론된 바를 되짚어 보라는 충고다.

131 1,7,19 참조.

132 정의 일반과 분배 정의를 구분 않고, 리켄티우스 말처럼, 정의가 '선인'과 '악인'을 구분하고 응보하는 데 있다고 한다면, 하느님이 의로우신 한, 악은 항상 또 필연적으로 존재한다는 결론으로 유도될 수 있다.

참았다.¹³⁰ 너 혼자 골똘하여 우리한테서 멀리 떨어져 딴 데 마음을 쓰는데 그 일을 막지 않으려고도 무던히 애를 썼단다. 하여튼 토론은 뒤이어졌고, 네가 그것을 놓치지 않게 저 필촉이 다 기록해 두었을 게다.

각자에게 자기 몫을 돌려주는 정의가 항상 하느님과 함께 있음을 리켄티우스는 깨닫지 못하였다

7.22. 이제 이것을 묻겠다. 우리가 아직까지 진지한 추론으로 토론을 시도해 보지 않은 것이다. 도대체 어느 질서가 우리로 하여금 질서에 관한 의문을 제기하게 만들었는지 모르겠지만, 처음에 질서에 관해서 저 의문을 제기하였을 적에 너는 이것이 하느님의 정의라고, 곧 선인들과 악인들 사이를 갈라놓고 각자에게 자기 것을 돌려주는 그것이 하느님의 정의라고 했다.¹³¹ 내가 알기로는 그것은 정의에 관한 아주 분명한 정의定義다. 그럼 네가 나한테 대답했으면 한다. 네가 보기에 하느님이 어느 순간 정의롭지 않으셨던 때가 있었느냐?" "결코 없었습니다." "그럼 하느님이 항상 정의로우셨다면 선과 악도 항상 존재했다는 말이 된다."¹³² 어머니가 끼어들어 한마디 하셨습니다. "정말이구나. 내 보기엔 그 밖에 딴 말이 따라 나올 성싶지 않다. 악이 없었다면 하느님의 심판이라는 것도 결코 없었겠다. 선인들과 악인들에게 제각기 자기 몫을 돌려주지 않으신 때가 있었다면 하느님은 정의로운 분이셨다고 볼 수 없겠고." 어머니에게 리켄티우스가 말했습니다. "그럼 우리로서는 악이 항상 존재했다고 볼 수 있다는 말씀입니까?" 어머니가 대답하셨습니다. "그런 말까지는 감히 못하겠다." 내가 나섰습니다. "그럼 뭐라고 해야 할까? 선인과 악인 사이를 심판하시기 때문에 하느님이 의로운 분이시라면, 악이 없었을 때에는 하느님이 의로운 분이 아니셨다는 셈인데."¹³³▶ 이 말에 일동이 잠잠한데 트리게티우스가 답

tacentibus animaduerti Trygetium respondere uelle atque permisi. At ille: Prorsus, inquit, erat deus iustus. Poterat enim bonum malumque secernere, si extitisset, et ex ipso, quo poterat, iustus erat. Non enim, cum dicimus Ciceronem prudenter inuestigasse coniurationem Catilinae, temperanter nullo corruptum fuisse praemio, quo parceret malis, iuste illos summo supplicio senatus auctoritate mactasse, fortiter sustinuisse omnia tela inimicorum et molem, ut ipse dixit, inuidiae, non in eo fuissent uirtutes istae, nisi Catilina rei publicae tantam perniciem comparasset. Virtus enim per se ipsa, non per aliquod huiusmodi opus consideranda est et in homine, quanto magis in deo, si tamen in angustiis rerum atque uerborum componere illis quoquo modo ista permittimur. Nam ut intellegamus, quia deus semper iustus fuit, quando extitit malum, quod a bono seiungeret, nihil distulit sua cuique tribuere; non enim tunc ei erat discenda iustitia, sed tunc ea utendum, quam semper habuit.

23. Quod cum et Licentius et mater in tanta necessitate approbassent: Quid, inquam, dicis, Licenti? ubi est, quod tam magnopere asseruisti, nihil praeter ordinem fieri? Quod enim factum est, ut ma-

◂133 사본에 따라서는 '아니셨다?'라고 의문부호가 있어 문장이 더 원만하다.

134 Cf., Cicero, *Orationes in Catilinam* 1,9,23. 트리게티우스는 이 발언에서 키케로의 연설문 문구들을 다수 그대로 인용하면서 사추덕을 꼽고 있다.

135 트리게티우스(본서 2,4,11 참조)의 이 문장은 "만일 악이 존재하기 전에는 하느님이 의로운 분이 아니셨다는 말을 한다면"이라는 조건문을 전제한다.

136 1,3,9 참조.

변을 내놓고 싶어 함을 눈치채고 내가 그에게 발언을 허락했습니다. "분명 하느님은 의로운 분이셨습니다. 만에 하나라도 악이 존재할 경우에, 당신이 선과 악을 갈라놓으실 수 있었기 때문입니다. 그것을 갈라놓으실 수 있었다는 사실만으로 의로운 분이셨습니다. 우리가 하는 얘기지만 키케로는 카틸리나의 음모를 '현명하게' 수사하였고, 악인들을 구명求命하려는 뇌물에도 '절제를 지켜' 전혀 물들지 않았으며, '정의롭게' 원로원의 권위로 최고형을 가하여 그들을 참살하였고, 적들의 모든 화살과 '시기에서 오는 부담'을 '용감하게' 감당해 냈습니다.[134] 만일 카틸리나가 공화국에 끼칠 엄청난 재앙을 준비하지 않았더라면 이런 모든 덕목들이 키케로에게 없었으리라는 말이 되고 맙니다.[135] 덕이란 인간에게서도 그 자체로 고찰해야지 이런 식의 어떤 업적을 가지고 평가할 것이 아닙니다. 그렇다면 하물며 하느님께는 어떻게 해야 하겠습니까? 우리 인간의 사정과 언어가 협소하다 보니까 우리가 저 인간들의 경우를 가지고서 이 하느님의 경우를 비교해도 괜찮다고 묵인됩니다. 우리가 이해하기로는 하느님은 항상 의로운 분이었고, 일단 악이 존재하기에 이르자, 그것을 선으로부터 갈라놓으셨으며, 각자에게 자기 것을 부여하시는 데 조금도 소홀함이 없으셨습니다. 악이 존재하기 시작한 시점에서야 정의를 배운 분이 아니셨고 당신이 항상 지니고 계시던 정의를 그때 가서야 발휘하셨다는 뜻입니다."

악은 질서 밖에 존재하는 것이므로 질서에서 발생하는 것은 아니다

7.23. 리켄티우스와 어머니가 전적으로 이 말에 동의하자 내가 물었습니다. "리켄티우스, 어떻게 생각하느냐? 질서 밖에서는 아무것도 이루어지지 않는다고 네가 강력하게 주장하던 바는 어디 갔느냐?[136] 악이 발생하는 일은 분명히 하느님의 질서로 이루어진 것은 아니다. 하지만 일단 발생

lum nasceretur, non utique dei ordine factum est, sed cum esset natum, dei ordine inclusum est. – Et ille ammirans ac moleste ferens, quod tam repente bona causa esset lapsa de manibus: Prorsus, inquit, ex illo dico coepisse ordinem, ex quo malum esse coepit. – Ergo, inquam, ut esset ipsum malum, non ordine factum est, si, postquam malum ortum est, ordo esse coepit. [Semper erat ordo apud deum et aut semper fuit nihil, quod dicitur malum, aut, si aliquando inuenitur coepisse, quia ordo ipse aut bonum est aut ex bono est, numquam aliquid sine ordine fuit nec erit aliquando. Quamuis et nescio quid potius occurrit, sed illa consuetudine obliuionis elapsum est; quod credo ordine contigisse pro merito uel gradu uel ordine uitae.] – Nescio quomodo mihi, inquit, effugit quam nunc sperno sententia; non enim debui dicere, postquam malum natum est, coepisse ordinem, sed ut illa iustitia, de qua Trygetius disseruit, ita et ordinem fuisse apud deum, sed ad usum non uenisse, nisi postquam mala esse coeperunt. – Eodem, inquam, relaberis; illud enim, quod minime uis, inconcussum manet. Nam siue apud deum

---

[137] malum non utique dei ordine factum est, sed cum esset natum, dei ordine inclusum est: 선악 이원론을 극복하는 아우구스티누스의 첫 명제다.

[138] nihil quod dicitur malum: 선악 이원론을 피하는 중요한 명제로, 악의 본질은 허무다. 『행복한 삶』(4,30)에서도 "nequitia라는 단어가 nec quicquam(아예 있지도 않은 것)에서 왔다고도 하였고 ⋯ '있지 않음'을 천명하는 것처럼 보인다"라고 하였다; 『참된 종교』(11,21) 참조: "죽음은 사악(nequitia) 외에 다른 것이 아니며, 이렇게 말하는 것은 그것이 무(nequidquam)이기 때문이다. 따라서 악한 인간들은 무(無)의 인간들이라고 불린다."

[139] '망각'은 경황이 없어 주의를 기울이지 못하거나 대화를 옮겨 적다가 빠뜨리거나(본서 1,7,20 참조) 여기서처럼 방금 생각났다가 지워지는 경우도 있다.

[140] { } 안의 문장은 중요 사본들에 빠져 있다.

하면 하느님의 질서에 내포된다."¹³⁷ 그러자 자기의 멋있는 논지를 삽시간에 앗기는 데 대해서 리켄티우스는 놀라기도 하고 불쾌해하기도 했습니다. "바로 그래서, 악이 존재하기 시작함으로써 질서가 존재하기 시작했다고 저는 말씀드립니다." "그럼 네 말처럼 악이 발생한 다음에 질서가 존재하기 시작했다면, 악이라는 것이 존재하는 일은 질서에 의해서 이루어진 것이 아니구나. {그런데 하느님께는 언제나 질서가 존재했다. 악이라고 불리는 허무虛無¹³⁸가 항상 존재했든 언젠가 존재하기 시작한 것으로 발견되든 상관없이, 무엇이 질서 없이 존재한 적은 결코 없었고 앞으로도 결코 없을 것이다. 질서 자체는 선이거나 선으로부터 나온 것이기 때문이다. 뭔가 모르지만 더 멋있는 생각도 방금 떠올랐는데 망각이라는 버릇으로 인해서 지워지고 말았다.¹³⁹ 여하튼 나는 이런 일마저도 질서에 따라 생긴다고 본다. 인생의 업보거나 단계거나 순서에서 유래하는 것이겠지.}"¹⁴⁰ "지금 와서는 내가 거리를 두어야 하는 저런 명제가 어쩌다 제 입에서 새어 나갔는지 모르겠네요. 악이 발생한 다음에 질서가 시작되었다는 그런 말씀은 드리지 말았어야 했습니다. 트리게티우스가 따진 대로, 정의가 그렇듯이 질서도 항상 하느님께 있었으며, 다만 악이 존재하기 시작한 다음이 아니면 발휘되지 않았다고 말씀드려야 했습니다."¹⁴¹ "하지만 그러다가 너는 또다시 똑같은 입장에 떨어지고 말 것이다. 네가 조금도 인정하기 싫어하는 그 명제가 여전히 부동한 채 지속하고 있기 때문이다.¹⁴² 질서가 항상 하느님 앞에 있었든, 악마저 존재하기 시작하던 시각에 질서가 존재하기 시작했든 상관없이, 저 악은 질서 밖에서 발생했던 것이다. 이 점을 네가

---

141 '정의'라는 개념이 존재했지만 악이 등장하기 전에는 발휘되지 않았다면(2,7,22) 질서도 무질서가 발생한 후에야 효과를 냈으리라는 가정이다.

142 리켄티우스는 여전히 '아무것도 질서 밖에서 일어나지 않는다'(nihil praeter ordinem fieri)는 명제를 고수하는 입장이다.

fuit ordo siue ex illo tempore esse coepit, ex quo etiam malum, tamen malum illud praeter ordinem natum est. Quod si concedis, fateris aliquid praeter ordinem posse fieri, quod causam tuam debilitat ac detruncat; si autem non concedis, incipit dei ordine natum malum uideri et malorum auctorem deum fateberis, quo sacrilegio mihi detestabilius nihil occurrit. – Quod cum siue non intellegenti siue dissimulanti se intellexisse uersarem saepius et uoluerem, nihil habuit quod diceret, et se silentio dedit. Tum mater: Ego, inquit, non puto nihil potuisse praeter dei ordinem fieri, quia ipsum malum, quod natum est, nullo modo dei ordine natum est, sed illa iustitia id inordinatum esse non siuit et in sibi meritum ordinem redegit et conpulit.

24. Hic ego, cum omnes cernerem studiosissime ac pro suis quemque uiribus deum quaerere sed ipsum, de quo agebamus, ordinem non tenere, quo ad illius ineffabilis maiestatis intellegentiam peruenitur: Oro uos, inquam, si, ut uideo, multum diligitis ordinem,

---

[143] ordo는 '순서'나 '질서' 외에 '지령'(指令)도 의미하므로, 하느님의 섭리하에 있는 질서에서 악이 발생했다면 하느님이 '악의 장본인'(auctor, 作者)이라는 불경스러운 결론에 이른다.

[144] dei ordine: '질서'가 드디어 '하느님의' 질서라는 명칭으로 등장한다.

[145] 모친 모니카의 발언은 질서와 악에 관한 토론을 매듭짓는다. 악은 결코 질서의 일부가 아니지만, 역사 안에서 일단 발생하면 (하느님은) 악을 무질서한 채 용납하지 않았고 응분의 질서에 편입시켰다.

[146] 다음 부분(2,7,24-9,27)은 갑자기 '삶의 질서' 내지 '연학의 질서'에 관한 아우구스티누스의 강연으로 바뀌어 20,53까지 이어진다. "거기서 나는 연학(硏學)의 질서에 관해서 논하는 데 중점을 두었고, 그 과정을 거쳐서 물체적 사물들로부터 비물체적 사물들로 나아가기 바랐다"(『재론고』 1,3,1).

수긍한다면 어떤 일은 질서 밖에서 일어날 수 있다고 말하게 되고, 그런 입장은 네 명제를 약화시켜 무너뜨리게 만든다. 네가 이 점을 수긍하지 않는다면 악이 하느님의 질서에 의해서 발생한 것으로 보이기 시작하고 하느님을 악의 장본인이라고 공언하는 셈이 된다.[143] 나한테는 그보다 신성을 모독하는 가공할 짓이 또 없다." 그가 이 말을 못 알아들었거나 못 알아들은 척하는 것 같아서 나는 설명을 거듭거듭 했습니다만 그는 할 말이 더 이상 없었는지 침묵으로 일관했습니다. 그러자 어머니가 한마디 하셨습니다. "하느님의 질서 밖에서 아무것도 생기지 못한다고 난 생각지 않는다. 악이 일단 발생하면 절대 하느님의 질서에 의해서[144] 발생하는 것이 아니다. 그렇지만 하느님의 저 정의는 그것을 무질서한 채 버려두지 않으셨고 그 정의에 합당한 질서에로 되돌려 왔고 강제로 통합시켰다."[145]

학문의 습득에 순서가 있다[146]

7.24. 여기서 나는 모두가 아주 근면하게 또 각자가 혼신의 힘을 다해서 하느님을 찾고 있음을 감지하였지만, 우리가 논하고 있던 주제를 두고 순서順序를 지키지 못하고 있음[147]도 간파했습니다. 형언할 수 없고 지존하신 분에 관한 인식에 도달할 수 있으려면 그 순서를 통해서만 가능한데 말입니다. 그래서 내가 한마디 하였습니다. "여러분에게 부탁한다. 여러분이 질서를 무척 사랑한다면 제발 우리 스스로가 앞뒤를 뒤죽박죽으로 바꾸거나, 스스로 무질서한 인간으로 변함을 허락하지 말라. 아주 심오한 이치가 있어 우리에게 언약할 것이다, 신성한 질서 밖에서는 아무것도 이루어지지 않음을 장차 입증해 보이겠노라고. 그런데 초등학교 교사가 아이한테

---

147 '질서'로 구사해 온 ordo — 원래 '줄지어 선 행렬' — 가 여기서는 '순서'를 의미한다.

ne nos praeposteros et inordinatos esse patiamini. Quamquam enim occultissima ratio se demonstraturam polliceatur nihil praeter diuinum ordinem fieri, tamen si quempiam ludi magistrum audiremus conantem docere puerum syllabas, quem prius litteras nemo docuisset, non dico ridendum tamquam stultum, sed uinciendum tamquam furiosum putaremus non ob aliud, opinor, nisi quod docendi ordinem non teneret. At multa talia et inperitos, quae a doctis reprehendantur ac derideantur, et dementes homines, quae nec stultorum iudicium fugiunt, facere nemo ambigit, et tamen etiam ista omnia, quae fatemur esse peruersa, non esse praeter diuinum ordinem alta quaedam et a multitudinis uel suspicione remotissima disciplina se ita studiosis et deum atque animas tantum amantibus animis manifestaturam esse promittit, ut non nobis summae numerorum possint esse certiores.

VIII 25. Haec autem disciplina ipsa dei lex est, quae apud eum fixa et inconcussa semper manens in sapientes animas quasi transcribitur, ut tanto se sciant uiuere melius tantoque sublimius, quanto et

---

148 형태로 된 글자를 배우기 전에 글자의 묶음인 음절을 가르치는 일은 잘못이라는 문법학자들의 주장이 있었다(Quintilianus, *Institutio oratoria* 1,1,24).

149 deum atque animas tantum amantibus: 『독백』(1,2,7: "무엇을 알고 싶은가? 하느님과 영혼을 알고 싶다. 더 이상 아무것도 없는가? 전혀 아무것도 없다") 이래 아우구스티누스 철학의 궁극은 '하느님 이해'와 '인간 이해'로 귀결된다(본서 2,18,47 참조).

150 "철학은 아주 풍요한 교설들의 신탁(神託)으로 펼쳐 낸 가르침을 밝혀 주고, 진정 자기의 사랑하는 사람들에게는 자기를 드러내 보이겠다고 약속합니다"(『아카데미아학파 반박』 1,1,1).

음절音節을 가르치려고 애쓰는 소리를 우리가 들었다고 하자. 그런데 그 아이한테 먼저 글자를 가르친 사람이 아무도 없었다고 하자. 그럴 경우 내가 할 말은 이렇다. 문자도 안 배운 아이에게 당장 음절을 가르치려는 그 선생을 우리는, 어리석다고 비웃어야 한다기보다는 미친 사람으로 간주해서 꽁꽁 묶어 놓아야 하리라고 생각할 것이다. 그가 가르치는 순서를 지키지 않았다는 이유 말고 딴 이유가 없다는 것이 내 생각이다.[148] 미숙한 사람들은 그와 비슷하게 유식한 사람들한테서 꾸중을 듣고 비웃음을 살 짓을 많이 한다. 그런가 하면 미친 사람들은 어리석은 사람들한테서마저 비난을 피할 길 없는 그런 짓을 한다는 사실은 아무도 의심치 않는다. 그럼에도 불구하고, 질서가 전도顚倒되었다고 말하는 짓까지도 신적 질서 밖에 존재하는 것이 아님을 보여 주겠노라고 약속하는 학문이 있다. 아주 고상한 학문, 대중의 의혹으로부터 거리가 아주 먼 학문이 정말 진지하게 공부하고 하느님과 영혼만을 사랑하는[149] 지성들에게 그 무엇도 신적 질서 밖에 존재하는 것이 아님을 보여 주겠다고 약속한다. 둘 더하기 둘은 넷이라는 숫자의 덧셈도 이보다 분명하게 보여 줄 수는 없으리라고 공언한다.[150]

젊은이들은 생활의 계율로 가르침을 받아야 한다[151]

8.25. 이 학문이 곧 하느님의 법이다.[152] 그것은 하느님 앞에 고정되어 있고, 움직이지 않고, 항존恒存하면서, 지혜로운 영혼들 속으로 마치 옮겨 적

---

[151] 단독 강연(oratio perpetua) 형태로 '연학자의 덕목' 24개가 삽입되고 2,10,28에서 대화가 재개되었다. 2,11,30부터 단독 강연이 이어진다.

[152] "법률은 신적 지성과 동시에 발생했지. 으뜸가는 법률은 다름 아닌 최고신 유피테르의 바른 이성이네. … 이성과 신적 지성이 최고의 법률이라네. 그리고 인간 안에 그것이 완전히 갖추어져 있을 때, 현자의 지성 안에 있는 것이니네"(키케로 『법률론』 성염 역주, 한길사 2007, 2,4,10-5,11).

perfectius eam contemplantur intellegendo et uiuendo custodiunt diligentius. Haec igitur disciplina eis, qui illam nosse desiderant, simul geminum ordinem sequi iubet, cuius una pars uitae, altera eruditionis est. Adulescentibus ergo studiosis eius ita uiuendum est, ut a ueneriis rebus, ab inlecebris uentris et gutturis, ab inmodesto corporis cultu et ornatu, ab inanibus negotiis ludorum ac torpore somni atque pigritiae, ab aemulatione obtrectatione inuidentia ab honorum potestatumque ambitionibus ab ipsius etiam laudis immodica cupiditate se abstineant, amorem autem pecuniae totius suae spei certissimum uenenum esse credant. Nihil eneruiter faciant, nihil audacter. In peccatis autem suorum uel pellant omnino iram uel ita frenent, ut sit pulsae similis. Neminem oderint, nulla uitia non curare uelint. Magnopere obseruent, cum uindicant, ne nimium sit, cum ignoscunt, ne parum. Nihil puniant, quod non ualeat ad melius, nihil indulgeant, quod uertat in peius. Suos putent omnes, in quos sibi potestas data fuerit. Ita seruiant, ut eis dominari pudeat, ita dominentur, ut eis seruire delectet. In alienorum autem peccatis molesti non sint inuito. Inimicitias uitent cautissime, ferant aequissime, finiant citissime. In omni uero contractu atque conuersatione

---

153 교부는 모든 저작에서 '연학의 질서[차원]'(ordo eruditionis)와 '삶의 질서[차원]'(ordo vitae)를 쌍둥이처럼(geminus ordo) 한데 결부시킨다(cf., Cicero, *De officiis* 1,43,153).

154 24개 항목에 이르는 훈유(praecepta vivendi)는, 알리피우스의 말 ─ 본서 2,20,53: "바로 오늘 자네는 … 피타고라스의 것으로 간주되고 입증된 가르침 … 삶의 철칙을 간결하고도 명석하게 가리켜 보였네" ─ 도 있듯이, 피타고라스의 계율들을 키케로가 *De officiis*에서 나열하고 있다.

히듯 한다. 그리하여 그 영혼들이 그 법을 이해하여 보다 완전하게 관조觀照할수록, 그 법을 삶에 옮겨 보다 열성껏 간수할수록 그만큼 더 선하게 살고 그만큼 더 숭고하게 사는 것임을 본인들에게 깨우쳐 준다. 이 학문은 학문을 알기를 열망하는 사람들은 질서를 쌍둥이처럼 따르라고 명령한다. 질서라는 쌍둥이의 한쪽은 삶의 질서이고 다른 쪽은 연학硏學의 질서다.[153] 질서에 관해서 공부하는 젊은이들은 살면서 다음 사항을 절제하지 않으면 안 된다.[154] 애정 행각, 위장과 미각의 유혹, 신체에 대한 절도 없는 치장과 허세, 경기에 대한 허황한 몰입, 잠과 나태의 타성, 선망과 험담과 시기를 삼가야 하고, 칭송 자체도 지나치게 탐하는 일을 삼가야 한다. 돈에 대한 사랑은 자기 희망 전체를 망치는 독소라고 믿어야 한다. 그 무엇도 무기력하게 행하지 말고, 그 무엇도 만용을 가지고 행하지 말아야 한다. 자기 동료들의 과오를 두고는 분노를 전적으로 배제하거나, 적어도 분노가 배제된 것처럼 보일 정도로 분노를 억눌러야 한다. 누구도 증오하지 말며, 어떤 악습도 간과하지 말고 철저히 살펴야 한다. 보복할 때는 과도함이 없어야 하고, 용서할 때는 옹졸함이 없어야 한다는 원칙을 철저히 고수할 것이다. 개선될 가치가 없으면 아무것도 징벌하지 말고, 더 나쁘게 반전될 것 같으면 아무것도 관용해서는 안 된다. 어떤 사람들을 두고 자기에게 권력이 주어져 있거든 그들 모두를 자기 사람들로 간주할 것이다. 자기가 그들을 지배하는 위치에 있다는 것이 마치 부끄럽다는 태도로 그들을 섬기고, 그들을 섬기는 것이 즐겁다는 태도로 그들을 통솔할 것이다. 다른 사람들의 과오를 두고는 고의로 행한 사람이 아니거든 닦달하지 말 것이다. 원수 관계를 극도로 조심해서 피하고, 이미 그런 관계가 생겼으면 극히 공정하게 인내하고, 극히 빠른 시일에 그런 관계를 끝낼 것이다. 사람들과의 상종 및 교류에서는 저 속담 하나를 실행에 옮기는 것으로 충분하리라. '자기

cum hominibus satis est seruare unum hoc uulgare prouerbium: nemini faciant, quod pati nolunt. Rempublicam nolint administrare nisi perfecti, perfici autem uel intra aetatem senatoriam festinent uel certe intra iuuentutem. Sed quisquis sero se ad ista conuerterit, non arbitretur nihil sibi esse praeceptum; nam ista utique facilius decocta aetate seruabit. In omni autem uita loco tempore amicos aut habeant aut habere instent. Obsequantur dignis etiam non hoc expectantibus, superbos minus curent, minime sint. Apte congruenterque uiuant, deum colant cogitent quaerant fide spe caritate subnixi. Optent tranquillitatem atque certum cursum studiis suis omniumque sociorum et sibi quibusque possunt mentem bonam pacatamque uitam.

IX 26. Sequitur, ut dicam, quomodo studiosi erudiri debeant, qui sicut dictum est uiuere instituerunt. Ad discendum item necessario dupliciter ducimur, auctoritate atque ratione. Tempore auctoritas, re autem ratio prior est. Aliud est enim, quod in agendo anteponitur,

---

155 마태 7,12("남이 너희에게 해 주기를 바라는 그대로 너희도 남에게 해 주어라")의 '황금률'을 연상시키면서 그리스도교 미덕들이 여럿 삽입되어 있다.

156 aetas senatoria: "원로원(senatus)이라는 말은 노년(senectus)에서 왔다"[Festus, *De verborum significatu* 502(Lindsay)]는 말에 근거해서 46세부터 그 연령에 해당하였다고 한다.

157 로마인들의 연령대는 infantia(유아, 7세 이전), pueritia(청소년, 7~17세), adolescentia(청년, 30세까지), iuventus(장년, 30세 이후), senectus(노년)로 구분되었다.

158 철학하는 '삶의 교훈들'을 열거하고서 그리스도교의 대신덕(對神德)을 첨가하였다.

159 앞에서(2,5,16)는 '권위와 이성'을 두고, 진리의 확인과 신적 권위에 비중을 두었으나 여기서는 철학적 지식의 획득에서 권위와 이성의 상보 작용을 장황하게(2,9,26-20,53) 다루는 '학문론'이 된다.

가 당하기 싫은 것은 아무에게도 행하지 말라!'¹⁵⁵ 완전한 성숙에 이르기 전에는 공화국을 통솔하려고 하지 말고 원로원 의원이 될 만한 연령,¹⁵⁶ 또 가급적 장년壯年에는¹⁵⁷ 그런 성숙에 도달해 있도록 서두를 것이다. 누가 늦은 나이에 이런 연학에 몰두하게 되었다고 해서 자기한테는 이런 훈계가 전혀 해당 않는다고 여기지 말 것이다. 그처럼 완숙한 연령에는 이런 훈계를 준행하기가 되레 훨씬 용이할 것이기 때문이다. 일평생을 두고 어디에나 어느 때에나 친구들을 두어야 하고 혹은 두도록 힘써야 할 것이다. 합당한 인물들에게는 비록 본인이 기대하지 않더라도 존경을 표할 것이고, 거만한 사람들을 두고는 관심을 보이지 않음으로써 그들이 아무것도 아님을 보여 줄 것이다. 적격하고 조화된 삶을 영위하고, 하느님을 섬기고 생각하고 찾되 믿음과 희망과 사랑에 의지할 것이다.¹⁵⁸ 자신의 연학과 모든 동료들의 연학에는 평정심과 더불어 일정한 진로를 도모하고, 자신에게도 어느 누구에게도 선량한 지성과 평온한 삶이 가능하도록 배려할 만하다.

권위와 이성이란 무엇인가¹⁵⁹

9.26. 그럼 공부하는 사람들, 앞서 말한 대로 학문하며 살기로 작정했던 사람들이 어떻게 연학을 쌓아야 하는지를 얘기하는 일이 남아 있다. 우리가 가르침을 받으려면 필히 두 가지로, 곧 권위와 이성으로 지도를 받아야 한다. 시간적으로 권위가 앞서고, 실제로는 이성이 앞선다.¹⁶⁰ 행동하면서 앞세우는 것 다르고, 탐구하면서 더 중시하는 것 다른 법이다. 선량한 사

---

¹⁶⁰ tempore auctoritas, re autem ratio prior est: 일단 '권위'에 입각해서 어떤 명제나 계율을 받아들이고 실천하고 나면, 이성으로 추론하더라도 합리적(ratione praedita)이었음을 깨닫기에 이름을 예거한다.

aliud, quod pluris in appetendo aestimatur. Itaque quamquam bonorum auctoritas imperitae multitudini uideatur esse salubrior, ratio uero aptior eruditis, tamen, quia nullus hominum nisi ex imperito peritus fit, nullus autem imperitus nouit, qualem se debeat praebere docentibus et quali uita esse docilis possit, euenit, ut omnibus bona magna et occulta discere cupientibus non aperiat nisi auctoritas ianuam. Quam quisque ingressus sine ulla dubitatione uitae optimae praecepta sectatur, per quae, cum docilis factus fuerit, tum demum discet et quanta ratione praedita sint ea ipsa, quae secutus est ante rationem, et quid sit ipsa ratio, quam post auctoritatis cunabula firmus et idoneus iam sequitur atque conprehendit, et quid intellectus, in quo uniuersa sunt – uel ipse potius uniuersa – et quid praeter uniuersa uniuersorum principium. Ad quam cognitionem in hac uita peruenire pauci, ultra quam uero etiam post hanc uitam nemo progredi potest. Qui autem sola auctoritate contenti bonis tantum moribus rectisque uotis constanter operam dederint aut contemnentes aut non ualentes disciplinis liberalibus atque optimis erudiri,

---

161 '유순하다'(docilis)는 '가르치다'(docere)에 어원을 두고 '가르치기 쉬운, 가르침을 받을 만한'이라는 의미를 띤다.

162 bona magna et occulta: '위대하고 신비로운 선'으로 번역하거나(Jolivet), 철학도들이 탐구하는 대상을 가리킨다고 해서 아예 '윤리학(bona), 물리학(magna), 형이상학(occulta)'으로 번역하기도 한다(Gentile).

163 플로티누스의 표현 — 『엔네아데스』 1,8,2: "오성은 만유를 가지고 있고 어쩌면 만유다"; 5,9,6: "그 안에 보편자(普遍者)들이 존재하고, 말을 바꾸자면 오성 자체가 보편자들이다" — 에서 유래한다.

164 praeter universa universorum principium: '보편자 배후에 존재하는 보편자들의 원리'라고도 번역된다.

람들의 권위가 무식한 대중에게 더 유익한 것처럼 보일지라도, 식자들에게는 이성이 더 적합하다. 그 이유는 사람은 모두 무식한 사람에서 유식한 사람이 되기 때문이고, 무식한 사람은 자기가 가르치는 사람들 앞에 어떤 사람으로서 나서야 하는지, 또 어떤 삶을 살면 자기가 가르침에 유순해질 수 있는지를[161] 도무지 알지 못하는 까닭이다. 그리고 선하고 훌륭하고 신비로운 것을[162] 배우고 싶어 하는 모든 사람들에게 대문을 열어 주는 것은 권위가 아니면 안 된다는 것도 사실이다. 누구든 그 대문을 일단 들어선다면 조금도 주저 않고 최선의 삶에 관한 계율을 따르게 되고, 그 계율을 통해서 가르침에 유순해지고 나면, 마침내 다음 사실을 배우기에 이를 것이다. 즉, 이성으로 추론하기에 앞서 자기가 준행한 그 계율이 얼마나 이성에 합치하는 것이었는지 배우고, 또 권위라는 요람기를 거친 다음에 튼튼해지고 적합해져서 스스로 따르고 있는 이성이 도대체 무엇인지 배우고, 또 오성悟性이 무엇인지 ― 그 안에 만유萬有가 존재하고, 말을 바꾸자면 오성 자체가 만유다[163] ― 배우고, 또 만유의 배후에 있는 만유의 원리가 무엇인지[164] 배울 것이다. 소수의 인간은 현세에서도 그런 인식에 도달한다.[165] 그리고[166] 현세 이후라고 할지라도, 아무도 그런 인식 그 이상으로 나아가지는 못한다.[167] 권위만으로 만족하고 선한 행실과 바른 결심으로 꾸준히 일하는 사람들이 자유롭고 고귀한 학예를 경시하는 경우도 있고 그 학예를 익힐 능력이 없을 경우도 있겠다. 그들이 사람들 사이에서 살아

---

[165] 『신국론』(10,29,1)에는 포르피리우스에게 "그러나 깨달음의 능력을 가진 소수나마 하느님께 당도하는 일이 허용되어 있다고 말하는 것을 보면 당신은 은총(恩寵)이라는 것을 인정은 하고 있다"라고 공박하는 문장이 나온다.

[166] 문맥상 '사후에는 모든 사람이 그런 인식에 도달하겠지만'이라는 문장이 삽입될 만하다.

[167] '만유의 원리'(universorum principium), '오성'(intellectus) 그리고 '이성'(ratio)이 성부·성자·성령을 암시한다면, 현세든 사후든 인간 지성이 삼위일체의 신비 이상으로는 나아가지 못할 것이다.

beatos eos quidem, cum inter homines uiuunt, nescio quomodo appellem, tamen inconcusse credo, mox ut hoc corpus reliquerint, eos, quo bene magis minusue uixerunt, eo facilius aut difficilius liberari.

27. Auctoritas autem partim diuina est, partim humana, sed uera firma summa ea est, quae diuina nominatur. In qua metuenda est aeriorum animalium mira fallacia, quae per rerum ad istos sensus corporis pertinentium quasdam diuinationes nonnullasque potentias decipere animas facillime consuerunt aut periturarum fortunarum curiosas aut fragilium cupidas potestatum aut inanium formidolosas miraculorum. Illa ergo auctoritas diuina dicenda est, quae non solum in sensibilibus signis transcendit omnem humanam facultatem sed et ipsum hominem agens ostendit ei, quo usque se propter ipsum depresserit, et non teneri sensibus, quibus uidentur illa miranda, sed ad intellectum iubet euolare simul demonstrans, et quanta hic possit et cur haec faciat et quam parui pendat. Doceat enim

---

168 『재론고』(1,3,2)에 "자유 학예에 관해서 큰 비중을 부여하였는데 사실 많은 성인(聖人)들은 이 학예에 관해서 많이 모른다. 또 이 학예를 아는 사람들이라고 해서 성인은 아니다"라는 재평가가 나오기도 한다.

169 aeria animalia: 교부의 저작에서 aeria corpora, animantia aeria 등으로 불리며(『창세기 문자적 해설』과 『신국론』에 길게 언급) 점술과 기적, 특히 '신탁'(神託)으로 인간을 기만하는 정령(daemones)으로 간주된다.

170 『신국론』 10권 — '영원한 생명의 종교' — 에 '신적 권위'에 관한 상론이 나온다.

171 quo usque se depresserit: 신적 계시와 구원이 인간의 수준에 맞추어 내린 점과 더불어 '말씀의 육화'도 시사하는 구절로 해석된다.

가는 한 나로서는 어떻게 그들을 행복한 사람이라고 부를지 모르겠다.[168] 그렇더라도, 머지않아 이 몸을 버리고 나면 더 선하게 혹은 덜 선하게 산 그만큼 더 용이하게 또는 더 어렵사리 해방을 얻으리라는 것이 내 확고부동한 믿음이다.

하느님의 권위 또는 인간의 권위란 어떤 것인가

9.27. 권위는 일부는 신적이고 일부는 인간적이지만, 참되고 확고한 최고 권위는 역시 신적이라고 부르는 권위다. 신적 권위에 있어서 우리가 두려워해야 할 바는 공중 생물空中生物[169]들의 기묘한 속임수다. 그것들은 신체의 감관에 미치는 사물들을 두고 몇 가지 점술과 능력을 발휘하여 영혼들, 특히 없어질 재산에 호기심을 두거나 허황한 권세를 탐하거나 황당한 기사奇事에 벌벌 떠는 영혼들을 아주 쉽게 기만하는 데 익숙하다. 여하튼 다음과 같은 권위를 신적 권위라고 불러야 한다.[170] 우선 그 권위는 밖으로 드러나는 그 감각적 표지에서도 인간적 능력을 모조리 초월할뿐더러, 인간을 부리면서도 인간을 위하여 신적 권위가 어디까지 자기를 낮추었는지[171] 보여 주며, 신기한 것들이 감관에 나타날지라도 감관에 머물지 말고 오성을 향해서 도약하라고 명한다.[172] 그러면서 그 권위가 이 세상에서 얼마나 위대한 일들을 행할 수 있는지, 그리고 왜 그것을 행하는지, 그러면서도 그런 신기한 일들을 얼마나 하찮게 여기는지 인간에게 가리켜 보인다. 그 권위는 행동을 통해서 자기의 권능權能을 가르치고, 겸손으로 자기의 자비慈悲를 가르치며, 교시敎示를 내림으로써 자기의 본성本性을 가르치게 되어 있다. 그리고 우리 일행이 갓 입문한 신성神聖을 통해서[173]▶ 내밀하게 또

---

172 아우구스티누스 철학 전체가 '신앙의 이해'(intellectus fidei)이며, 권위로 받아들인 계시 진리를 오성적 작업을 거쳐 이해하는 데 모든 노력을 기울인다.

oportet et factis potestatem suam et humilitate clementiam et praeceptione naturam, quae omnia sacris, quibus initiamur, secretius firmiusque traduntur, in quibus bonorum uita facillime non disputationum ambagibus sed mysteriorum auctoritate purgatur. Humana uero auctoritas plerumque fallit, in eis tamen iure uidetur excellere, qui, quantum imperitorum sensus capit, multa dant indicia doctrinarum suarum et non uiuunt aliter, quam uiuendum esse praecipiunt. Quibus si aliqua etiam fortunae munera accesserint, quorum appareant usu magni contemptuque maiores, difficillimum, omnino est, ut eis quisque uiuendi praecepta dantibus credens recte uituperetur.

X 28. Hic Alypius: Permagna, inquit, uitae imago abs te ante oculos nostros cum plene tum breuiter constituta est, cui quamuis cotidianis praeceptis tuis inhiemus, tamen nos hodie cupidiores flagrantioresque reddidisti. Ad quam, si fieri posset, non solum nos uerum etiam cunctos homines iam peruenire et eidem inhaerere cuperem, si, ut haec auditu mirabilia, ita essent imitatione facilia. Nam nescio quo modo – quod utinam uel a nobis procul absit – animus humanus dum haec audiendo caelestia diuina ac prorsus

---

◀173 sacra는 '성경'(Gentili), '진리'(Jolivet) 또는 '성스러운 진리'(Capanaga), '성례전'(Rusell)으로 다양하게 이해 번역되고 있다.

174 감각적 지각과 역사적 지식과 모든 학습은 오로지 인간 권위에 의지하여 습득할 수밖에 없음을 강조하지만(『신국론』 15,12,21) 신적 권위의 무류성(無謬性)에 비추어 그 취약함을 인정한다.

결연하게 전수해 준다. 그런 것을 통하면 선인들의 삶이 아주 용이하게 정화되는데, 그 일은 장황한 토론을 통해서가 아니라 비사秘事들의 권위에 의해서 이루어진다. 인간 권위는 자칫하면 그르친다.[174] 그러나 무지한 사람들의 의사를 파악하고, 자기 가르침에 대해서 많은 방증傍證을 대고, 어떻게 살아야 한다는 가르침을 내리면서 정작 그 가르침과 동떨어지지 않게 사는 사람들에게서는 의당히 탁월한 권위가 있는 것처럼 보인다. 그런 사람들에게 만일 행운이 베푸는 재화의 선물도 주어진다면, 또 본인들이 그것을 잘 사용하면 훌륭한 사람으로 드러나고, 그러면서도 그 재화를 경멸할 줄도 안다면 더욱더 대단한 인물로 나타날 것이다. 여하튼 자기들에게 삶의 계율을 내리는 사람들을 철석같이 믿는다면 그렇게 믿는 사람을 그냥 꾸짖기란 여간 어렵지 않다."[175]

아우구스티누스가 내리는 명령은 옛사람들의 권위에 의해서 무게가 더해진다

10.28. 그때 알리피우스가 한마디 하였습니다. "자네는 참으로 훌륭한 생활상生活相을 우리 눈앞에 설정해 주었네. 간결하지만 완벽하게 말일세. 우린 비록 자네가 내리는 나날의 가르침에 매달려 살지만 오늘은 각별히 우리를 의욕에 차고 열성에 찬 사람으로 만들어 주었네. 가능하다면 그러한 삶에 우리만 아니고 모든 사람들이 도달하고 거기에 안착했으면 하는 것이 내 욕심이네. 듣기만 해도 놀랍고 본받기에는 더군다나 용이한 말들일세. 그렇지만 인간 정신이 이런 얘기들을 들을 적에는 천상적이고 신성하고 정말 진실하다고 입으로 공언하면서도, 실제로 무엇을 욕구할 때는

---

[175] 아우구스티누스의 지인 테오도루스 만리우스처럼 철학에 전적으로 몰입하지 않더라도 덕성스럽고 고관직을 수행하기도 하면 나름대로 권위가 있는데 그런 사람을 믿고 따른다고 해서 탓할 수는 없다.

uera esse proclamet, in adpetendo aliter se gerit, ut mihi uerissimum uideatur aut diuinos homines aut non sine diuina ope sic uiuere – Cui ego: Haec praecepta uiuendi, quae tibi, ut semper, plurimum placent, Alypi, quamuis hic meis uerbis pro tempore expressa sint, non tamen a me inuenta esse optime scis. His enim magnorum hominum et paene diuinorum libri plenissimi sunt, quod non propter te mihi dicendum putaui sed propter istos adulescentes, ne in eis quasi auctoritatem meam iure contemnant. Nam mihi omnino illos nolo credere nisi docenti rationemque reddenti, propter quos pro rerum magnitudine concitandos etiam te arbitror istum interposuisse sermonem. Non enim tibi sunt ad sequendum ista difficilia, quae tanta rapuisti auiditate tantoque in ea naturae admirabilis impetu ingressus es, ut ego tibi uerborum, tu mihi rerum magister effectus sis. Non enim est modo ulla causa mentiendi aut saltem occasio; nam neque te falsa tua laude studiosiorem fieri puto et hi adsunt, qui utrumque nouerunt, et ei sermo iste mittetur, cui nostrum nullus ignotus est.

---

176 앞 절에서 행한 아우구스티누스의 가르침을 간추려, 정화를 위한 도덕적 생활은 이미 현자가 된 사람들(divini homines)이거나 범인(凡人)이라면 은총에 의해서거나(non sine divina ope) 둘 중 하나라는 결론에 이른다.

177 자기가 죽 나열한 '삶의 계율'이 여러 현자들의 책에서 추려 온 것임을 인정한다.

178 "나는 무엇이 진리인지는 단지 믿는 것으로 그치지 않고 이해하여 파악하고 싶은 열망에 애가 타도록 이미 길들어 있다"(『아카데미아학파 반박』 3,20,43).

179 아우구스티누스의 회심 직후 알리피우스는 "기꺼이 또 선량하면서도 자기 행실에 극히 걸맞은 각오를 세워 아무런 거리낌이나 망설임이 없이 저(아우구스티누스)와 뜻을 함께했습니다"(『고백록』 8,12,30).

180 본서를 헌정한 제노비우스가 우선 꼽힌다.

전혀 달리 행동하는 일이 어떻게 생기는지 그 점을 모르겠단 말일세. (제발 우리한테서는 그런 일이 생기지 않았으면 하네.) 그래서 그야말로 신성한 인간들이나 그렇게 살 수 있거나, 신적인 보우保佑가 없지 않아야 그렇게 살 수 있거나 둘 중 하나176라는 말이 참으로 맞다고 보네." 그에게 내가 화답했습니다. "알리피우스, 그 삶의 계율은 비록 그것들을 잠정적으로 내 말로 표현하기는 했지만 ― 항상 그렇듯이 자네가 아주 기꺼이 받아들이는데 ― 사실 내가 발견해 낸 것이 아님을 자네가 너무 잘 알고 있지. 위대한 사람들, 거의 신성하다고 할 만한 인물들의 책들은 이런 얘기로 가득하네.177 내가 이런 계율을 말해야겠다고 생각한 것은 자네 때문이라기보다는 이 젊은이들 때문일세. 그것들을 내 말처럼 생각해서 이 젊은이들이 이런 계율들을 무시하는 일이 없게 하려는 참이네. 이 젊은이들이 나를 믿어 주기를 바라는 경우는 내가 이치를 가르치고 제시하는 경우뿐일세.178 내가 보기에 자네도 사안의 중대성으로 인해서 젊은이들을 자극하기 위해서라면 저런 말을 끼워 넣었으리라고 생각하네. 자네가 저런 것들을 따르기가 매우 힘들다고는 생각하지 않겠지. 왜냐하면 자네는 극진한 열성으로, 또 자네의 감탄할 품성에서 오는 지극한 정성으로 저 속으로 들어갔으니까. 그 점에서 본다면, 말로는 내가 자네한테 선생이었지만 사실로는 자네가 나한테 선생 노릇을 했네.179 지금 이 시각에는 누가 누구를 치켜세우려고 거짓말을 할 이유도 전혀 없고 그럴 자리도 아닐세. 왜 그런가 하면 자네에게 그럴듯한 칭송이 온다고 해서 그 때문에 자네가 더 부지런히 연구를 하리라고 생각하지도 않거니와, 우리 양편을 다 잘 아는 사람들이 이 자리에 버티고 있는 까닭이네. 또 우리가 나누는 이 대화를 보내 줄 사람은 우리가 전혀 모르는 사람이 아니기 때문일세.180

29. Bonos autem uiros deditosque optimis moribus, si non aliter sentis atque dixisti, pauciores te arbitror esse credere, quam mihi probabile est; sed multi penitus latent, Item multorum non latentium ea ipsa, quae mira sunt, latent; in animo enim sunt ista, qui neque sensu accipi potest et plerumque, dum congruere uult uitiosorum hominum conloquiis, ea dicit, quae aut probare aut adptere uideatur. Multa etiam facit non libenter propter aut uitandum odium hominum aut ineptiam fugiendam, quod nos audientes aut uidentes difficile aliter existimamus, quam sensus iste renuntiat, eoque fit, ut multos non tales esse credamus, quales et se ipsi et eos sui familiares nouerunt, quod tibi ex amicorum nostrorum quibusdam magnis animi bonis, quae nos soli scimus, persuadeas uelim. Nam error iste non minima et hac causa nititur, quod non pauci se subito ad bonam uitam miramque conuertunt, et donec aliquibus clarioribus factis innotescant, quales erant, esse creduntur. Nam ne longius abeam, quis istos adulescentes, qui antea nouerat, facile credat tam studiose magna quaerere, tantas repente in hac aetate indixisse inimicitias uoluptatibus? Ergo hanc opinionem pellamus ex

---

[181] 신이 안 보이지만 그 행업에서 감지하듯이 "인간의 지성은 사물의 기억이나 발견이나 아름다운 덕행에 의해서 그 신성한 위력을 감지하도록 하게"(Cicero, *Tusculanae dispuationes* 1,28,70).

[182] 그의 체험에는 "박식하다는 그 일로 해서 제가 즐겁지도 않았던 까닭이요 … 사람들을 가르치려는 것이 아니라 그냥 사람들 마음에 들려고 했던 까닭입니다"(『고백록』 6,6,9)라고 실토할 측면도 있었다.

권위로 막강한 인물들이 있었다

10.29. 자네가 달리 생각하고 달리 말했다면 모를까, 자네는 선량하고 최선의 행업에 몰두하는 사람들은 소수라고 믿는 듯하네. 내가 그러리라 짐작하는 것보다 소수라는 말일세. 하지만 많은 사람들은 그 행실이 감추어져 있네. 더구나 그 행실이 그대에게 감춰져 있지 않은 다수의 인간들도, 놀라운 행실은 드러나지 않고 숨겨져 있단 말일세. 우리가 얘기한 저 놀라운 면들은 정신에 깃들어 있어서 그게 감각으로도 파악될 수가 없네.[181] 또 누가 패덕한 인간들의 대화에 어울리고 싶다면 어쩔 수 없이 상대방이 수긍하거나 상대방이 듣고 싶어 하는 바를 입에 올리기 마련이네.[182] 그 사람이 하는 행실을 보면 저런 사람들의 미움을 피하고 싶어서나 사람들의 객설을 피하고 싶어서 그렇게 하지, 자발적으로 하지 않는 경우가 많다네. 그런 행실을 우리가 듣거나 볼 경우에, 감관이 우리한테 직접 전해 주는 것과 달리 평가를 내리기가 여간 힘들지 않네. 그러다 보면 다수 인간들을 두고 우리는, 본인들이 알고 있거나 가까운 사람들이 알고 있는 그런 사람이 아니라고 믿게 되네. 우리 친우들의 행실, 그러니까 우리만 알고 있지만 훌륭하고 선량한 정신적 성품을 들어 자네를 설득하고 싶네. 외형으로만 판단하는 저런 잘못이 미미한 것이 아닌데도 다음과 같은 원인에 근거하고 있지. 적지 않은 사람들이 갑작스럽게 선하고 탄복할 만한 삶으로 전향하더라도 그 전향 사실이 몇몇 뚜렷한 사건으로 밝혀지기까지는, 전에 그러던 사람이었으니까 지금도 여전히 그런 사람이려니 하고 믿는단 말일세. 멀리 가지 않겠네. 이 젊은이들로 말하자면 전에 이들을 알던 사람치고 이들이 지금처럼 공부를 해서 거창한 주제들을 탐구하고 있으리라는 사실이나, 그 나이에 정욕을 두고 그토록 심한 적대감을 갖추게 되었으리라는 사실을 누가 알겠는가? 그러니 저런 생각일랑 우리 머

animo; nam et illud diuinum auxilium, quod, ut decebat, religiose in ultimo sermonis tui posuisti, latius, quam nonnulli opinantur, officium clementiae suae per uniuersos populos agit. Sed ad disputationis nostrae, si placet, ordinem redeamus et, quoniam de auctoritate satis dictum est, uideamus, quid sibi ratio uelit.

XI 30. Ratio est mentis motio ea, quae discuntur, distinguendi et connectendi potens, qua duce uti ad deum intellegendum uel ipsam quae aut in nobis aut usque quaque est animam rarissimum omnino genus hominum potest non ob aliud, nisi quia in istorum sensuum negotia progresso redire in semetipsum cuique difficile est. Itaque cum in rebus ipsis fallacibus ratione totum agere homines moliantur, quid sit ipsa ratio et qualis sit, nisi perpauci prorsus ignorant. Mirum uidetur, sed tamen se ita res habet. Satis est hoc dixisse in praesentia; nam si uobis rem tantam, sicut intellegenda est, nunc ostendere cupiam, tam ineptus sim quam adrogans, si uel me illam iam percepisse profitear. Tamen quantum dignata est in res, quae

---

183 '권위'에 믿음을 두는 신앙 행위의 성과를 부각시키는 의도에서, 알리피우스가 언급한 '신적 보우'(divina ope)라는 표현을 받아 '신적 보우'(divinum auxilium)와 그 '자비의 행업' (officium clementiae suae)이, 특히 신적 지혜의 육화 이후에(2,5,16) 생각보다 많은 인간들에게 효험을 미치고 있다는 설명이다.

184 2,10,28 참조.

185 인간의 정신을 삼분하는 이론대로, 아우구스티누스는 '지성'(mens)의 운동을 상하로 양분하여, 감각적 지각을 분석하고(distinguendi) 종합하는(connectendi) 추론적 능력을 가리켜 '이성'(ratio)이라 하고, 가지계(可知界)의 사물을 직관하는 기능을 '오성'(intellectus)이라 부른다. 전자는 '지식'(scientia), 후자는 '지혜'(sapientia)에 이른다.

리에서 몰아내기로 하세. 그 까닭은 하느님의 저 보우保佑는, 혹자들이 생각하는 바와는 달리, 만민을 통해서 당신 자비의 행업을 펴기 때문일세.[183] 이 점은 자네 발언의 말미에서 자네가 제시했고[184] 그게 당연하기도 하네. 하여튼 괜찮다면 우리 토론의 순서를 되찾기로 하세. 그리고 권위權威에 관해서는 충분한 말을 했으니 이성理性에 관해서 살펴보기로 하세.

이성이란 무엇인가

11.30. 이성이란 우리가 학습하는 것을 구분하고 종합하는 지성의 작용이다.[185] 그런데 인류 가운데 이성의 지도를 받아 하느님을 인식하고 우리 안에 있는 영혼 혹은 어디에나 만연해 있는 영혼을[186] 인식하는 경지에 이르는 무리는 아주 드물다. 그 까닭은 저 감각들의 작용에 깊이 몰입해 있어서 자기 자신으로 돌아오는 일[187]이 누구에게나 힘들기 때문이지 다른 이유가 아니다. 사람들이 인간을 기만하는 사물들에[188] 전적으로 몰두하다 보니까 이성이 무엇인지, 어떤 것인지 모른다. 극히 소수를 빼놓고는 말이다. 이상하게 보이지만 사실이 그렇다. 당분간은 지금 말한 것으로 충분하다. 이처럼 중대한 사안을 놓고서 여러분이 의당히 이해해야 할 내용까지 내가 당장 제시하겠다고 마음먹는다면, 내가 그것을 이미 파악하였노라고 공언하는 셈이 되어 나부터 건방지고 어리석은 사람이 되고 말 것이다. 그

---

[186] usquequaque anima: '세계혼'을 시사한다. 『영혼 불멸』(15,24)에서는 영혼에 의해서 "보편적으로는 세계로서 존재하고 특수하게는 세계 내에 있는 각각의 생물로서 존재한다"는 명제로 표현하며 후대에는 anima mundi라는 용어마저 빈번히 사용한다(『신국론』 7,5 참조).

[187] redire semetipsum: "그대 자신 속으로 돌아가라! 인간 내면에 진리께서 거하신다"(『참된 종교』 39,72)라는 명구대로, 아우구스티누스의 방법론은 '내적 성찰'이다.

[188] 교부는 falsus(거짓의, 허위의)와 fallax(속이는, 기만하는) 두 형용사를 구분해서 사용한다.

nobis notae uidentur, procedere, indagemus eam, si possumus, interim, prout susceptus sermo desiderat.

31. Ac primum uideamus, ubi hoc uerbum, quod ratio uocatur, frequentari solet; nam illud nos mouere maxime debet, quod ipse homo a ueteribus sapientibus ita definitus est: homo est animal rationale mortale. Hic genere posito, quod animal dictum est, uidemus additas duas differentias, quibus credo admonendus erat homo, et quo sibi redeundum esset et unde fugiendum. Nam ut progressus animae usque ad mortalia lapsus est, ita regressus esse in rationem debet; uno uerbo a bestiis, quod rationale, alio a diuinis separatur, quod mortale dicitur. Illud igitur nisi tenuerit, bestia erit, hinc nisi se auerterit, diuina non erit. Sed quoniam solent doctissimi uiri, quid inter rationale et rationabile intersit, acute subtiliterque discernere, nullo modo est ad id quod instituimus neglegendum. Nam rationale esse dixerunt, quod ratione uteretur uel uti posset, rationabile autem, quod ratione factum esset aut dictum. Itaque has balneas

---

189 키케로(si homo est, animal est mortale rationis particeps: *Academica* 2,7,21)에게서 전수되는 정의로, 교부의 다른 저서(『가톨릭교회의 관습과 마니교도의 관습』 1,4,6; 『신국론』 5, 11)에 재등장한다. 그리스철학에도 반영된다(cf., Sextus Empiricus, *Hypotheses Phyrrhonianae* 2,25-26).

190 모든 정의는 일정한 종(種, species: *homo*)을 상위 개념(類, genus: *animal*)에 내포시킨 뒤 종차(種差: differentia specifica: *rationale, mortale*)를 부여함으로써 성립한다(cf., Aristoteles, *Topica* 102a.128a).

191 교부는 reversio a deo['하느님을 등지는 배향(背向)'], conversio ad deum['하느님을 향한 전향(轉向)']으로도 표기한다(『자유의지론』 4,20,55).

렇지만 우리가 기왕 토론을 시작했으니 토론에서 요청되는 만큼이라도, 또 우리가 할 수 있는 범위에서라도 이성理性을 탐구하기로 하자. 물론 우리에게 익숙해 보이는 사물들을 통해서 이성이 자체를 스스로 드러내는 한도 내에서다.

이성적이라 함은 무엇이고 합리적이라 함은 무엇인가

11.31. 그럼 먼저 '이성'이라는 단어가 어디서 쓰이는지 보자. 고대 현자들에 의해서 인간 자체가 다음과 같이 정의된 사실이 우리에게 매우 인상적이다. '인간은 이성적이고 사멸하는 동물이다.'[189] 여기서 동물動物이라는 유類가 제시되고 이어서 두 개의 종차種差가 첨가되었음을 알 수 있다.[190] 내가 보기에 이 종차로 인해서, 인간이 어디로 귀속되어야 하고 어디로부터 벗어나야 하는지 주지시키고 있다. 왜냐하면, 영혼의 전진前進이 사멸할 것들에게까지 타락해 나갔으므로 그에 상응하여 이성을 향한 후진後進이 이루어져야 하는 까닭이다.[191] '이성적'이라는 말마디는 짐승들과 구분하는 말이고, 신적인 것으로부터 거리가 떨어져 있음은 '사멸하는'이라는 다른 단어로 표기되어 있다. 전자를 보전하지 않으면 짐승이 될 것이고 후자를 벗어나지 않으면 신적인 존재가 되지 못할 것이다.[192] 그런데 학자들은 '이성적'이라는 것과 '합리적'이라는 것을 예리하고 철저하게 구분하는 것이 상례이므로 우리가 착수한 주제에서도 이런 구분을 결코 소홀히 할 것이 아니다. 저 사람들은 이성을 구사하거나 구사할 수 있는 것을 가리켜 '이성적'이라 했고, 이성에 입각해서 행해지거나 발설된 것을 '합리적'이라

---

[192] 『신국론』(9,9) 참조: "살루스티우스도 말하지만 … '영혼은 우리가 신들과 함께하는 것이고 신체는 우리가 짐승들과 공통되는 것이다.' 그가 인간에 관해서 말하려던 것은 짐승처럼 사멸하는 신체를 지녔다는 점이었다."

rationabiles possumus dicere nostrumque sermonem, rationales autem uel illum, qui has fecit, uel nos, qui loquimur. Ergo procedit ratio ab anima rationali scilicet in ea, quae uel fiunt rationabilia uel dicuntur.

32. Duo igitur uideo, in quibus potentia uisque rationis possit ipsis etiam sensibus admoueri, opera hominum, quae uidentur, et uerba, quae audiuntur. In utroque autem utitur mens gemino nuntio pro corporis necessitate, uno, qui oculorum est, altero aurium. Itaque cum aliquid uidemus congruentibus sibi partibus figuratum, non absurde dicimus rationabiliter apparere, itemque, cum aliquid bene concinere audimus, non dubitamus dicere, quod rationabiliter sonat. Nemo autem non rideatur, si dixerit: 'rationabiliter olet' aut 'rationabiliter sapit' aut 'rationabiliter molle est' nisi forte in his, quae propter aliquid ab hominibus procurata sunt, ut ita olerent uel saperent uel feruerent uel quid aliud, ut, si quis locum, unde grauibus odoribus serpentes fugantur, rationabiliter dicat ita olere causam intuens, quare sit factum, aut poculum, quod medicus confece-

---

[193] rationale(이성을 갖춘)와 rationabile(이성에 합치하는) 두 용어가 당시에 빈번히 혼용되었던 것 같은데 secundum rationem, rationabile라고도 표기한다.

[194] 감관과 연관되는 한 "아름다움은 시각에 가장 흔히 존재하고 또 우리가 듣는 사물에도 존재한다"는 플로티누스의 명제(『엔네아데스』 1,6,1)에 근거하는 논변이다.

[195] 감각적 지각에서 지성을 '단독 판사'(solus iudex)로, 감관을 지성의 '심부름꾼'[nuntius: 송달인(送達人)]으로 형용한 것은 키케로(*Tusculanae disputationes* 1,20,46)였다.

고 했다.[193] 그래서 우리는 이 욕탕이나 우리 토론을 합리적이라고 말할 수 있겠고 이 욕탕을 만든 그 사람이나 지금 발언하고 있는 우리 자신을 이성적이라고 일컬을 수 있겠다. 그러니까 이성은 이성혼理性魂에서 발생하고 이성에 입각해서 합리적인 무엇이 이루어지거나 발설된다고 하겠다.

이성의 능력은 시각과 청각을 통해서 작용한다

11.32. 나는 이성의 능력과 위력이 감각으로 발로될 수 있는 경우가 둘 있다고 본다. 눈에 보이는 인간 작품과 귀에 들리는 언어가 그것이다.[194] 이 양자에서 지성은 신체의 필요에 따라 쌍둥이 심부름꾼을 부리는데 하나는 눈의 심부름이고 하나는 귀의 심부름이다.[195] 그래서 우리가 무엇을 볼 때, 그것이 상응한 부분들로 형상화되어 있을 경우 그것이 '합리적으로 발현한다'고 말하는데 이것은 모순이 아니다. 마찬가지로 무엇이 잘 조화되어 들릴 경우에 우리는 주저하지 않고 그것이 '합리적으로 소리 난다'고 말한다.[196] 그 대신 '합리적으로 냄새를 피운다'거나 '합리적으로 맛을 낸다'거나 '합리적으로 보드랍다'는 말을 들을라치면 웃지 않는 사람이 없다. 물론 어떤 목적으로 사람이 조작을 해서 어떤 맛을 내거나 냄새를 풍기거나 하여, 예를 들어 사람이 톡 쏘는 냄새로 뱀을 쫓아 버리거나 할 경우 합리적으로 그렇다는 말을 하는데 그런 냄새를 내는 까닭과 왜 그것을 만들었는지 알기 때문이다. 또 의사가 처방한 음료도 쓰거나 달거나 할 때 합리적이라고 하며, 의사가 환자에게 욕조浴槽의 온도를 조절하라고 시킨다면 그것이 뜨겁거나 미지근하거나 한 것을 두고 합리적이라고 말한다. 하

---

196 특유한 이 표현은 "영혼이 신체를 심부름꾼처럼 사용하여 밖으로부터 영혼에게 알려진 바를 형상화한다"(『창세기 문자적 해설』 12,24,51)는 감각 이론을 배경으로 한다.

rit, rationabiliter amarum esse uel dulce, aut quod temperari langui-do solium iusserit, calere rationabiliter aut tepere. Nemo autem hortum ingressus et rosam naribus admouens audet ita laudare: quam rationabiliter fragrat! nec si medicus illam, ut olfaceret, ius-serit – tunc enim praeceptum uel datum illud rationabiliter, non tamen olere rationabiliter dicitur – nec propterea, quia naturalis ille odor est. Nam quamuis a coco pulmentum condiatur, rationabiliter conditum possumus dicere, rationabiliter autem sapere, cum causa extrinsecus nulla sit sed praesenti satisfiat uoluptati, nullo modo ipsa loquendi consuetudine dicitur. Si enim quaeratur de illo, cui poculum medicus dederit, cur id dulciter sentire debuerit, aliud infertur, propter quod ita est, id est morbi genus, quod iam non in illo sensu est sed aliter sese habet in corpore. Si autem rogetur ligurriens aliquid gulae stimulo concitatus, cur ita dulce sit, et respondeat: 'quia libet' aut 'quia delector', nemo illud licet rationabiliter dulce, nisi forte illius delectatio alicui rei sit necessaria et illud, quod mandit, ob hoc ita confectum sit.

33. Tenemus, quantum inuestigare potuimus, quaedam uestigia rationis in sensibus et, quod ad uisum atque auditum pertinet, in ipsa etiam uoluptate. Alii uero sensus non in uoluptate sua sed prop-

---

197 시각과 청각의 경우를 제외한 후각, 미각, 촉각은 지성이 일정한 의도(propter aliquid: 이하에 '이성의 흔적')를 부여할 때만 '합리적'이라는 수식이 가능하다는 말이다.

지만 정원에 들어가서 장미 한 송이를 코끝에 끌어당기고서는 찬탄을 발하면서 '이 향기 얼마나 합리적인가!'라는 소리를 감히 하지 않고, 설령 의사가 치료상 장미 냄새를 맡으라는 처방을 내렸을지라도 저런 말을 하지는 않는다. 의사의 처방이나 지시 자체는 물론 합리적이지만 장미가 냄새를 풍기는 것을 두고 합리적이라고 하지는 않는다. 그 냄새가 자연의 향기 그대로라고 해도 마찬가지다. 음식이 요리사에 의해서 요리되었을 경우도 '합리적으로 요리되었다'는 말을 할 수 있다. 그 대신 외적 요인이 전혀 없었고 그냥 당장의 식욕을 채워 준다는 이유만으로는 언어의 용례상 '합리적으로 그런 맛을 낸다'는 말을 절대 하지 않는다. 의사가 물약을 처방하여 준 경우에 그 환자한테 그 약이 왜 달게 느껴져야 하느냐고 묻는다고 하자. 그러면 자기가 그렇게 느끼는 까닭이라면서 그 음료와 상관없는 이유를 댈 것이다. 그 물약과는 다른 이유를, 자기가 앓고 있는 질병의 종류가 그렇다는 이유를 댈 것이다. 그 질병이 단맛을 느끼는 그 감관에 있지 않고 신체에 달리 자리 잡고 있는 것이다. 누가 만일 무엇을 핥아 먹으면서 목구멍을 넘어가는 자극이 좋다고 할 경우에 그 까닭을 묻는다면 '기분이 좋아서요'라거나, 아니면 '나는 이걸 좋아해요'라고 대꾸할 것이다. 아무도 '그것이 합리적으로 달다'는 말을 하지 않을 것이다. 기분 좋다는 그 상태가 다른 어떤 목적에 필요하고 그가 먹고 있는 것이 바로 그 목적으로 만들어진 경우가 아니라면 말이다.[197]

시각과 청각은 이성과 의지가 일으키는 감각이다

11.33. 우리가 탐구할 수 있는 범위 내에서 우리는 감각에 이성의 어떤 흔적이 있음을 포착하였다.[198]▶ 그리고 시각과 청각과 연관하여 쾌감[199]▶ 자체에도 그것이 있음을 포착하였다. 그 대신 다른 감관들은 그 감관이 제

ter aliquid aliud solent hoc nomen exigere, id autem est rationalis animantis factum propter aliquem finem. Sed ad oculos quod pertinet, in quo congruentia partium rationabilis dicitur, pulchrum appellari solet, quod uero ad aures, quando rationabilem concentum dicimus cantumque numerosum rationabiliter esse conpositum, suauitas uocatur proprio iam nomine. Sed neque in pulchris rebus, quod nos color inlicit, neque in aurium suauitate, cum pulsa corda quasi liquide sonat atque pure, rationabile illud dicere solemus. Restat ergo, ut in istorum sensuum uoluptate id ad rationem pertinere fateamur, ubi quaedam dimensio est atque modulatio.

34. Itaque in hoc ipso aedificio singula bene considerantes non possumus non offendi, quod unum ostium uidemus in latere, alterum prope in medio nec tamen in medio collocatum. Quippe in rebus fabricatis nulla cogente necessitate iniqua dimensio partium fa-

◀198 "신체가 감각하는 것이 아니고 신체를 통해서 영혼이 감각한다"(『창세기 문자적 해설』 12,24,51)는 전제로, 감각이 신체가 영혼에 끼치는 작용이 아니고 영혼이 신체를 구사하는 작용임을 부각시킨다.

◀199 voluptas: 감관에서 발생하지만 이성이 주체가 된다는 점에서 넓은 의미로 '정조'(情操, Gentili: senso estetico)라고 번역할 만하다.

200 이것을 플로티누스(『엔네아데스』 1,6,3)는 "감각적 지각은 사물에서 형상($\epsilon\tilde{\iota}\delta o \varsigma$)을 보는 것이다"라고 표현했다. 키케로는, 그 형상이 지성에 떠오르는 '멋'(moderatio)과, 지성이 확인하는 '미'(decorum)를 구분하였다(De officiis 1,27,96).

공하는 쾌감에서 이성의 흔적이라는 이런 명칭을 요구하는 것이 아니고 다른 어떤 명분으로 요구하는 것이 상례다. 그것이 어떤 목적 때문에 행동하는 이성적 동물의 고유한 행위라는 점에서 이런 명칭이 부여된다.[200] 눈에 해당하는 것에서는 부분들의 조화調和가 합리적이라고 말하며 그것을 일컬어 미려美麗함이라고 한다.[201] 그리고 귀에 해당하는 것으로는 우리가 합리적인 합주合奏라고 말하거나, 운율을 갖추어 합리적으로 작성된 음악音樂이라고 말한다면, 그것을 고유한 용어로 일컬어 유쾌愉快라고 한다.[202] 그렇지만 아름다운 사물에서 색깔이 우리를 충동하는 경우나 귀에 들리는 유쾌함에서 현이 퉁겨져 물같이 매끈하고 순정한 소리가 나는 경우에 그것 자체를 합리적이라고 말하지 않음이 예사다. 그렇다면 저런 감관들의 쾌감 속에서 우리가 이성에 해당한다고 일컬을 만한 것은 거기에 어떤 배율倍率이 있거나 어떤 선율旋律이 있다는[203] 점에서라는 얘기가 남는다.

배율과 선율은 이성과 쾌감에 속한다

11.34. 이 건물에서만 해도 각각의 부분들을 잘 살펴보면 눈에 거슬리는 점을 안 볼 수가 없다. 측면에 출입문 하나가 보인다. 다른 문은 가운데 있는데 한가운데에 나 있지 않다. 건축물에서는 꼭 그렇게 하지 않으면 안 될 사정이 없었는데도 부분들의 균등하지 못한 배율은 보는 사람의 시선에 일종의 상해를 끼치는 것으로 간주된다. 안쪽으로 창문 셋이 나 있는데

---

[201] pulchrum: "아름다움은 주로 눈에 있으며 부분들이 서로 조화되고 전체와 조화될 때다"(플로티누스 『엔네아데스』 1,6,1).

[202] suavitas: "청각의 유쾌함으로(suavitae auditus) 정신을 이완시키는 쾌락이 환희(delectatio)다"(Cicero, *Tusculanae disputationes* 4,9,20).

[203] 대상물의 공간적 비례를 배율(dimensio), 시간적 비례를 선율(modulatio: 때로는 dimensio numerorum)로 표현하고 있다.

cere ipsi aspectui uelut quemdam uidetur iniuriam. Quod autem intus tres fenestrae, una in medio, duae a lateribus paribus interuallis solio lumen infundunt, quam nos delectat diligentius intuentes quamque in se animum rapit! manifesta res est nec multis uerbis uobis aperienda. Vnde ipsi architecti iam suo uerbo rationem istam uocant et partes discorditer conlocatas dicunt non habere rationem. Quod late patet ac paene in omnes artes operaque humana diffunditur. Iam in carminibus, in quibus item dicimus esse rationem ad uoluptatem aurium pertinentem, quis non sentiat dimensionem esse totius huius suauitatis opificem? Sed histrione saltante cum bene spectantibus gestus illi omnes signa sint rerum, quamuis membrorum numerosus quidam motus oculos eadem illa dimensione delectet, dicitur tamen rationabilis illa saltatio, quod bene aliquid significet et ostendat excepta sensuum uoluptate. Non enim, si pinnatam Venerem faciat et Cupidinem palliatum, quamuis id mira membrorum motione atque conlocatione depingat, oculos uidetur offendere sed per oculos animum, cui signa rerum illa monstrantur nam oculi offenderentur, si non pulchre moueretur. Hoc enim pertinebat ad sensum, in quo anima eo ipso, quod mixta est corpori, percipit uoluptatem. Aliud ergo sensus, aliud per sensum; nam sensum mulcet pulcher motus, per sensum autem animum solum pulchra in motu

---

204 Cf., Vitruvius, *De architectura* 5,6,1: "건축가들은 그것을 비율(ratio)이라고 부르며, 건축물의 부분들이 부조화를 이룰 적에는 '비율을 갖추지 못했다'(non habere rationem)는 말을 한다." 다만 이 단어 ratio는 지금까지 말한 '이성'(理性), '이치'(理致)와 같은 단어여서 용도가 다양하다.

하나는 가운데, 둘은 양옆에 나 있어 동일한 간격으로 욕탕 바닥에 빛을 쏟는다. 우리가 주의 깊게 관찰한다면 저것이 우리를 얼마나 즐겁게 만들고, 얼마나 정신을 사로잡는지 모른다. 이런 사실은 하도 분명해서 여러분에게 여러 말로 드러나게 설명할 필요가 없다. 건축가들은 자기네 용어로 이것을 '비율'比率이라고 하며 부분들이 비대칭으로 배치되어 있으면 '비율이 맞지 않는다'고 말한다.204 이 비율이라는 것은 아주 광범위하고 거의 모든 예술과 인간 작품에 만연해 있다. 우리는 시가詩歌에도 귀의 쾌감에 해당하는 비율이 존재한다고 말하는데, 시가에서만도 저 쾌감 전체를 제조해 내는 것이 '배율'임을 누가 못 느끼겠는가? 춤추는 배우를 잘 관찰하는 사람은 그 모든 동작이 사물의 기호임을 감지할 것이고, 사지의 율동 있는 동작이 바로 저 배율을 가지고서 보는 눈을 즐겁게 하지만, 무언극의 그 춤사위가 나름대로 합리적이라는 말을 한다. 왜냐하면 그것이 감관의 쾌감을 빼놓고서도 다른 무엇을 상징象徵하고 제시提示하는 까닭이다. 그런데 그 배우가 날개를 단 비너스라든가 그리스 외투를 입은 큐피드의 연기를 하면서 팔다리의 놀라운 동작과 자세로 정말 능숙하게 묘사할 경우, 그런 장면이 비록 관객의 눈을 찌푸리게 하지는 않겠지만, 그래도 관객을 불쾌하게 만든다면, 그것은 눈을 통해서 정신을 불쾌하게 만드는 까닭으로 보인다.205 저런 사물들이 가리키는 상징은 감각 아닌 정신에 전달되는 까닭이다. 눈이 불쾌해지는 경우는 배우의 몸이 유려하게 움직이지 못할 때다. 동작의 미추美醜는 감관에 해당하고, 영혼은 단지 신체와 섞여 있다는 사실로 인해서, 감관에서 쾌감을 감지할 따름이다. 그러니 감각이라는 것 다르고 감관을 통해서 이루어지는 것 다르다. 왜냐하면 아름다운 동작은

---

205 큐피드는 발가벗은 몸에 날개가 달린 모습으로 그려지므로 '날개를 단 비너스'(pennata Venus)도 '그리스 외투를 입은 큐피드'(Cupido palliatus)도 어울리지 않는 분장이었다.

significatio. Hoc etiam in auribus facilius aduertitur; nam quicquid iocunde sonat, illud ipsum auditum libet atque inlicit; quod autem per eumdem sonum bene significatur, nuntio quidem aurium sed ad solam mentem refertur. Itaque cum audimus illos uersus:

quid tantum Oceano properent se tinguere soles
Hiberni, uel quae tardis mora noctibus obstet,

aliter metra laudamus, aliterque sententiam nec sub eodem intellectu dicimus: 'rationabiliter sonat' et 'rationabiliter dictum est'.

XII 35. Ergo iam tria genera sunt rerum, in quibus illud rationabile apparet, unum est in factis ad aliquem finem relatis, alterum in discendo, tertium in delectando. Primum nos admonet nihil temere facere, secundum recte docere, ultimum beate contemplari; in mo-

---

206 pulchra significatio in motu: '동작에 있는 아름다운 의미'라고도 번역된다. "물체 속에 있는 미는 첫인상에 감지되고, 뒤이어 영혼도 어느 모로 그것을 포착한다"(플로티누스 『엔네아데스』 1,6,2).

207 Vergilius, *Georgica* 2,481-482.

208 귀의 감관으로 시구의 운율에서 미학적 쾌감을 얻고, 이성은 문장을 읽으면서 태양이 여름과 겨울에 달리는 반구(半球)의 궤적이 달라서 저런 현상이 일어남을 깨닫기에 이른다.

209 미학(美學)에서 감각과 이성의 상호 관계는 플라톤(*Hippias maior* 295-303)이 이미 논구하여 식자들 사이에 널리 알려져 있었다.

210 이하에 철학을 윤리학(in factis), 논리학[in dicendo/인문학(in discendo)], 자연학(in delectando)으로 나누고서 학문을 논한다.

감관을 사로잡는데 감관을 통해서 영혼을 사로잡는 것은 오로지 그 동작에 있는 아름다운 상징이다.206 이 점은 귀에서 간파하기가 더 쉽다. 뭣이든지 유쾌한 소리를 내는 것이면 청각 자체를 즐겁게 하고 매료시킨다. 그 소리를 통해서 훌륭하게 상징하는 바가 있다면, 비록 귀의 심부름을 거치기는 하지만, 그것은 지성에만 보고된다. 다음과 같은 시구를 듣는다고 하자.

> 어째서 겨울 해는 서둘러 대양으로 뛰어드는가?
> 여름밤이 늑장을 부리게 붙들어 잡는 것은 또 무엇인가?207

이 경우에도 운율韻律을 두고 찬탄하는 일 다르고, 문장文章을 두고 찬탄하는 일 다르다.208 '합리적인 소리를 낸다'는 말이나 '합리적으로 언표되었다'고 하는 말이 동일한 이해에서 나온 말이 아니다.209

초보 문법으로 우리가 처음에 배우는 것210

  12.35. 지금까지 말한 내용만으로도 저 합리성이 드러나는 종류가 셋 있다.211 하나는 어떤 목적과 결부된 행위에 있고,212 둘째는 학습하는 데213 있고, 세 번째는 유쾌함을 누리는 데214▶ 있다. 첫 번째는 우리더러 아무것도 함부로 행동하지 말라고 권유하고, 둘째는 바르게 가르치라고 권하고,

---

  211 그의 회고에 의하면(『재론고』 1,6), 회심 초기에 '학문론' 교본들(disciplinarum libri)을 집필할 계획이 있었는데 『문법론』과 『음악론』을 집필한 것으로 그쳤다. 이하에 아우구스티누스의 학문론이 간추려 전개된다.
  212 윤리는 덕성을 함양하는 학문이며, 그 목적은 바른 행위와 관상으로 나뉜다.
  213 사본에 따라서는 인문학(in discendo) 대신 논리학(in dicendo)이라고 나오므로 '언어(言語)에 있고'라고 번역된다.

ribus est illud superius, haec autem duo in disciplinis, de quibus nunc agimus. Namque illud, quod in nobis est rationale, id est quod ratione utitur et rationabilia uel facit uel sequitur, quia naturali quodam uinculo in eorum societate adstringebatur, cum quibus illi erat ipsa ratio communis – nec homini homo firmissime sociari posset, nisi conloquerentur atque ita sibi mentes suas cogitationesque quasi refunderent – uidit esse inponenda rebus uocabula, id est significantes quosdam sonos, ut, quoniam sentire animos suos non poterant, ad eos sibi copulandos sensu quasi interprete uterentur. Sed audiri absentium uerba non poterant; ergo illa ratio peperit litteras notatis omnibus oris ac linguae sonis atque discretis. Nihil autem horum facere poterat, si multitudo rerum sine quodam defixo termino infinite patere uideretur. Ergo utilitas numerandi magna necessitate animaduersa est. Quibus duobus repertis nata est illa librariorum et calculonum professio uelut quaedam grammaticae infantia, quam Varro litterationem uocat; Graece autem quomodo appelletur, non satis in praesentia recolo.

◀214 in delectando(자연학): 번역자들을 난처하게 한다(Gentili: dell'armonia/ Pancioni: dilettarsi/ Jolivet: le plaisir). 인간의 행복은 자연에 대한 인식과 만유를 관상하는 신적인 경지에 있다는 사상이다(Cicero, *Tusculanae disputationes* 5,24,69).

215 beate contemplari: '관상에서 행복을 찾으라고'(Jolivet)라는 번역도 가능하다.

216 이하(2,12,35-13,39)에서 '문학'(文學), '변증'(辨證), '수사'(修辭)라는 trivium을 개괄하고, '하느님의 관조'에 이르게 하는 '음악', '기하', '천문', '대수'(수학)라는 quadrivium을 개괄한다(2,14,39-16,44).

217 얼마 뒤 『교사론』에서 본격적으로 전개하겠지만, 교부 나름대로 언어의 사회적 가치를 시사하여 기호론(記號論), 어용론(語用論), 구문론(構文論)을 언급하는 셈이다.

218 키케로(*De republica* 3,2)에게서 착안한 내용이다.

마지막은 행복하게 관상하라고²¹⁵ 권한다. 저 맨 처음 것은 행위行爲에 있고, 그다음 둘은 우리가 지금 논하는 학문에 있다.²¹⁶ 우리에게 있는 이성적인 것, 다시 말해서 이성을 구사하고 합리적인 것을 행하거나 추종하는 능력은 이성 자체를 공유하고 있는 자들과, 천성적 유대에 의해서 사회적 결속으로 맺어지려는 경향이 있다. 또 인간이 인간과 강력하게 결속될 수 있는 것은 서로 이야기를 나누고 자기 지성과 생각을 교류하지 않으면 이루어질 수 없다. 그리하여 이성은 사물들에게 명칭을, 즉 어떤 소리에 기호를 부여해야 한다는 사실을 발견했다. 사람들이 서로 상대방의 정신을 간파할 수는 없으니까 서로서로 결속하려면 감각을 마치 통역관처럼 이용하지 않으면 안 되는 것이다. 하지만 그 자리에 없는 사람들의 음성을 듣는 일은 불가능하다. 그래서 저 이성은 입과 혀가 내는 모든 소리들을 파악하고 구분해서 문자文字라는 것을 만들어 냈다.²¹⁷ 하지만 만약 사물들의 수가 일정하게 못 박는 한계가 없이 무한히 뻗어 나가는 것처럼 보인다면, 이런 일을 도저히 못했을 것이다. 그러므로 상당한 필요에서 수數를 헤아리는 유익함을 깨우쳤던 것이다.²¹⁸ 그렇게 언어와 산수 이 두 가지가 발견되고 나니까 서적상書籍商과 산술가算術家²¹⁹라는 두 직업이 생겨났다. 문법의 유년기라고 할 것도 생겨났고 바로²²⁰는 그것을 '초보 문법'이라고 불렀다.²²¹ 그것을 그리스 말로 뭐라고 하는지 이 순간에는 잘 생각이 나지 않는다.²²² ▶

---

²¹⁹ calculo(-onis, m.)는 본래 초등학교에서 셈본을 가르치는 '산수 선생'을 가리켰다.

²²⁰ Terentius Varro(B.C. 116~23)의 박식함에 관해서 교부는 여러 번 언급한다(『신국론』 4,1; 6,6,1; 18,2,2).

²²¹ 로마의 언어 교육(cf., Varro, *De grammatica*)은 어린이들에게 읽고 쓰는 법(litteratio, literatura)을 가르치는 ludi magister 혹은 litterator, 문법을 가르치는 grammaticus, 수사학을 비롯한 자유 학예를 가르치는 rhetor가 맡았다. 문학 강의(litterarum studium)는 작품의 음독(lectio), 교수의 해설(enarratio), 작품 분석(partitio)으로 이루어졌다.

36. Progressa deinde ratio animaduertit eosdem oris sonos, quibus loqueremur et quos litteris iam signauerat, alios esse, qui moderato uarie hiatu quasi enodati ac simplices faucibus sine ulla conlisione defluerent, alios diuerso pressu oris, tenere tamen aliquem sonum, extremos autem, qui nisi adiunctis sibi primis erumpere non ualerent. Itaque litteras hoc ordine, quo expositae sunt, uocales semiuocales et mutas nominauit; deinde syllabas notauit. Deinde uerba in octo genera formasque digesta sunt omnisque illorum motus integritas iunctura perite subtiliterque distincta sunt. Inde iam numerorum et dimensionis non inmemor adiecit animum in ipsas uocum et, syllabarum uarias moras atque inde spatia temporis alia dupla, et alia simpla esse conperit, quibus longae breuesque syllabae tenderentur. Notauit etiam ista et in regulas certas disposuit.

37. Poterat iam perfecta esse grammatica sed, quia ipso nomine profiteri se litteras clamat – unde etiam latine litteratura dicitur –

◀222 그리스어로는 γραμματεῖον(Plato, *Protagoras* 326d)이라고 하였다.

223 플라톤(*Philebus* 18b-d) 이래 알파벳을 단순 '모음'(vocales: a, e, i, o, u), '반모음'(semivocales: ṵ, i̯) 그리고 '자음', 곧 '묵음'(mutae)으로 나눠 왔다.

224 Varro(*De lingua latina* 8,1,1)가 declinatio, vocabula rebus imposita, coniuncta라고 명명한 것을 교부는 verborum motus(어미변화), integritas(품사론), iunctura(구문론)로 표기하고 있다.

216 De Ordine _ Liber 2

그다음에는 문법과 음절의 장단을 배운다

12.36. 그렇게 진전되는 이성은 입에서 나오는 같은 소리들이 달리 소리 남을 파악한다. 저 소리를 이용해서 우리가 말을 하고, 이성이 이미 저 소리를 문자로 기호화하였는데, 어떤 소리들은 다양하게 벌린 입에서 나와 목구멍으로부터 발성기관의 어느 부분과도 아무런 마찰을 빚지 않고서 내는 맑고 단순한 소리다. 그런가 하면 다른 소리들은 입의 갖가지 압력을 거치면서도 나름대로 고유한 소릿값을 견지한다. 그리고 마지막 것들은 앞의 두 소리와 결합하지 않으면 발성이 되지 않는다. 그래서 이성은 이 문자들을, 방금 제시한 순서대로 하자면, 모음母音, 반모음半母音, 묵음默音이라고 명명하였다.[223] 그다음은 음절音節을 다루었다. 그리고 나서 이성은 어휘들을 여덟 개의 종류 내지 형태로 분류하고서, 그것들의 모든 변화變化, 어원語源, 구문이 전문적으로 또 상세하게 분류되었다.[224] 더 나아가서 어휘의 운율韻律과 배율倍率도[225] 잊지 않고 다루었으니 단어와 음절의 상이한 장단長短과 시간 간격에 정신을 돌렸던 것이다. 음절을 발음하는 시간 간격이 어떤 것은 배수倍數이고 어떤 것은 단수單數임을 발견했고, 그에 따라서 음절이 장음절과 단음절로 연장된다는 사실을 알아냈다. 이성은 이 모든 것을 알아내어 몇 가지 규칙으로 확정하였다.

그리고 문학을 통해서 배운다

12.37. 문법은 이 정도로 완결될 수도 있었다. 하지만 문법은 그 이름부터가 글자들을 안다는 말이어서[226]▶ — 라틴어로는 litteratura라고 한다 —

---

[225] numerus는 단어 본래 모음의 장단에 따른 '운율'이고, dimensio는 문장 속의 단어 위치로 모음이 길어지는 '신장'(tensio)을 가리킨다. 바로 뒤에 '단어와 음절의 상이한 장단(morae)과 시간 간격(spatia)'이라고 해설된다.

factum est, ut, quicquid dignum memoria litteris mandaretur, ad eam necessario pertineret. Itaque unum quidem nomen, sed res infinita multiplex curarum plenior quam iocunditatis aut ueritatis huic disciplinae accessit, historia non tam ipsis historicis quam grammaticis laboriosa. Quis enim ferat imperitum uideri hominem, qui uolasse Daedalum non audierit, mendacem illum, qui finxerit, stultum, qui crediderit, impudentem, qui interrogauerit, non uideri, aut in quo nostros familiares grauiter miserari soleo, qui si non responderint, quid uocata sit mater Euryali, accusantur inscitiae, cum ipsi eos, a quibus ea rogantur, uanos et ineptos nec curiosos audeant appellare?

XIII 38. Illa igitur ratio perfecta dispositaque grammatica admonita est quaerere atque attendere hanc ipsam uim, qua peperit artem; nam eam definiendo distribuendo colligendo non solum digesserat atque ordinarat uerum ab omni etiam falsitatis inreptione de-

---

◀226 문법을 가리키는 라틴어 grammatica는 그리스 어원으로 γράμμα(문자)에서 유래하였으므로 라틴어로도 littera에서 유래한 litteratura와 동의어가 된다(Quintilianus, *Institutio oratoria* 2,1,3).

227 단지 '글자'를 의미하는 littera가 모든 '글'(litterae)을 거쳐 '문학'(litteratura)으로 확대되면서 '역사'마저 문학의 연장으로 간주된다(Seneca, *Epistula* 88,3).

228 '역사'가 res gestae(史實)뿐만 아니라 fabulae(神話)마저 내포하기에 이른 점을 지적한다.

229 다이달루스 부자(父子)가 공중을 날고 싶어 새의 깃털로 날개를 붙이고 날아오르다 태양 가까이 가는 바람에 날개를 붙인 밀초가 녹아 바다에 떨어져 죽었다는 신화(cf., Ovidius, *Metamorphoses* 8,183-235). 다른 저작 『독백』(2,11,21)에서도 이 신화가 인용되었다.

무엇이든 기억할 만한 것이면 글자로 옮기는 일을 그것에 해당하는 임무로 간주되었다. 그래서 역사歷史마저도 이 학문에 편입되었다.[227] 그런데 역사라는 것이 이름은 하나인데 내용은 한없이 다양하고, 문학적 매력이라든가 진실眞實보다는 호기심을 가득 안고 이 학문에 접근했던 것이다.[228] 따라서 역사는 역사가들한테는 어떨지 모르지만 문법가들에게는 힘든 학문이다. 다이달루스가 공중을 날았다는 이야기[229]를 듣지 못했다고 해서 무식하다고 손가락질당한다거나, 그런 얘기를 지어낸 사람을 거짓말쟁이라고 하거나, 그 얘기를 믿는다고 해서 어리석은 자라고 하거나, 그런 얘기를 두고 따진다고 해서 미친놈이라고 한다면 누가 참겠는가? 나는 우리 집안 식구들이 에우리알루스의 모친 이름이 뭐냐는 질문에 대답할 줄 모른다고 해서[230] 무식하다는 말을 들을 적에, 오히려 심심한 동정을 느끼곤 하였다. 그런 질문을 받은 사람들이 자기네한테 저런 질문을 해 온 사람들을 가리켜 감히 황당하고 어리석고 호기심만 많은 사람이라고 부르지도 않는 터에 말이다.

세 번째로, 변증술과 수사학을 통해서 우리가 배우는 것

13.38. 문법이 완결되고 정리되고 나면, 이성은 문법이라는 학예를 창조해 낸 바로 그 능력 자체를 찾아내서 관심을 기울이도록 유도된다. 실제로 이성이 그 능력을 정의하고 분석하고 종합함으로써[231] 그 능력을 구사하고 정돈할뿐더러, 오류의 침투로부터 그 능력을 보호하기도 하는 까닭이다.

---

[230] Euryalus는 Aeneas의 명을 어기고 Nisus와 함께 만용을 부리다 적군에게 피살당하여 모친의 애탄과 실신을 초래하는데(Vergilius, *Aeneis* 9,176-502) 그 모친의 이름은 작품에 안 나온다.

[231] definiendo distribuendo colligendo: 정의, 분석 및 종합은 논리학의 기본 과제로 간주된다. 스토아 전통은 논리학을 변증술(dialectica)과 수사학(rhetorica)으로 양분하였다.

질서론 _ 제2권 219

fenderat. Quando ergo transiret ad alia fabricanda, nisi ipsa sua prius quasi quaedam machinamenta et instrumenta distingueret notaret digereret proderetque ipsam disciplinam disciplinarum, quam dialecticam uocant? Haec docet docere, haec docet discere; in hac se ipsa ratio demonstrat atque aperit, quae sit, quid uelit, quid ualeat. Scit scire, sola scientes facere non solum uult sed etiam potest. Verum quoniam plerumque stulti homines ad ea, quae suadentur recte utiliter et honeste, non ipsam sincerissimam quam rarus animus uidet ueritatem, sed proprios sensus consuetudinemque sectantur, oportebat eos non doceri solum, quantum queunt, sed saepe et mauime commoueri. Hanc suam partem, quae id ageret, necessitatis pleniorem quam puritatis refertissimo gremio deliciarum, quas populo spargat, ut ad utilitatem suam dignetur adduci, uocauit rhetoricam. Hactenus pars illa, quae in significando rationabilis dicitur, studiis liberalibus disciplinisque promota est.

XIV 39. Hinc se illa ratio ad ipsarum diuinarum rerum beatissi-

---

232 아우구스티누스가 변증술에 이토록 큰 비중을 두는 것(disciplina disciplinarum)은 이하(2,18,47)에서 설명하듯이, 하느님을 알고 인간 자신을 아는 기술(ars)이기 때문이다. "바로 그런 이치로 인해서 그것이 참된 학문이 된다. 모든 것이 참이 되게 만드는 진리가 그 자체를 통해서 참되고 그 자체 안에서 참되다"(『독백』 2,11,21).

233 변증술의 일부로 간주되던 인식론(scit scire)은 '이성' 자체를 궁구하고, 또 "인식한다는 것은 더욱 명료하고 더욱 완전하게 살아 있음"(inlustrius perfectiusque vivere: 『자유의지론』 1,7,17)을 의미한다.

234 자유 학예, 특히 변증술은 '생활의 필요'(necessitas, utilitas)도, '순수한 인식'(puritas, deliciae)도 이루어 주는 수단으로 소개된다. "수사학은 지혜가 자체를 풍성하게 피력하는 화술이며 군중의 감수성을 자극하는 힘이 있다"(Cicero, *De partitione oratoria* 23,79).

그런데 이성이 자체를 분석하고 입증하고 표현하고 표방하는 장치 내지 도구를 확립하지 않고서 어떻게 다른 학문으로 옮겨 갈 것인가? 그것은 학문 중의 학문인데 일컬어 변증술辨證術이라고 한다.[232] 변증술은 가르치는 법을 가르치고 배우는 법을 가르친다. 이성은 이 학문에서 이성이 무엇인지, 무엇을 바라는지, 무슨 능력을 가졌는지 입증하고 자기를 개시開示한다. 이성은 인식한다는 사실을 인식하며, 이성 홀로 인간들로 하여금 인식하게 만들려고 할 뿐만 아니라, 실제로 그렇게 만들 능력이 있다.[233] 그럼에도 불구하고 어리석은 사람들은, 어떤 대상을 올바르고 유익하고 솔직하게 추구하라는 설득을 받으면서도, 신실한 진리 자체 — 그 진리를 관조하는 지성은 드물다 — 를 찾기보다는 자기네 감관과 습성을 주로 추종하는 까닭에, 이성은 그들이 자기네 역량에 따라 가르침을 받도록 하는 일로 그칠 것이 아니라, 자주 또 한껏 그들의 흥미를 또한 자극해야만 한다. 이것을 수행해 내는 몫을 수사학修辭學이라고 불렀다. 학문의 이 부분은 순수한 목적보다는 어떤 필요에서 말미암은 것이므로, 대중에게 뿌려 주는 매력이라는 것을 톡톡히 갖추고서 자체의 유용성에 따라서 이끌려 가게 마련이다.[234] 여기까지가 이성이 언어라는 기호에 의해서 무엇을 합리적으로 표상하는 분야[235]인데, 이 부분이 자유 학예와 연구로 촉진되었음을 살펴보았다.

청각에서는 먼저 합창과 피리와 현금玄琴으로 쾌감을 얻는다

14.39. 여기서부터 저 이성은 신적 사물들 그 자체를 관조하는 경지를 얻고자 하였다. 그러나 높은 데서 추락하는 일이 없도록 단계적으로 오를

---

[235] 문법, 변증술, 수사학 셋을 논하였고, 이 분야는 후대에 삼과(三科, trivium)로 불리게 된다.

mam contemplationem rapere uoluit. Sed ne de alto caderet, quaesiuit gradus atque ipsa sibi uiam per suas possessiones ordinemque molita est. Desiderabat enim pulchritudinem, quam sola et simplex posset sine istis oculis intueri; inpediebatur a sensibus. Itaque in eos ipsos paululum aciem torsit, qui ueritatem sese habere clamantes festinantem ad alia pergere inportuno strepitu reuocabant. Et primo ab auribus coepit, quia dicebant ipsa uerba sua esse, quibus iam et grammaticam et dialecticam et rhetoricam fecerat. At ista potentissima secernendi cito uidit, quid inter sonum et id, cuius signum esset, distaret. Intellexit nihil aliud ad aurium iudicium pertinere quam sonum eumque esse triplicem, aut in uoce animantis aut in eo, quod flatus in organis faceret, aut in eo, quod pulsu ederetur; ad primum pertinere tragoedos uel comoedos uel choros cuiuscemodi atque omnes omnino, qui uoce propria canerent, secundum tibiis et similibus instrumentis deputari, tertio dari citharas lyras cymbala atque omne, quod percutiendo canorum esset.

40. Videbat autem hanc materiam esse uilissimam, nisi certa dimensione temporum et acuminis grauitatisque moderata uarietate soni figurarentur. Recognouit hinc esse illa semina, quae in gram-

---

236 플로티누스(『엔네아데스』 1,6)에게서 순수한 아름다움을 향해 나아가는 단계들이 소개된다.

237 플로티누스(『엔네아데스』 1,6)는 '아름다움'(τὸ καλόν)이 일자(一者)의 관조를 향한 영혼의 향상에 끼치는 기능을 세론하면서 영혼이 감각적 사물에 깃든 미(美)에서 가지적 사물의 미로 건너가는 과정을 해설한다.

만한 층계를 찾았고, 이미 장악한 학문들을 통해서 자기에게 필요한 행로와 순서를 구축하였다.²³⁶ 이성은 아름다움을 열망하였다. 이성 홀로, 또 순일한 이성만 육안 없이도 직관할 수 있는 아름다움을 말한다.²³⁷ 그런데 감관에 방해를 받았다. 그래서 이성은 잠시 감관에 시선을 던졌다. 감관이 진리를 소지했노라고 호언하면서 쓸데없는 소란을 피웠고, 이성이 감각적 사물이 아닌 다른 사물들을 향해서 서둘러 가는 것을 못 가게 붙들고 늘어졌던 것이다. 그리고 그 일은 귀에서 시작했다. 귀는 이성이 문법과 변증술과 수사학을 만들어 냈던 언어라는 것이 다름 아닌 자기 것이라고 주장했다. 그런데 이성은 분별을 하는 데는 막강한 능력이 있었으므로, 소리라는 것과 그 소리가 기호 역할을 하는 의미 사이에 상당한 거리가 있다는 사실을 즉각 알아냈다.²³⁸ 이성은 귀의 관할에 속하는 것은 소리뿐임을 이해하였고, 그 소리가 삼중三重임도 간파하였다. 소리는 생명체의 음성에 있거나, 숨결로 악기에서 뽑아내는 음향이거나, 타격으로 발생한다. 첫 번째는 비극 배우나 희극 배우나 비슷한 종류의 합창단원이나 자기 목청으로 노래를 뽑는 사람들 모두에게 해당하고, 두 번째는 피리와 비슷한 악기들에서 나는 것으로 간주되며, 세 번째는 거문고, 현금玄琴, 바라 그리고 두드려서 소리를 내는 모든 것이 속한다.²³⁹

그다음은 시가詩歌로 쾌감을 얻는다

14.40. 이성은 소리라는 이 재료가 일정한 시간 배율時間倍率에 의해서 발생하지 않거나, 폐음 강세閉音强勢와 개음 강세開音强勢의 다채로운 양식

---

²³⁸ '소리'(sonus)와 그 소리에 '사물'에 관한 의미를 실은 '기호'(signum) 사이의 연관을 발견한 것은 스토아의 기호론이었다.

²³⁹ 기호이자 소리인 '음악 언어'를 인간 음성, 관악기 소리, 타-현악기 소리로 구분하는 일은 플라톤(*Respublica* 398c-400e) 이래 두루 알려져 있었다.

matica, cum syllabas diligenti consideratione uersaret, pedes et accentus uocauerat, et quia in ipsis uerbis breuitates et longitudines syllabarum prope aequali multitudine sparsas in oratione attendere facile fuit, temptauit pedes illos in ordines certos disponere atque coniungere, et in eo primo sensum ipsum secuta moderatos impressit articulos, quae caesa et membra nominant. Et ne longius pedum cursus prouolueretur, quam eius iudicium posset sustinere, modum statuit, unde reuerteretur, et ab eo ipso uersum uocauit. Quod autem non esset certo fine moderatum sed tamen rationabiliter ordinatis pedibus curreret, rhythmi nomine notauit, qui latine nihil aliud quam numerus dici potuit. Sic ab ea poetae geniti sunt. In quibus cum uideret non solum sonorum sed etiam uerborum rerumque magna momenta, plurimum eos honorauit eisque tribuit quorum uellent rationabilem mendaciorum potestatem. Et quoniam de prima illa disciplina stirpem ducebant, iudices in eos grammaticos esse permisit.

---

240 '시간 배율'(dimensio temporum)은 음가(音價)의 장단, 평균 음가의 한 배 혹은 두 배 길이를 가리키고, '폐음 강세'(acumen: è → e를 날카롭게 고조시켜 발음한다)와 '개음 강세'(gravitas: ê → e를 강하고도 길게 발음한다)는 모음에 악센트를 넣되 날카롭게 끝나는 경우와 강세음이 길게 이어지는 경우를 지칭한다.

241 장단의 음절들로 구성된 단위를 '운각'(pedes)이라고 부르고, 악센트에 해당하는 '강세'(accentus)도 모음이 본래 지니는 강음(強音, accentus)과 운각의 자리 매김에서 오는 양음(揚音, ictus)을 나누었다.

242 brevitates et longitudines syllabarum: 음절의 장단은 단어 자체에 의거할 수도 있고 앞뒤에 위치한 자음들에 좌우될 수도 있다.

243 한 시구(versus)를 일정한 단락(membra)으로 끊어서 나눔을 휴지(caesura)라고 한다. 단락은 휴지에 의해 단절되면서도 일정 단위의 의미를 담는 문항(articulus)이어야 한다.

에 따라서²⁴⁰ 발생하는 경우가 아니면 이 재료는 아주 하찮은 것으로 간주하였다. 그리고 여기 문법에서 음절音節을 아주 조심스럽게 발음하면, 거기에는 운각韻脚과 강세強勢라고²⁴¹ 부르는 요소들이 존재한다는 것을 인식하였다. 왜냐하면 어휘 자체에는 음절의 장단長短²⁴²이 있고 그것이 문구에는 숫자상으로 거의 비슷한 빈도頻度로 분산되어 있음이 쉽사리 감지되었기 때문에, 이성은 저 운각들을 일정한 질서로 배치하고 결부시키려고 시도해 보았다. 그리고 이 첫 번 작업에서 청각이라는 감각을 따라가면서 일정하게 조정된 문항文項들을 새겨 넣었고, 그것들을 분절分節과 단락段落²⁴³이라고 명명하였던 것이다. 그리고 운각들의 진행이 일정한 기준이 감당하는 분량보다 너무 길게 나가는 일이 없도록 한계를 설정하였고 거기서 다시 첫머리로 돌아가게 되므로 그것을 가리켜 구절句節이라고 불렀다.²⁴⁴ 그리고 율동律動이라고 부르는 것이 있어 일정한 목적을 가지고 정해져 있지는 않았지만, 질서 있는 운각들로 합리적으로 진전이 이루어지게 만든다. 라틴어로는 운율韻律 외에 달리 부를 수가 없었다.²⁴⁵▶ 그리하여 언어를 이처럼 합리적으로 구사하는 이성에 따라서 시인詩人들이 탄생하였다. 이성은 시인들한테서 소리로만 아니고 언어와 줄거리에서도 위대한 성취를 발견하였으므로, 그들에게 커다란 영예를 수여하고, 그들이 원하면 허구를 창작하는 합리적 권한도 부여하였다. 그러면서도 시인들이 저 첫째 학문, 곧 문법에서 자기네 종족을 이끌어 냈으므로, 이성은 문법가들이 시인들에 대한 평론인 역할을 하게 허용하였다.

---

244 운율에 따라 시구의 구성을 소개하면, versus[절(節)]는 시에서 일정한 시상을 반영한 행(行)이고, caesura[휴지(休止)]는 한 행을 내적·외적 이유로 끊는 쉼표이며, membrum[단락(段落)]은 한 행이 휴지에 의해서 분절된 단위이다. 그리고 pes[운각(韻脚) 혹은 음보(音步)]란, 장단의 음절로 이루어진 단어 혹은 단어의 복합이다.

41. In hoc igitur quarto gradu siue in rhythmis siue in ipsa modulatione intellegebat regnare numeros totumque perficere; inspexit diligentissime, cuius modi essent; reperiebat diuinos et sempiternos, praesertim quod ipsis auxiliantibus omnia superiora contexuerat. Et iam tolerabat aegerrime splendorem illorum atque serenitatem corporea uocum materia decolorari. Et quoniam illud, quod mens uidet, semper est praesens et immortale adprobatur – cuius generis numeri apparebant – sonus autem, quia sensibilis res est, praeterfluit in praeteritum tempus imprimiturque memoriae, rationabili mendacio iam poetis fauente ratione (quaerendumne quid propagini similiter inesset?), Iouis et Memoriae filias Musas esse confictum est. Vnde ista disciplina sensus intellectusque particeps musicae nomen inuenit.

◂245 rhythmus, numerus: 그리스어 $ρυθμος$는 음절의 장단(長短)과 휴지(休止)가 일정한 가락을 이룸을 나타내므로 '율동'(라틴어 rhythmus)이라 부를 만하고, 한 구절이나 단락이 일정한 숫자(numerus)의 운각 내지 음절 수로 헤아려진다고 해서 로마인들은 그냥 numerus라고 했는데(Cicero, *Orator* 51,70) 우리말로는 '운율'(韻律)이라고 번역할 만하다.

246 "노래는 '말'(logos)과 '화음'(harmonia)과 '율동'(rythmos) 세 가지에 의해서 작곡된다"는 플라톤의 말(*Respublica* 398d)을 염두에 둔 듯하다.

247 '문법', '변증술', '수사학'에 이은 '음악'[시가와 노래]부터 후대의 quadrivium(음악, 산술, 기하, 천문)을 논하기 시작한다.

248 혹자(Gentili)는 '산문(散文)에서든 운문(韻文)에서든'이라고 의역하였다.

249 피타고라스는 만유의 원리인 수(數)에서 점, 선, 도형, 입체, 원소가 차례로 발생한다면서, 음계(音階)의 차이도 수리적인 조화와 배율이듯이, 천계(天界)의 운행과 궤도 역시 수리적인 조화라고 설명하였다(Aristoteles, *Metaphysica* 985-987; Diogenes Laertius, *Vitae philosophorum* 8,25).

250 cuius modi essent: '양태', '정도', '법도' 등으로 옮겨지며, 이 대목 역시 다수 역자들이 '그 본성'이라고 번역하고 있다.

세 번째로 소리 외에도 음률을 넣어 음악을 즐긴다[246]

14.41. 이 네 번째 단계에서는[247] 이성이 어떤 율동에서도 또 선율旋律에서도[248] 수리數理[249]가 지배하고 있고 그것이 작품 전체를 완성시킨다는 사실을 이해하였다. 그래서 이성은 그것이 어떤 법도法度를 갖추고 있는지[250] 아주 면밀하게 관찰하였다. 그리고 그 수리가 신성하고 영속적인 무엇임을 발견했고[251] 특히 그것들이 조역助役을 함으로써 위에 나오는 모든 학문들이 엮여 왔음을 깨달았던 것이다.[252] 아울러 그 수리는 자체의 광휘와 청명함을 음성이라는 신체적 질료가 탈색시키고 있음을 인종忍從하고 있었다, 비록 매우 고통스러워하면서도.[253] 그 대신 지성이 보고 있는 것은 항상 현전現前하고 불멸하는 것임이 드러났고, 수리가 바로 그런 종류로 나타났던 것이다. 다만 소리는 감각적 사물이므로 과거라는 시간으로 흘러가 버리고 기억에 각인될 따름이므로, 무사들이 유피테르와 메모리아 사이에서 태어난 딸들이라는 설화[254]가 앞서 말한 합리적인 허구로 시인들에 의해서 만들어졌는데, 이성은 이것마저도 동조해 주었다.[255] 이 학문, 감각과 오성이 함께 참여하는 이 학문은 음악音樂이라는 이름을 얻었다.[256] ▶

---

[251] 플로티누스의 이론이다: "음악은 율동과 화음으로 합리적 수리를 고려하는 것이므로 가지계(可知界)에서 원리를 끄집어낸다. 물론 그것이 감각에서 포착된 요소와 혼합되어 있으므로 전적으로 가지계에 속한다고는 말 못한다"(『엔네아데스』 5,9,11).

[252] 따라서 이하에서 논하는 음악, 산수, 기하, 천문은 모두 수리에서 비롯하는(ipsis auxiliantibus) 학문으로 간주된다.

[253] 문학의 운율과 음악을 구성하는 이치는 수리(數理)이지만, 스토아는 '음성(vox)이라는 물체'가 음악에 관한 추상적 해석을 곤란케 한다고 생각했다.

[254] Cf., Hesiodus, *Theogonia* 54. 아우구스티누스는 훗날 "비록 장난말로 한 것이지만 무사들(Musae)을 무슨 여신들처럼 언급하기도 했다"(『재론고』 1,3,2)라면서 이 구절을 수정한다.

[255] 사본에 따라서는 괄호 안에 "거기에 굳이 부모 자식 간의 닮은 점이 있다고 따져야 하는가?"(Gentili 번역본) 혹은 "그런 식으로 따진다면, 이교도들에게는 기억의 여신의 아들이 라틴어에도 없는 무수스(Musus)라고 말하는 셈이리라"(Green 각주)는 문장이 첨가된다.

XV 42. Hinc profecta est in oculorum opes et terram caelumque conlustrans sensit nihil aliud quam pulchritudinem sibi placere et in pulchritudine figuras, in figuris dimensiones, in dimensionibus numeros quaesiuitque ipsa secum, utrum ibi talis linea talisque rotunditas uel quaelibet alia forma et figura esset, qualem intellegentia contineret. Longe deteriorem inuenit et nulla ex parte, quod uiderent oculi, cum eo, quod mens cerneret, conparandum. Haec quoque distincta et disposita in disciplinam redegit appellauitque geometricam. Motus eam caeli multum mouebat et ad se diligenter considerandum inuitabat. Etiam ibi per constantissimas temporum uices, per astrorum ratos difinitosque cursus, per interuallorum spatia moderata intellexit nihil aliud quam illam dimensionem numerosque dominari, quae similiter definiendo ac secernendo in ordinem nectens astrologiam genuit, magnum religiosis argumentum tormentumque curiosis.

◀256 "철학이란 가장 위대한 음악이다"(Plato, *Phaedo* 61a)라는 소크라테스의 말을 빌려, '기술'(ars, τέχνη)로 불리던 음악에 '학문'(disciplina, μάθημα)이라는 품격을 부여한 것은 플라톤(*Respublica* 531)이었다.

257 "거기서 나는 연학의 질서에 관해서 논하는 데 중점을 두었고, 그 과정을 거쳐서 물체적 사물들로부터 비물체적 사물들로 나아가기 바랐다"(『재론고』 1,3,1)는 말대로, 눈에 보이지 않으나 엄존하는 수(數)의 세계에 들어선다.

258 수리적 비율을 통해서 나타나는 시각적 아름다움의 세 요소를 지적하고 용어도 figurae(형태, 도형), dimensiones(차원, 평면), numeri(수리)로 바뀐다.

시각의 작용으로 우리는 먼저 수와 척도, 곧 기하에 의해서, 그리고 수와 계절의 운행, 곧 천문에 의해서 쾌감을 얻는다[257]

15.42. 여기서 이성은 눈의 작용으로 건너가 하늘과 땅을 두루 살피면서 자기 마음에 드는 것이라곤 아름다움 외에 그 무엇도 아님을 각성했다. 눈으로 보는 아름다움에서는 형태形態, 형태에서는 차원次元, 차원에서는 수리數理가 좋았다.[258] 그리고 저런 선분線分이나 저런 원형圓形이나 그 밖의 온갖 다른 도형圖形이나 형태가 과연 이해理解의 영역에 내포되는 무엇을 간직하고 있는지 스스로 탐구하였다. 그러고는 저런 형태들이 이해의 영역에 내포되는 것보다 훨씬 뒤떨어진 것임을 발견하였고, 눈이 본 것은 지성이 식별하는 것과 어느 면에서도 비교될 수 없음을 간파하였다. 그러면서도 나름대로 그렇게 구분하고 따로 처리한 것을 한 학문으로 정리하였으며 기하幾何라고 이름 지었다.[259] 천계의 운동은 많은 것들을 움직이고 있어서 진지하게 고찰하라고 촉구하였다. 거기서도 계절의 꾸준한 운행을 통해서, 성좌들의 정확하게 계산되고 고정된 궤도라든가 일정하게 조정된 간격을 통해서, 이성은 그곳에서 지배하는 것이 저 차원次元과 수리數理 외에 그 무엇도 아님을 인식하였다.[260] 그런 것들을 정의하고 구분하면서 질서와 결부시켜 천문天文을 탄생시켰으니 이것이 종교심을 지닌 사람들에게는 크나큰 논거論據가 되고 호기심만 따르는 사람들에게는 커다란 고문拷問이 된다.[261]

---

259 교부에게 기하(geometria)는 '이념적 도형들'이 시각적으로 구현된 바를 연구하는 학문이다(『서간집』 26,3).

260 피타고라스는 만유의 원리인 수(數)에서 점, 선, 도형, 입체, 원소가 차례로 발생한다면서, 음계(音階)의 차이가 수리적인 조화와 배율이듯이, 천계(天界)의 운행과 궤도 역시 수리적인 조화라고 설명하였다.

261 교부는 『고백록』(7,6,8)에서 천문학을 빙자한 미신적 점성술(占星術)을 규탄한다.

43. In his igitur omnibus disciplinis occurrebant ei omnia numerosa, quae tamen in illis dimensionibus manifestius eminebant, quas in se ipsa cogitando atque uoluendo intuebatur uerissimas, in his autem, quae sentiuntur, umbras earum potius atque uestigia recolebat. Hic se multum erexit multumque praesumpsit, ausa est immortalem animam conprobare. Tractauit omnia diligenter, percepit prorsus se plurimum posse et quicquid posset numeris posse. Mouit eam quoddam miraculum et suspicari coepit se ipsam fortasse numerum esse eum ipsum, quo cuncta numerarentur, aut si id non esset, ibi tamen eum esse, quo peruenire satageret. Hunc uero totis uiribus conprehendit, qui iam uniuersae ueritatis index futurus, ille, cuius mentionem fecit Alypius, cum de Academicis quaereremus, quasi Proteus in manibus erat. Imagines enim falsae rerum earum, quas numeramus, ab illo occultissimo, quo numeramus, defluentes in sese rapiunt cogitationem et saepe illum, cum iam tenetur, elabi faciunt.

---

262 같은 수리를 만유에 적용하고, 음악과 천문에 같은 용어(dimensio, numerus)를 구사하는 피타고라스학파는 "서로 가까이 다가갈 적에 해님은 달님과 얘기를 주고받고, 우주는 화음을 이루어 노래한다"(Cicero, *De natura deorum* 3,11,27)는 표현도 주저하지 않았다.

263 피타고라스학파처럼, 이념을 곧 수(數)로 간주하면, 이념계에 가지수(可知數, numeri intelligibiles)가 존재하고 그 수를 '그림자처럼' 반영한 현상계의 감각수(感覺數, numeri sensibiles)로 제반 수학이 성립한다는 설명이 나온다(cf., Aristoteles, *Metaphysica* 991-992).

264 본서 2,19,50 참조.『독백』,『영혼 불멸』에서, 수(數)와 이성(理性)의 초시간적 성격에서 수를 이해하고 인식하는 이성, 곧 영혼도 불멸함을 본격적으로 논증한다.

265 교부가 이 대화를 가질 무렵의 서간(『서간집』 3,2)에서 "가지수는 무한히 증대하지만 무한히 감소할 수 없고 하나(monas) 이하로는 안 된다. 감각수, 곧 물체의 수량(corporum quantitas)은 무한히 감소하지만 무한히 증대할 수는 없다"는 설명을 내놓는다.

그다음은 순수한 숫자 — 대수 — 에 의해서 쾌감을 느낀다

15.43. 이 제반 학문에서는 모든 것이 수리에 입각한 것으로 드러났다.[262] 그렇지만 수리가 더욱 현저하게 드러나는 것은 저 다른 차원에서이며, 이성은 사유하고 관찰하면서 이성 자체 안에서 저 차원들이 정말 참된 무엇임을 직관하였다. 또 이성은 감각으로 포착되는 사물들에 깃들어 있는, 저 차원의 그림자 내지 흔적들을 한데 수집하였다.[263] 그 단계에 이르러 이성은 크게 고무되고 크게 담대해져서 영혼이 불멸함을 입증하려고 시도하기에 이르렀다.[264] 모든 것을 철저하게 다루었고, 이성 자체가 참으로 많은 것을 해낼 수 있음을 깨달았으며, 자체가 무엇을 할 수 있다면 수數에 힘입어 할 수 있다는 점도 알아챘다. 어떤 신비한 점이 이성을 동요시켜 이성은 자기가 혹시 수數가 아닌가, 모든 것이 헤아려지는 수數가 아닐까 하는 추측을 시작했다.[265] 설령 수 자체는 아니더라도 적어도 이성이 도달하려고 노력하는 그곳에 수가 있으리라는 생각을 하였다.[266] 이성은 수가 보편 진리의 지표指標[267]가 되리라고 여겨 전력을 다해 수를 붙들었다. 아카데미아학파에 관해서 우리가 논할 적에 프로테우스가 손에 잡힐 뻔했다고 하던 알리피우스의 얘기가 바로 그 말이다.[268]▶ 하지만 자칫하면 우리가 수로 헤아리는 사물들의 거짓 표상이, 우리가 그 사물들을 헤아리는 근거가 되는 가장 내밀한 수로부터 거리를 두고 떨어져 나가면서, 이성의 사유를 자기한테로 앗아 가 버리는 까닭에, 저 수를 이미 손에 넣었다고 할 순간에 그만 사라지게 만들어 버리기도 한다.

---

266 "기하학적 형태들이 진리 안에 존재하거나 진리가 그것들 안에 존재한다는 사실이 우리 영혼, 다시 말해서 우리 지성에 포함되어 있다는 것을 아무도 의심하지 않는다"(『독백』 2,19,33).

267 numerus ... universae veritatis index: 수가 이념 자체, 진리 자체(플로티누스『엔네아데스』6,6,6 참조)가 아니면 적어도 '진리의 지표'는 된다(『고백록』10,6,9 참조).

XVI 44. Quibus si quisque non cesserit et illa omnia, quae per tot disciplinas late uarieque diffusa sunt, ad unum quiddam simplex uerum certumque redegerit, eruditi dignissimus nomine non temere iam quaerit illa diuina non iam credenda solum uerum etiam contemplanda intellegenda atque retinenda. Quisquis autem uel adhuc seruus cupiditatum et inhians rebus pereuntibus uel iam ista fugiens casteque uiuens, nesciens tamen, quid sit nihil, quid informis materia, quid formatum exanime, quid corpus, quid species in corpore, quid locus, quid tempus, quid in loco, quid in tempore, quid motus secundum locum, quid motus non secundum locum, quid stabilis motus, quid sit aeuum, quid sit nec in loco esse nec nusquam, quid sit praeter tempus et semper, quid sit et nusquam esse et nusquam non esse et numquam esse et numquam non esse, quisquis ergo ista nesciens, non dico de summo illo deo, qui scitur melius nesciendo, sed de anima ipsa sua quaerere ac disputare uoluerit, tantum errabit, quantum errari plurimum potest. Facilius autem ista cognoscet,

---

◀268 프로테우스는 여간해서 손에 잡히지 않는 해신(海神)이다(『아카데미아학파 반박』 3,5, 11 참조).

269 교부의 표어 "나는 이해하기 위하여 믿는다"(credo ut intellegam)를 간접 표명한 것이다.

270 caste vivere: "하느님께 귀를 기울이고 그분에게만 몰두하는 사람이야말로 참으로 정결한 사람입니다"(『행복한 삶』 3,18).

271 무(無), 질료(質料)와 형상(形相), 실체(實體), 시간과 공간, 가지계와 시공간의 문제 등은 고전 형이상학 — 특히 신플라톤학파 — 의 대표적 주제들이다.

272 qui scitur melius nesciendo: "하느님이 무엇인지 알 수 있기 전에 하느님이 무엇이 아닌지 알 수 있다면, 그것만으로도 적은 분량의 지식이 아니다"(『삼위일체론』 8,2,3). 이 '소극적 신 인식'(후대의 via negativa)을 교부는 박식한 무지(docta ignorantia)라고 명명한다(『서간집』 130,15,28).

제반 학문에서 유래하는 지식

16.44. 어떤 사람이 만일 감각적 표상이라는 저런 것들에서 멈추지 않는다면, 그리고 일체의 저 학예들을 통해서, 광범위하고 다채롭게 분산되어 있는 저 모든 것들을 단순하고 진실하고 확고한 어떤 일자一者에게로 수렴시킨다면, 그는 참으로 식자識者라는 이름에 아주 어울리며, 그것으로도 그는 이미 경솔하지 않게 신성한 사물들을 추구하는 셈이다. 그 대상을 단지 믿는 데서 그치지 않고, 관조觀照하고 인식認識하고 포착捕捉할 대상으로 추구하는 셈이다.[269] 그러나 누구든지 아직껏 정욕의 노예가 되어 있고 사라지는 사물들을 희구한다고 하자. 또 비록 그런 것들을 피하고 정결하게 산다고[270] 하더라도, 다음과 같은 중요한 사실들을 모른다고 하자. 무無라는 것이 무엇인지, 무형無形한 질료質料라는 것이 무엇인지, 형상화形相化되었으나 생명 없는 것이 무엇인지, 물체物體가 무엇인지, 물체 속에 있는 형상形象이 무엇인지, 공간空間이 무엇이고 시간時間이 무엇인지, 공간에 있다 함이 무엇이고 시간에 있다 함이 무엇인지, 어떤 운동運動이 공간에 따른 운동이고 어떤 운동이 공간에 따르지 않는 운동이며 고정된 운동은 또 무엇인지, 영원永遠이 무엇인지, 공간에도 존재하지 않고 어디에도 존재하지 않는다 함이 무엇인지, 시간 밖에 존재하고 항상 존재한다 함이 무엇인지, 어디에도 존재하지 않는다는 것과 어디에도 존재하지 않지 않는다 함이 무엇인지, 결코 존재하지 않는다는 것과 결코 존재하지 않지 않는다 함이 무엇인지 모른다고 하자.[271] 여기서 내가 저 지존하신 하느님까지는 거론 않겠다. 그분에 관해서는 알지 못함으로써 오히려 더 잘 아는 셈일 것이다.[272] 하지만 누구든지 저런 것들을 모르는 채 자기의 영혼에 관해서 탐구하고 토론하고 싶어 한다면, 그는 정말 사람이 저지를 최대의 오류를 저지르고도 남을 것이다. 그 반대로 단순하고 가지적인 수數[273]▶를 파악할 만한

qui numeros simplices atque intellegibiles conprehenderit; porro istos conprehendet, qui et ingenio ualens et priuilegio aetatis aut cuiuslibet felicitatis otiosus et studio uehementer incensus memoratum disciplinarum ordinem, quantum satis est, fuerit persecutus. Cum enim artes illae omnes liberales partim ad usum uitae partim ad cognitionem rerum contemplationemque discantur, usum earum assequi difficillimum est nisi ei, qui ab ipsa pueritia ingeniosissimus instantissime atque constantissime operam dederit.

XVII 45. Quod uero ex illis ad id, quod quaerimus, opus est, ne te quaeso, mater, haec uelut rerum immensa quaedam silua deterreat. Etenim quaedam de omnibus eligentur numero paucissima, ui potentissima, cognitione autem multis quidem ardua, tibi tamen, cuius ingenium cotidie mihi nouum est et cuius animum uel aetate uel admirabili temperantia remotissimum ab omnibus nugis et a magna labe corporis emergentem in se multum surrexisse cognosco, tam erunt facilia quam difficilia tardissimis miserrimeque uiuentibus. Si enim dicam te facile ad eum sermonem peruenturam,

---

◂273 가지수(numeri intellegibiles), 산술적 수(numeri mathematici)는 플로티누스(『엔네아데스』 6,9,2) 이래 널리 구분되어 쓰였다.

274 학문의 실천적 목적과 관상적 목적은 고대로부터 늘 논의되어 왔다(cf., Aristoteles, *Ethica Nicomachea* 1177a).

275 어머니가 임석한 자리에서 지루한 학문론을 개진한 사실을 새삼 깨닫고서 말머리를 잠시 돌린다. 이하 2,18,48 참조(『아카데미아학파 반박』 3,3,5-4,10 참조).

사람이라면, 저런 것들을 보다 용이하게 인식할 것이다. 그만한 재능을 갖춘 사람, 연령이나 다른 행운의 특전으로 그럴 여가가 있는 사람이라면, 그래서 앞서 열거한 학예의 순서를 충분할 만큼 성의를 가지고 열심히 답습하였다면, 바로 저런 것들을 보다 용이하게 파악할 것이다. 저 모든 자유 학예를 연마하는 것은, 일부는 실천적 활용을 위해서고, 일부는 사물의 인식과 관상을 위해서다.[274] 다만 그 학예들의 활용으로 말할 것 같으면, 어려서부터 상당한 재능을 갖추고 정말 항구하게 또 정말 꾸준하게 정진한 사람이 아니라면 습득하기가 참으로 힘들다.

저런 지식은 절제와 덕성에 의존한다

17.45. 그렇지만 어머니, 우리가 탐구하는 바를 얻는 데 거치지 않으면 안 될 저것들을 두고 마치 널따란 숲 같더라도 겁을 먹지 마시라고 말씀드립니다.[275] 그 모든 것들 가운데서 몇몇을 추려 내게 마련인데 숫자상으로도 아주 적지만 위력은 대단합니다. 그것들을 인식하는 일이 다수 인간들에게는 어려움이 있습니다. 그렇지만 어머니의 재능은 저한테까지도 날마다 새롭기만 한 터이고, 연세 덕분에도, 놀랄 만한 자제심 덕택에도, 어머니의 정신은 일체의 하찮은 속물에서 멀리 거리를 두고 있습니다. 제가 알기로, 어머니의 정신은 노쇠한 신체에서 불끈 솟아 정신 그 자체로 의연하게 일어섰습니다. 깨우침도 늦고 살아가는 것도 가련한 사람들에게는 저런 이치들이 알아듣기에 아주 힘들겠지만 어머니에게는 참 쉬우리라고 봅니다. 물론 어법이나 언어상으로나 결함 없는 저런 언변에 어머니가 쉽사리 도달하시리라는 말씀을 드린다면 제가 정말 거짓말을 하는 셈입니다. 저도 이런 방면에서 제대로 배우는 데 무척 큰 고생을 하였으면서도, 여러 어휘를 발음하는 소리를 두고 이탈리아 사람들이 나를 놀릴 지경입니

qui locutionis et linguae uitio careat, profecto mentiar. Me enim ipsum, cui magna necessitas fuit ista perdiscere, adhuc in multis uerborum sonis Itali exagitant et a me uicissim, quod ad ipsum sonum attinet, reprehenduntur. Aliud est enim esse arte, aliud gente securum. Soloecismos autem quos dicimus fortasse quisque doctus diligenter attendens in oratione mea reperiet; non enim defuit, qui mihi nonnulla huiusmodi uitia ipsum Ciceronem fecisse peritissime persuasisset. Barbarismorum autem genus nostris temporibus tale conpertum est, ut et ipsa eius oratio barbara uideatur, qua Roma seruata est. Sed tu contemptis istis uel puerilibus rebus uel ad te non pertinentibus ita grammaticae paene diuinam uim naturamque cognosces, ut eius animam tenuisse, corpus disertis reliquisse uidearis.

46. Hoc etiam de ceteris huius modi artibus dixerim, quas si penitus fortasse contemnis, admoneo te, quantum filius audeo quantumque permittis, ut fidem istam tuam, quam uenerandis mysteriis percepisti, firme cauteque custodias, deinde ut in hac uita atque moribus constanter uigilanterque permaneas. De rebus autem obscuris-

---

276 『고백록』(1,14,23)을 보면 그가 북아프리카인으로 homo의 h를 제대로 발음하지 못하여 탈잡히던 얘기가 실려 있다.

277 soloecismus: 고전문법에 어긋나는 표현을 가리키며 시문과 연설에서는 널리 용인되었다(2,4,13의 각주 280 참조).

278 마리우스 빅토리누스로 추정된다.

279 barbarismus: 외래어 영향으로 문법과 어휘의 순정하지 못한 구사, 곧 불순어법(不純語法)을 가리키는데 일종의 수식으로 간주되기도 하였다.

다.²⁷⁶ 물론 발성을 두고는 그들도 나한테서 자주 탈을 잡습니다. 여하튼 학예로 배워서 자신 있는 것과 태생으로 익혀 자신 있는 것은 다른가 봅니다. 파격破格²⁷⁷이라는 것이 있는데 그것을 내 연설에서 찾아내려면 박식한 사람이 주의 깊게 들어야 할 것입니다. 그런데 내가 그런 식으로 구사하는 몇몇 표현을 두고, 저 유명한 키케로도 같은 표현을 구사했다고 전문가답게 나에게 상세히 깨우쳐 준 인물도 없지 않았습니다.²⁷⁸ 어휘상의 파격²⁷⁹의 종류가 우리 시대에 와서는 하도 만연되어 있어서, '로마를 구출했노라'는 그 언변마저도 불순하게 들릴 지경이 되었습니다.²⁸⁰ 하지만 어머니는 이런 것 따위야 우습게 아시고 어린애들이나 할 일이지 어머니에게는 해당하지 않는다고 생각하십니다. 그러면서도 어머니는 문법에 관한 한, 거의 천부적인 재주와 품성을 익히고 계십니다. 말하자면 어머니는 문법의 정신은 간수하셨고 그 껍데기는 배웠다는 사람들에게 내맡기신 것처럼 보입니다.

어떤 지식을 갖추어 지혜로 나아가야 하는가

17.46. 이런 종류의 여타 학예에 대해서도 같은 말을 할 수 있겠습니다. 어머니가 만일 이것들을 모조리 경멸하신다면, 제가 어머니 아들로서, 어머니가 받아 주시는 한도에서 드리는 말씀이지만, 어머니의 그 신앙, 외경스러운 비사秘事를 통해서²⁸¹ 깨달으신 그 신앙을 굳세게 또 정성껏 간직하십시오. 또한 지금의 생활과 방식을 꾸준히, 끊임없이 그대로 이어 주십시오. 하지만 정말 비밀에 싸인 사안, 동시에 하느님과 연관된 사안들이 있

---

²⁸⁰ 키케로의 연설문 가운데 가장 완벽한 「카틸리나 성토문」(*Orationes in Catilinam*)에도 파격이 자주 등장한다(Ciceronis oratio barbara)는 얘기다.

²⁸¹ venerandis mysteriis: '성경을 통해서'(Gentili)라는 해석도 가능하다.

simis et tamen diuinis, quomodo deus et nihil mali faciat et sit omnipotens et tanta mala fiant et cui bono mundum fecerit, qui non erat indiguus, et utrum semper fuerit malum an tempore coeperit et, si semper fuit, utrum sub conditione dei fuerit et, si fuit, utrum etiam iste mundus semper fuerit, in quo illud malum diuino ordine domaretur – si autem hic mundus aliquando esse coepit, quomodo, antequam esset, potestate dei malum tenebatur et quid opus erat mundum fabricari, quo malum, quod iam dei potestas frenabat, ad poenas animarum includeretur? Si autem fuit tempus, quo sub dei dominio malum non erat, quid subito accidit, quod per aeterna retro tempora non acciderat? In deo enim nouum extitisse consilium, ne dicam impium, ineptissimum est dicere. Si autem inportunum fuisse et quasi improbum malum deo dicimus, quod nonnulli existimant, iam nemo doctus risum tenebit, nemo non suscensebit indoctus; quid enim potuit deo nocere mali nescio qua illa natura? Si e-

---

282 이하 악(惡)에 관한 변신론(辯神論)의 명제들이, 세 번째 질문부터는 소위 diaeresis(명제의 절반을 계속 배제하면서 전개되는 분절법) 논법으로, 열거된다. 아우구스티누스 평생의 주제이지만 마니교도들을 상대로 해서 『자유의지론』에서 본격적으로 토론한다.

283 cui bono: 라틴어 문법상, 창조주와 피조물 중 '누구에게 선익이 되는가?'라는 해석도 나온다.

284 악의 문제를 해명하는 아우구스티누스의 중요한 계기가 물리악(죄벌poena)과 윤리악(죄악malum)을 구분한 점이다.

285 플라톤의 영혼 선재설과 타락한 영혼이 물질계에 귀양 왔다는 통설을 전제한다.

286 improbum malum deo: 마니교의 이원론은 신도 일종의 물체(moles corporum)이고 악도 물체적 실체여서 악은 신(神) 혹은 선(善)에 맞서는 원리라고 주장했다(『고백록』 5,10,19).

287 물질세계의 출현은 일자(一者)로부터의 타락이라거나 우주의 형성 자체가 물질(질료) 혹은 악과 혼재하는 단죄(斷罪)라는 철학 사상을 전제한다. 아우구스티누스는 '질료'(質料)에

습니다.²⁸² '하느님이 아무 악惡도 만들지 않고, 전능한 분인데 어떻게 저 많은 악이 횡행하는가?' '하느님은 아무것도 아쉬운 것이 없는데 무슨 선익을 바라고²⁸³ 세상을 만들었는가?' '악은 항상 존재했는가? 아니면 시간과 더불어 시작했는가?' '악이 항상 존재했다면, 하느님의 통제하에 있었는가?' '하느님의 통제하에 있었다면, 신적 질서에 의해서 저 악이 제어당하는 범위에서, 이 세계도 항상 존재하였는가?' '만일 이 세계가 어느 시점에 존재하기 시작했다면, 세계가 존재하기 전에는 하느님의 권능으로 악이 어떻게 통제되고 있었는가?' '악을 하느님의 권능이 이미 제압하고 있었다면, 세계가 만들어질 필요가 왜 있었는가? 영혼들의 죄벌을 위해 그 세계에 악이²⁸⁴ 포함되어야 했다는 말인가?'²⁸⁵ '악이 하느님의 지배를 받지 않던 때가 있었다면, 돌이켜 볼 적에 어쩌다 영원한 시간을 두고 전에는 일어나지 않던 일이 갑자기 일어났다는 말인가? 불경스러운 말을 안 하려고 하는 말이지만, 하느님께 세계를 만들겠다는 생각이 새로 떠올랐으리라는 말을 하는 것은 참으로 정신 나간 짓이다.' '악이라는 것이 하느님의 의사에 반해서 출현한 극히 부적합한 것이고, 어떤 사람들이 생각하듯이, 하느님께 불손한 것이라는 말을 한다면,²⁸⁶ 유식한 사람치고 웃지 않을 사람이 없고 무식한 사람치고 분개하지 않을 사람이 없을 것이다. 악이라는 것이 어떤 본성을 가지고 그러는지 모르겠지만, 과연 악이 하느님께 무슨 해를 끼칠 수 있었겠는가?' '만약 하느님께 해를 끼칠 수 없었다는 말이 나온다면, 그 사람들 말대로는 세상을 조성할 이유가 없어질 것이다.²⁸⁷ 만약 해를 끼칠 수 있었다고 한다면, 하느님이 상해를 입을 수 있다고 믿는 셈

대해서도 "옛사람들이 *ὔλη*라고 부르던 그것도 악이라고 말하면 안 된다. 질료도, 그것이 존재한다는 점에서는, 신에 의해서가 아니고는 존재하지 못함을 아무도 의심해서는 안 된다"(『선의 본성』 18)라는 입장을 정리한다.

nim dicunt non potuisse, fabricandi mundi causa non erit; si potuisse dicunt, inexpiabile nefas est deum uiolabilem credere, nec ita saltem, ut uel uirtute prouiderit, ne sua substantia uiolaretur; namque animam poenas hic pendere fatentur, cum inter eius et dei substantiam nihil uelint omnino distare. Si autem istum mundum non factum dicamus, impium est atque ingratum credere, ne illud sequatur, quod deus eum non fabricarit – ergo de his atque huius modi rebus aut ordine illo eruditionis aut nullo modo quicquam requirendum est.

XVIII 47. Et ne quisquam latissimum aliquid nos conplexos esse arbitretur, hoc dico planius atque breuius, ad istarum rerum cognitionem neminem adspirare debere sine illa quasi duplici scientia bonae disputationis potentiaeque numerorum. Si quis etiam hoc plurimum putat, solos numeros optime nouerit aut solam dialecticam. Si et hoc infinitum est, tantum perfecte sciat, quid sit unum in numeris quantumque ualeat nondum in illa summa lege summoque ordine rerum omnium sed in his, quae cotidie passim sentimus at-

---

288 일원론을 살린다면서 유출설(流出說)을 주장하면 절대자와 유한자 사이에 실체적 차이가 없어진다. 교부는 "하느님은 무로부터 창조한 사물들에게 존재를 부여하였다"(rebus, quas ex nihilo creavit, esse dedit: 『신국론』 12,2)라는 명제로 이 난제를 해소한다.

289 이하는 어머니만 아니고 임석자 전부에게 건넨 연설로 보인다.

290 귀로 듣는 시가(詩歌)의 운율 속에서(2,13,38), 눈으로 보는 형상 속에 깃들어 있는 수리(數理)에서(2,14,43) 우리는 '수의 위력'(potentia numerorum)을 충분히 감지하였다.

인데 그것은 돌이킬 수 없이 불경스러운 짓이며, 하느님이 당신의 실체가 상해를 입지 않게 당신 능력으로 배려하지도 않았다는 말이 된다. 왜 이런 말을 하느냐 하면, 그들은 영혼의 실체와 하느님의 실체 사이에 아무런 거리가 없다고 하면서[288] 영혼이 여기서 벌 받기로 되어 있다고 공언하는 까닭이다.' '이 세상이 만들어진 것이 아니라고 우리가 말할라치면 결론적으로 하느님이 세상을 만들지 않았다고 믿게 되는데 이보다 불측하고 배은망덕한 짓이 없다.' 그러므로 이처럼 중대한 사안들이나 이런 종류의 사안들을 두고서는 연학의 질서에 힘입어서 탐구해야 하거나, 그렇지 않고는 아예 아무것도 탐구하지 말아야 하거나 둘 중 하나가 됩니다.

지혜는 수數를 거쳐서 일자一者를 지향한다

18.47. 우리가[289] 문제를 너무 광범위하게 만들고 또 복잡하게 만들었다는 생각을 하는 사람이 없게 하는 뜻에서, 보다 분명하고 보다 간략하게 이 말을 하겠다. 그 누구도 다음의 두 학문, 곧 훌륭한 토론의 학문과 수의 위력에 관한 학문[290] 없이 저런 문제들에 관한 지식을 희구하는 일이 없어야 한다. 누가 이 두 가지 일이 너무 과중하다고 생각한다면 수數만을 아주 잘 알거나 변증술辨證術만 잘 알거나 해도 된다. 그런데 이것마저 끝이 없다고 보이면, 적어도 숫자상의 '하나'가 무엇을 의미하고 얼마나 가치 있는지는 완벽하게 알아야 한다. 여기서는 아직 만유의 최고법이나 최고 질서에 입각해서가 아니고 우리가 날마다 수시로 지각하고 행동하는 데서 경험하는 '일자'一者를 이야기하는 것이다.[291] 철학의 학문은 이미 이런 학습

---

291 만물이 "형상(形相)을 지닌 것은 다름 아닌 수(數)를 지녔기 때문이다. … 그것들이 수에 귀속되는 만큼 존재를 가진다"(『자유의지론』 2,16,42). 만유 속에 원리처럼 자리 잡고서 그 사물을 하나로 통일시키는 수(unum numericum)는 존재론적으로 궁극적이고 절대적인 일자(一者), 곧 하느님을 지향한다는 전제다.

que agimus. Excipit enim hanc eruditionem iam ipsa philosophiae disciplina et in ea nihil plus inueniet, quam quid sit unum, sed longe altius longeque diuinius. Cuius duplex quaestio est, una de anima, altera de deo. Prima efficit, ut nosmet ipsos nouerimus, altera, ut originem nostram. Illa nobis dulcior, ista carior, illa nos dignos beata uita, beatos haec facit, prima est illa discentibus, ista iam doctis. Hic est ordo studiorum sapientiae, per quem fit quisque idoneus ad intellegendum ordinem rerum, id est ad dignoscendos duos mundos et ipsum parentem uniuersitatis, cuius nulla scientia est in anima nisi scire, quomodo eum nesciat.

48. Hunc igitur ordinem tenens anima iam philosophiae tradita primo se ipsam inspicit et, cui iam illa eruditio persuasit aut suam aut se ipsam esse rationem, in ratione autem aut nihil esse melius et potentius numeris aut nihil aliud quam numerum esse rationem, ita

---

292 아우구스티누스 철학의 이 기본 주제는 그의 저서(『독백』 1,2,7)에 "무엇을 알고 싶은가? 하느님과 영혼을 알고 싶다. 더 이상 아무것도 없는가? 전혀 아무것도 없다"라는 문답으로 피력되었다.

293 본서 첫머리(1,1,3)에서 인간은 자기에게 수수께끼였으므로(ipse est incognitus) 수수께끼를 풀려면 자기 귀환(sibi reditus)을 해야 하고, 그 귀환은 자기의 '근원'을 향한 귀환이기도 하다.

294 철학을 위시한 자유 학예를 ordo studiorum sapientiae[지혜를 공부하는 순서(질서)]로 간주하고 그런 인식 과정 역시 ordo rerum(사물의 질서)이라고 일컫는다.

295 duo mundi: "그리고 두 세계, 곧 감각계(感覺界)와 가지계(可知界)를 논하면서"(『재론고』 1,3,2).

296 parens universitatis: 유사한 표현으로 "우주의 조물주요 창조자"(trinitas deus, auctor et conditor universitatis: 『그리스도교 교양』 1,10)가 있다.

을 채택하고 있고, '일자'가 무엇이냐는 것 외에는 아무것도 발견하지 않겠지만 탁월하게 고상하고 탁월하게 신성한 것임을 알아낸다. 철학에는 두 과제가 있다. 하나는 영혼에 관한 것이고 다른 하나는 하느님에 관한 것이다.[292] 첫째 것은 우리 자신을 알자는 것이고 다른 하나는 우리 기원을 알자는 것이다.[293] 전자는 우리에게 보다 친숙하고 후자는 우리에게 보다 소중하다. 전자는 우리를 행복한 삶에 적합한 사람으로 만들고 후자는 우리를 행복하게 만든다. 첫째는 배우고 있는 사람들에게 해당하고 둘째는 이미 배운 사람들에게 해당한다. 바로 이것이 지혜를 공부하는 순서다. 그 순서를 통해서 사람은 사물의 질서를 인식하고,[294] 다시 말해서 두 세계를[295] 구분하여 배우고, 우주의 어버이[296]를 알게 된다. 그러면서도 영혼에 있는 지식이라곤 그분을 어떻게 모르는가 하는 지식뿐이다.[297]

이성이라고 부르는 어떤 능력이 갖추어져 있기 때문이다

18.48. 이러한 순서를 지키면서 영혼이 철학에 전념하면 먼저 영혼 자체를 성찰하게 된다. 그리고 학습이 그에게 이성이 자기 것이라거나 자기가 곧 이성이라고 확신시켜 주고 나면,[298] 이성에서는 수數보다 더 훌륭하고 더 위력 있는 것이 아무것도 없다는 신념이 생기거나, 이성은 곧 수라는 신념이 생기거나 한다. 그리고 영혼 스스로 이런 말을 하게 된다. 나는 나의 내면적이고 신비로운 움직임에 의해서 내가 배워야 할 것을 분석分析,

---

[297] scire quomodo eum nesciat: 앞의 각주 272(docta ignorantia) 참조. 키케로(*Academica* 1,3,16)도 "자기가 아무것도 모름을 아는 이것 하나"(unum scire se scire nihil)를 철학함의 목표로 지적한 바 있다.

[298] "영혼의 시선이 곧 이성이다"(aspectus animae ratio est: 『독백』 1,13)라거나 "이성은 이성혼(理性魂)에서 발생한다"(본서 2,11,31)고 하지만 조금 아래에 "내가 곧 이성이다"(ratio sum: 2,19,50)라고 매듭짓는다.

secum loquetur: ego quodam meo motu interiore et occulto ea, quae discenda sunt, possum discernere uel connectere et haec uis mea ratio uocatur. Quid autem discernendum est, nisi quod aut unum putatur et non est aut certe non tam unum est quam putatur? item cur quid connectendum est, nisi ut unum fiat, quantum potest? Ergo et in discernendo et in connectendo unum uolo et unum amo, sed cum discerno, purgatum, cum conecto, integrum uolo. In illa parte uitantur aliena, in hac propria copulantur, ut unum aliquid perfectum fiat. Lapis ut esset lapis, omnes eius partes omnisque natura in unum solidata est. Quid arbor? Nonne arbor non esset, si una non esset? Quid membra cuiuslibet animantis ac uiscera et quicquid est eorum, e quibus constat? Certe si unitatis patiantur diuortium, non erit animal. Amici quid aliud quam unum esse conantur? Et quanto magis unum, tanto magis amici sunt. Populus una ciuitas est, cui est periculosa dissensio. Quid est autem dissentire nisi non unum sentire? Ex multis militibus fit unus exercitus. Nonne quaeuis multitudo eo minus uincitur, quo magis in unum coit? Unde ipsa coitio in unum cuneus nominatus est quasi couneus. Quid amor omnis? Nonne unum uult fieri cum eo, quod amat et, si

---

299 discernere et connectere: 오성의 능력이 '분리와 종합', '분석과 종합'으로 나뉜다.

300 다른 데(『자유의지론』 2,8,22; 『참된 종교』 30,55)서도 교부는 사물의 모든 작용과 지향이 '하나'를 향한 통일이라고 설명한다.

301 플로티누스가 샘이나 나무, 동물을 예로 들면서 "각 사물, 모든 사물에는 '하나'로 소급하는 원리가 있다. … 나아가서는 참으로 존재하는 것들의 원천이고 샘이고 생성인 '하나'가 있다"(『엔네아데스』 3,8,10; 6,9,1)고 역설한 바 있다.

종합綜合할 수가 있다.²⁹⁹ 나의 이런 힘이 이성理性이라고 불린다. 무엇을 분석한다는 말인가? '하나'라고 여겨지는 사물이 실제로 하나가 아니거나, 생각하는 만큼 하나가 아님을 분석한다. 무엇 때문에 종합을 한다는 말인가? 가능한 대로 하나가 되도록 종합한다. 그러니까 분석을 하든지 종합을 하든지 나는 '하나', 곧 일자一者를 원하고 일자를 사랑하는 셈이다. 다만 분석을 함으로써 다자多者로부터 정화된 일자를 원하고, 종합을 함으로써 순수한 일자를 원하는 것이다.³⁰⁰ 전자에서는 이질적인 것들을 털어 내고 후자에서는 고유한 것을 결합시킴으로써 일자가 완전한 무엇이 되어야 한다. 돌이 정말 돌이 되려면 돌의 모든 부분들과 돌의 본성 전체가 하나로 확립되어야 한다. 나무는 어떤가? 한 나무가 아니면 나무가 아니지 않던가? 동물의 사지나 내장이나 그 밖의 것들은 어떤가? 무엇으로 성립하는가? 그것들이 만일 통일성의 균열을 겪는다면 생명체가 아닐 것이다.³⁰¹ 친구들은 하나 되는 것 말고 무엇을 시도하는가? 그리고 하나이면 하나일수록 더 친한 친구다. 국민은 한 국가를 이루고 그들에게 위험한 것은 분열이다. 분열한다는 것은 하나로 느끼지 못한다는 것³⁰² 아니고 무엇인가? 많은 병사들에 의해서 하나의 군대가 만들어진다. 군중도 하나로 집결하면 할수록 그만큼 패배가 적지 않던가? 사람들이 하나로 집결하는 모습을 '쐐기'라고 부르는데 라틴어로는 그것이 '함께-하나가 됨'처럼 들린다.³⁰³ 온갖 사랑은 또 어떤가? 사랑하는 대상과 하나가 되고 싶어 하지 않던가? 그리고 그 대상에게 도달하면 그것과 하나 되지 않던가? 정욕이라는 것은

---

302 '분열'(dissensus)의 어원인 dis-sentire의 dis-는 '분할', '부정'을 나타내는 접두어여서 '하나로 느끼지 못한다'는 해설이 가능하다.

303 쐐기(cuneus)는 반원형으로 '밀집된 전투 대열', '극장 관람석의 군중'을 가리키기도 하였으므로, 그 어원을 마치 함께 하나 되다(co-unescere)에서 온 co-uneus처럼 판독하는 말장난이다.

ei contingat, unum cum eo fit? uoluptas ipsa non ob aliud delectat uehementius, nisi quod amantia sese corpora in unum coguntur. Dolor unde perniciosus est? Quia id, quod unum erat, dissicere nititur. Ergo molestum et periculosum est unum fieri cum eo, quod separari potest.

XIX 49. Ex multis rebus passim ante iacentibus, deinde in unam formam congregatis unam facio domum. Melior ego, siquidem ego facio, ilia fit, ideo melior, quia facio; non dubium est inde me esse meliorem, quam domus est. Sed non inde sum melior hirundine aut apicula – nam et illa nidos adfabre struit et illa fauos – sed his melior, quia rationale animal sum. At si in ratis dimensionibus ratio est, numquidnam et aues quod fabricant, minus apte congruenterque dimensum est? Immo numerosissimum est. Non ergo numerosa faciendo sed numeros cognoscendo melior sum. Quid ergo? illae nescientes operari numerosa poterant? Poterant profecto. Vnde id docetur? Ex eo, quod nos quoque certis dimensionibus linguam dentibus et palato accommodamus, ut ex ore litterae ac uerba pro-

---

304 베르길리우스의 명언 — 사랑하는 "그이를 내게 다시 데려오든가 사랑에 빠진 내가 그 이로부터 풀려나는 길을 찾아 다오"(*Aeneis* 4,479) — 을 생각케 한다.

305 오비디우스(*Ars amatoria* 2,233)의 "사랑은 일종의 전투이어라!"(militiae species amor est)는 명구를 연상시킨다.

306 imo numerosissimum est: 음악에 적용한다면 '더할 나위 없이 율동적이다'라는 표현이 된다.

사랑하는 몸들끼리 하나로 결합하는 일 말고 무엇을 가지고 그토록 격렬하게 쾌락을 느끼는가? 고통이 어째서 해로운가? 하나이던 것이 흩어지려고 몸부림치는 까닭이다.³⁰⁴ 그러므로 헤어질 수도 있는 대상과 하나 되려는 노력은 힘겹고도 위험스럽다.³⁰⁵

참으로 존재한다고 하더라도 사물보다 이성이 훌륭하다

19.49. 사방에 많은 물건이 눈앞에 흩어져 있는데 그것들을 한 가지 형태로 집합시킬 경우 내가 집 한 채를 짓고 있다고 한다. 내가 만들어서 집이 생기니 내가 집보다 더 훌륭하다. 내가 집을 만들기 때문에 내가 집보다 더 훌륭하다. 그러니 집이 훌륭한 것보다 내가 더 훌륭하다는 점에는 의심의 여지가 없다. 하지만 같은 이유로 내가 제비나 벌보다 더 훌륭한 것은 아니다. 제비는 정교하게 둥지를 엮고, 벌은 육면체의 벌집을 만든다. 그렇지만 내가 그들보다 훌륭한 것은 내가 이성적 동물이기 때문이다. 그런데 이성이라는 것이 만일 합리적으로 계산된 짜임새에 있다고 한다면 새들이 만드는 것은 덜 정확하고 덜 적합하게 짜임새가 이루어졌다는 말인가? 천만에, 아주 철저하게 계산되어 있다.³⁰⁶ 그러니 내가 새들보다 더 훌륭하다면, 숫자대로 만드는 데가 아니라 숫자를 인식하는 데 있다. 그래서 어떻다는 것인가? 저것들은 인식하지 못하면서도 숫자대로 일을 할 수 있었다는 말인가? 그럴 수도 있었다. 그러면 어디서 그것을 배우는 것일까? 우리도 말을 할 적에 일정한 동작으로 혀를 이와 입천장에 부딪치고 그렇게 해서 입으로 글자와 단어를 발음해 낸다. 그렇지만 우리가 말을 하면서 입을 어떻게 움직여서 그런 소리를 내야 한다는 생각은 하지 않은 채로다. 마찬가지로 훌륭한 가수는 비록 음악에 관해서 전문가가 아니더라

rumpant, nec tamen cogitamus, cum loquimur, quo motu oris id facere debeamus. Deinde quis bonus cantator, etiam si musicae sit imperitus, non ipso sensu naturali et rhythmum et melos perceptum memoria custodiat in canendo, quo quid fieri numerosius potest? Hoc nescit indoctus, sed tamen facit operante natura. Quando autem melior et pecoribus praeponendus? Quando nouit, quod facit. Nihil aliud me pecori praeponit, nisi quod rationale animal sum.

50. Quomodo igitur immortalis est ratio et ego simul et rationale et mortale quiddam esse definior? An ratio non est immortalis? Sed unum ad duo uel duo ad quattuor uerissima ratio est nec magis heri fuit ista ratio uera quam hodie nec magis cras aut post annum erit uera nec, si omnis iste mundus concidat, poterit ista ratio non esse. Ista enim semper talis est, mundus autem iste nec heri habuit nec cras habebit, quod habet hodie, nec hodierno ipso die uel spatio unius horae eodem loco solem habuit; ita, cum in eo nihil manet, nihil uel paruo spatio temporis habet eodem modo. Igitur si immortalis est ratio et ego, qui ista omnia uel discerno uel connecto, ratio

---

307 자연 전체에 수의 원리가 충만해 있어서, 발음이나 노래처럼 자연 본성으로 하든(operante natura), 이성으로 의식하든(novit) 결국 수의 이치에 따른(numerosum) 것이고 수에 참여하는 행위다.

308 앞에서(2,11,31) 내린 인간 정의다.

309 이 주제는 같은 시기의 『독백』, 이듬해에 집필할 『영혼 불멸』에서 집중적으로 다뤄진다.

310 ratio가 '이성', '이치', '비례'에 두루 쓰이므로, 숫자 '비례'의 항구성은 '이성'이 항존하고 불사불멸한다는 증거가 된다.

도, 타고난 감각으로 노래를 부르면서 기억에 의지하여 리듬과 선율을 지켜 나가지 않던가? 또 그것보다 계산된 행동을 어떻게 해낼 수 있는가? 배우지 않은 사람은 이것을 비록 모르지만 타고난 본성이 작용하여 이것을 해낸다. 그러니 사람이 짐승보다 훌륭하고 짐승보다 앞서야 한다는 것은 언제인가? 자기가 무엇을 하는지 알 때다. 내가 이성적 동물이라는 점을 빼놓고는 나를 짐승보다 앞세울 만한 것은 아무것도 없다.[307]

이성이 참으로 존재한다는 것은 이성이 불사불멸하기 때문이다

19.50. 그럼 이성은 불사불멸하는데 나는 어째서 이성적이면서도 사멸하는 어떤 존재라고 정의되는가?[308] 혹시 이성이 불사불멸하지 않는가?[309] 그러나 하나가 둘에 대해, 둘이 넷에 대해 가지는 비례比例[310]는 더없이 참된 사실이고, 그 비례가 오늘보다 어제는 더 참이었다는 말도 안 되고, 내일이나 일 년 후에는 더 참된 사실이 된다는 것도 아니며, 온 세상이 무너지더라도 저 비례가 존재하기를 멈추는 일은 불가능하다. 저 비례는 항상 그대로 존재하는 데 비해서[311] 이 세상은 오늘 지닌 것을 어제는 지니지 못했고 내일은 지니지 못할 것이고, 오늘 하루에 어느 한 시간의 간격에서도 태양을 같은 지점에 두지 못한다. 세상에서는 아무것도 항속하지 않으므로 그 무엇도 같은 모양으로 간직하지 못하거나 아주 미약한 시간만 간직한다. 그러므로 이성이 불사불멸하고, 저 모든 것을 분석하고 종합하는 내가 곧 이성이라면,[312] 나를 사멸하는 존재로 일컫게 만드는 저것은 내 것이

---

311 현상계에서 관찰되는 "오직 한 가지 불변하고 영원한 것은 수(數)뿐이다"(Cicero, *De republica* 3,2,3)라는 명제가 전제된다.

312 *et ego ratio sum*: 앞의 각주 298 참조. 수의 불변하고 영속하는 이치를 파악하는 능력에서 이성의 불멸을 논증하고(『영혼 불멸』 2,2; 『자유의지론』 2,8,32) 그 이성과 나를 동치시키면 나의 불멸도 입증되는 셈이다.

sum, illud, quo mortale appellor, non est meum; aut si anima non id est, quod ratio, et tamen ratione utor et per rationem melior sum, a deteriore ad melius, a mortali ad immortale fugiendum est. Haec et alia multa secum anima bene erudita loquitur atque agitat, quae persequi nolo, ne, cum ordinem uos docere cupio, modum excedam, qui pater est ordinis. Gradatim enim se et ad mores uitamque optimam non iam sola fide sed certa ratione perducit. Cui numerorum uim atque potentiam diligenter intuenti nimis indignum uidebitur et nimis flendum per suam scientiam uersum bene currere citharamque concinere et suam uitam seque ipsam, quae anima est, deuium iter sequi et dominante sibi libidine cum turpissimo se uitiorum strepitu dissonare.

51. Cum autem se conposuerit et ordinarit acque concinnam pulchramque reddiderit, audebit iam deum uidere atque ipsum fontem, unde manat omne uerum, ipsumque Patrem ueritatis. Deus magne, qui erunt illi oculi, quam sani, quam decori, quam ualentes, quam constantes, quam sereni, quam beati! Quid autem est illud, quod ui-

---

313 fugiendum est: 같은 작업이 앞에서는(2,11,31) regressus in rationem[이성을 향한 후진(後進)]으로 표현되었다. 『신국론』(13,19)에서 아우구스티누스는 포르피리우스의 이런 견해와 거리를 둔다.

314 modus, qui pater est ordinis: 교부가 주장하는 영혼의 상승은 인식(認識), 도덕[道德: 행실의 법도(modus)], 신앙(信仰)이라는 세 차원을 항상 한데 어우른다.

아니다. 만일 영혼이 이성과 동일한 것이 아니라면, 내가 이성을 사용하고 있고 또 이성을 통해서 내가 보다 나은 존재라면, 더 못한 사물에서 더 나은 사물로, 곧 사멸하는 것에서 불멸하는 것으로 피해 가야[313] 한다. 교양 있는 영혼은 이런 얘기들이나 그 밖에 많은 얘기들을 하고 그것 때문에 번민한다. 내가 그런 얘기들을 모조리 따라갈 생각은 없다. 여러분에게 질서에 관해서 가르치려고 하는 마당에 법도法度를 벗어나는 일이 없어야 하기 때문이다. 법도야말로 질서의 아버지다.[314] 자기를 윤리 도덕과 최선의 삶으로 점차 이끌어 가는 것은 이미 신앙만으로 되지 않고 확고한 이성으로 이루어진다.[315] 수의 힘과 위력을 통찰하는 사람에게는 자기가 가진 지식으로 어떤 시구를 멋있게 염송하고 거문고를 연주할 줄 알면서도 자기의 삶이며 영혼이라는 자기 자신은 그릇된 길을 따르고 욕정에 지배당하며 악덕의 추루한 소음으로 잡음을 낸다면 너무도 부당하고 너무도 통탄할 일로 보일 것이다.

이성은 마침내 지고한 미美를 관상하는 경지로 인도한다

19.51. 이성이 자기를 확립하여 질서를 세우고 조화와 아름다움을 회복한다면, 하느님을, 참된 모든 것이 흘러나오는 원천 자체를, 진리의 아버지 바로 그분[316]을 뵙기에 이를 것이다. 위대하신 하느님, 당신을 뵙는 그 눈들은 얼마나 싱그럽고 얼마나 영예롭고 얼마나 힘차고 얼마나 한결같고

---

[315] non sola fide sed certa ratione: 교부의 철학적 원칙, "이해(理解)를 구하는 신앙(信仰)"(fides quaerens intellectum)을 표현한 문장이다. 앞에서(2,9,26) "우리가 가르침을 받으려면 필히 두 가지로, 곧 권위(權威)와 이성(理性)으로 지도를 받아야 한다. 시간적으로 권위가 앞서고 실제로는 이성이 앞선다"라고 하였다.

[316] 궁극자를 여기처럼 삼창하는(deus, fons, pater veritatis) 일은 고대 세계에 흔한 일이었다. 플로티누스의 경우 "아버지, 선 그리고 일자"(『엔네아데스』 5,4)로 호칭한다.

dent? quid quaeso, quid arbitremur, quid aestimemus, quid loquamur? Cotidiana uerba occurrunt et sordidata sunt omnia uilissimis rebus. Nihil amplius dicam nisi promitti nobis aspectum pulchritudinis, cuius imitatione pulchra, cuius conparatione foeda sunt cetera. Hanc quisquis uiderit – uidebit autem, qui bene uiuit, bene orat, bene studet – quando eum mouebit, cur alius optans habere filios non habeat, alius abundanter, exponat alius, oderit nascituros, alius diligat natos? quomodo non repugnet nihil futurum esse, quod non sit apud deum, ex quo necesse est ordine omnia fieri et tamen non frustra deum rogari? Postremo quando istum uirum mouebunt aut ulla onera aut ulla pericula aut ulla fastidia aut ulla blandimenta fortunae? In hoc enim sensibili mundo uehementer considerandum est, quid sit tempus et locus, ut, quod delectat in parte siue loci siue temporis, intellegatur tamen multo esse melius totum, cuius illa pars est, et rursus, quod offendit in parte, perspicuum sit homini docto non ob aliud offendere, nisi quia non uidetur totum, cui pars illa mirabiliter congruit, in illo uero mundo intellegibili quamlibet

---

317 베르길리우스의 시구[Aeneis 6,376: desina fata deum flecti sperare precando("신들이 정한 운명을 기도하여 굽힐 생각일랑 말라!")]를 연상시키는 이교 세계의 숙명론에 대한 교부의 의문 제기다.

318 "이 책에서도 '행운'(fortuna)이라는 단어가 빈번하게 삽입된 일이 마음에 들지 않는다"(『재론고』 1,3,2). 그러나 "시쳇말로 운명(運命)이라고 일컫는 것도 숨겨진 질서에 의해서 통치되며, 또 사물에서 우연(偶然)이라고 우리가 부르는 것도 그 이유와 원인이 감추어진 사건 외에 딴것이 아닙니다"라는 소신이 처음부터 교부에게 있었다(『아카데미아학파 반박』 1,1,1).

319 이 항목에 in hoc sensibili mundo와 in illo vero mundo intellegibili, 곧 현상계와 이념계가 선명하게 대조된다.

얼마나 평온하고 얼마나 행복하겠나이까? 그 눈들이 보는 것이 과연 무엇일까? 내 묻거니와, 무엇을, 저 대상을 두고 우리가 무엇을 궁구하고, 무슨 판단을 내리고, 무슨 말을 해야 할까? 그것을 설명한다면서 일상의 언어들이 흘러나오지만 모두가 참으로 하찮은 사물들로 오염된 말들이다. 우리에게 아름다움의 직관이 허용되리라는 것 외에 다른 말은 더 이상 하지 않겠다. 눈으로 보는 아름다운 사물들은 저 아름다움을 모방하여 아름답고, 저 아름다움에 비하면 그 밖의 것은 추할 따름이다. 누구든지 저 아름다움을 보게 될 것이다(선하게 살고 선하게 기도하고 선하게 탐구하는 사람은 볼 것이다). 어떤 사람은 고민할 것이다. 왜 누구는 자식을 가지고 싶어도 갖지 못하고, 누구는 자식이 너무 많고, 누구는 제 자식을 내버리고, 누구는 자식이 태어날까 보아 싫어하다가 막상 태어나면 그 자식들을 애지중지하는가? 하느님 대전에 지금 존재하지 않는 것은 아무것도 발생하지 않으리라는 명제가 어째서 모순이 아니며, 그리하여 모든 것이 질서에 의거해서 생겨난다는 것이 필연적임에도, 하느님께 무엇을 청원함은 헛일이 아니라는 말이 어째서 모순이 아닐까?[317] 마지막으로, 어떤 부담, 어떤 위험, 어떤 곤란, 행운[318]의 어떤 편애가 저런 경지에 있는 사람을 동요하게 만들겠는가? 이 감각적 세계에서는 시간은 무엇이고 공간은 무엇인지 철저하게 연구해야 한다. 시공간의 어느 한 조각에도 유쾌함을 주는 무엇이 있다면, 전체, 곧 그것이 부분을 이루는 전체야말로 훨씬 훌륭한 것임을 이해해야 한다. 그 대신 어느 부분에서 눈에 거슬리는 것이 있다면, 그 부분이 어느 전체 속에 놀랍게 조화되고 있음에도 불구하고 그 전체를 보지 못하기 때문임이 배운 사람에게는 선명히 드러난다. 그러나 저 참답고 가지적인 세계에서는[319] 어느 부분이나, 전체와 마찬가지로, 아름답고 완전하다.[320]▶ 이 주제는 더 광범위하게 논하고 싶다. 다만 여러분의 공부가 우

partem tamquam totum pulchram esse atque perfectam. Dicentur ista latius, si uestra studia siue memoratum istum a nobis siue alium fortasse breuiorem atque commodiorem, rectum tamen ordinem, ut hortor ac spero, tenere instituerint atque omnino gnauiter constanterque tenuerint.

XX 52. Quod ut nobis liceat, summa opera danda est optimis moribus; deus enim noster aliter nos exaudire non poterit, bene autem uiuentes facillime exaudiet. Oremus ergo, non ut nobis diuitiae uel honores uel huius modi res fluxae atque nutantes et quouis resistente transeuntes, sed ut ea proueniant, quae nos bonos faciant ac beatos. Quae uota ut deuotissime inpleantur, tibi maxime hoc negotium, mater, iniungimus, cuius precibus indubitanter credo atque confirmo mihi istam mentem deum dedisse, ut inueniendae ueritati nihil omnino praeponam, nihil aliud uelim, nihil cogitem, nihil amem, nec desino credere nos hoc tantum bonum, quod te prome-

◀320 플로티누스는, "가지계에서는 어느 것이나 곧 전체다"(τὸ μὲν γὰρ ἄνω πᾶν πάντα)라는 유명한 명제를 내놓았다(『엔네아데스』 3,2,14).
321 스승으로서 제자들에게 '연학의 질서'(ordo eruditionis)와 '삶의 질서'(ordo vitae)를 한데 통합시키는 자세를 요구하면서 얼마 뒤 『교사론』을 저술하게 된다.
322 "그리고 거기서 내가 한 말, '최선의 행동거지에 최대한의 노력을 기울여야 한다'라고 하고서 곧이어 '그렇지 않으면 우리 하느님이 우리 기도를 들어주실 수 없을 것이며, 착하게 사는 사람들이라면 하느님도 기도를 아주 쉽게 들어주실 것이다'라고 한 말이 내게 꺼림칙하다. 이렇게 말하면 하느님은 마치 죄인들의 기도는 들어주지 않으시리라는 말이 된다. 그런 일은 실제로 복음서(요한 9장)에서 어떤 사람이 그 몸에 그리스도의 비추임을 받았으면서도 아직 그리스도를 알지 못한 인물이 나오는데 그가 그런 말을 했던 것이다"(『재론고』 1,3,3).

리가 앞에서 환기시킨 질서를 거치든, 보다 간결하고 명료한 다른 질서를 거치든 — 하여튼 올바른 질서라면 된다 — 내가 권유하고 바라는 그 질서를 보전하기로 작정하였을 경우에, 그것을 신중하고 꾸준하게 보전할 경우에 하는 말이다.[321]

아우구스티누스가 어머니에게는 신앙을, 알리피우스에게는 이성을 권장하다

20.52. 그런 일이 우리한테 제대로 일어나려면 최선의 행동거지를 하도록 최대한 노력을 기울여야 한다. 그렇지 않으면 우리 하느님이 우리 기도를 들어주실 수 없을 것이며, 착하게 사는 사람들이라면 하느님도 기도를 아주 쉽게 들어주실 것이다.[322] 그러니 우리에게 재산이나 명예나 허망하고 무상하고 제아무리 저항해도 사라져 버리는 그런 것들을 주십사고 기도하지 말고, 우리를 선한 사람으로 만들고 행복한 사람이 되게 해 주는 것들이 우리에게 이르도록 기도드리자. 어머니, 이런 소망이 참으로 경건하게 이루어지도록 특히 어머니에게 이런 소임을 부탁드립니다. 하느님이 내게 이런 정신을 주셨음은 어머니의 기도 덕분임을 나는 의심치 않고 믿고 또 확신합니다. 나로서는 진리를 발견하는 일에 아무것도 앞세우지 않겠으며, 그 일 말고는 아무것도 원하지 않고, 아무것도 생각 않고, 아무것도 사랑하지 않겠습니다.[323] 또 우리가 그런 선익을 욕심내기에 이르렀다는 것 자체가 어머니의 공덕이며, 어머니가 하느님께 청하시면 우리가 그

---

[323] 본인의 고백 — "그러니까 수사학 학교에서 키케로의 저 책, 『호르텐시우스』라고 하는 책을 손에 넣은 다음에 철학에 대한 크나큰 사랑에 불타오르게 되었습니다. 당장 철학에 헌신할까 하는 마음이 생겼습니다"(『행복한 삶』 1,4) — 처럼, 그의 평생은 진리에 대한 열애에 쫓겨 왔다. "그 책이 제 성정을 아주 바꾸어 놓았고, 주님 … 저의 헛된 희망은 어느덧 모조리 시들해졌고 저의 마음은 이제 불멸의 지혜를 추구하는 욕구로 믿기지 않을 만큼 헐떡이면서 당신께 돌아가려고 자리에서 일어서기 시작했습니다"(『고백록』 3,4,7).

rente concupiuimus, eadem te petente adepturos. Iam uero te, Alypi, quid horter, quid moneam? Qui propterea nimius non es, quia talia quantumuis amare fortasse semper parum, nimium uero numquam recte dici potest.

53. Hic ille: Vere effecisti, inquit, ut memoriam doctissimorum ac magnorum uirorum, quae aliquando pro rerum magnitudine incredibilis uidebatur, et cotidiana consideratione et ista praesenti quae in te nobis est admiratione non solum dubiam non habeamus uerum etiam, si necesse sit, de illa iurare possimus. Quid enim? Nobis nonne illa uenerabilis ac prope diuina quae iure et habita est et probata Pythagorae disciplina abs te hodie nostris etiam paene oculis reserata est, cum et uitae regulas et scientiae non tam itinera quam ipsos campos ac liquida aequora et, quod illi uiro magnae uenerationi fuit, ipsa etiam sacraria ueritatis ubi essent, qualia essent, quales quaererent, et breuiter et ita plane significasti, ut quamuis suspicemur et credamus tibi esse adhuc secretiora, tamen non abs-

---

324 사제지간의 대화를 중단하고서 시작한 단독 강연(oratio perpetua)을 이 정도에서 마치고 갑자기 알리피우스를 등장시켜 가면서 책을 매듭짓는다. Ne quid nimis는 중용을 가르치는 속담(Terentius, *Andria* 61)이었다.

325 피타고라스의 교설(Pythagoreae disciplina)은 개인 도덕과 정치를 결부시키는 사조였다(Cicero, *De republica* 1,10,16).

326 앞의 1,11,31에도 같은 표현(sacrosancta philosophiae penetralia)이 나온다.

것을 손에 넣으리라고 나는 여전히 믿고 있습니다. 그 대신 알리피우스, 자네한테는 무슨 충고를 내리고 무엇을 권유해야 할까? 이런 일을 궁구하는 일에 자네가 너무하다고 말할 수 없는 까닭이, 이런 사안을 두고는 아무리 사랑을 쏟아도 늘 조금밖에 안 된다고 말해야 하기 때문일세. 이런 사물에 대한 사랑은 아무리 커도 지나치다는 말은 옳지 않네."[324]

아우구스티누스가 피타고라스의 비의秘義를 설명하자 알리피우스가 감사를 표하다

20.53. 그러자 그가 이런 말을 했습니다. "지극히 박학하고 훌륭한 위인들의 가르침은 하도 큰 주제이기 때문에 종종 믿기지 않아 보이곤 하네. 그런데 자네는 정말 그 위인들의 가르침을 두고 우리가 의혹을 품지 않게 해 주었고, 필요하다면 그런 주제들에 관해서 맹세까지 곁들여 자신 있게 주장하게 만들어 주었네. 우리가 여태까지 해 온 나날의 사색, 우리가 자네에게 품고 있는 생생한 경외의 정 덕택이지. 그래서 어떤가? 바로 오늘 우리 눈앞에서 자네는 저 외경스럽고 신성하기까지 한 가르침, 의당히 피타고라스의 것으로 간주되고 그렇다고 입증된 가르침을 펼쳐 주었네.[325] 자네는 삶의 철칙을 간결하고도 명석하게 가리켜 보였네. 아울러 앎의 여정이며 앎의 광활한 영역과 투명한 바다를 가리켜 보였지. 또 저 인물이 크나큰 존경을 받을 만한 점이 이것인데, 저 진리의 성소聖所가 어디 있는지,[326] 어떤 것인지, 그곳을 찾아가려면 사람이 어떤 인간이 되어야 하는지도 시사하였네.[327] 자네는 간결하고도 명석하게 가리켜 보였지만 자네에게

---

[327] 아우구스티누스는 알리피우스의 입을 빌려 설파한 이 부분을 다음과 같이 수정한다. "철학자 피타고라스에게 너무 찬사를 바친 사실이 내 마음에 들지 않는다. 그런 말을 듣거나 읽는 사람이라면, 내가 피타고라스 학설에는 아무런 오류도 없다고 믿지 않았나 하고 생각할 수 있을 것이다. 사실 그의 학설에는 아주 많은 오류가 있고 더구나 아주 막중한 오류들이 있다"(『재론고』 1,3,3).

que inpudentia nos putemus, si amplius quicquam flagitandum arbitremur?

54. Accipio ista, inquam, libenter – neque enim me tam uerba tua, quae uera non sunt, quam uerus in uerbis animus delectat atque excitat – et bene, quod ei mittere statuimus has litteras, qui de nobis solet libenter multa mentiri. Si qui autem alii fortasse legerint, neque hos metuo, ne tibi suscenseant. Quis enim amantis errori in iudicando non beniuolentissime ignoscat? Quod autem Pythagorae mentionem fecisti, nescio quo illo diuino ordine occulto tibi in mentem uenisse credo. Res enim multum necessaria mihi prorsus exciderat, quam in illo uiro – si quid litteris memoriae mandatis credendum est; quamuis Varroni quis non credat? – mirari et paene cotidianis, ut scis, efferre laudibus soleo, quod regendae rei publicae disciplinam suis auditoribus ultimam tradebat iam doctis iam perfectis iam sapientibus iam beatis. Tantos ibi enim fluctus uide-

---

328 단독 강연에 대한 알리피우스의 평가(2,20,53)가 과찬이라는 말이다.
329 본서 서두에 나오는 제노비우스에게 이 책이 헌정된다.
330 아우구스티누스가 회심 전후해서 동지들과 구상한 철학 공동체(『고백록』 6,14,24)는 실상 피타고라스 공동체에서 영감 받은 것으로 추정된다.
331 본서 후반부에서 이성이 감각적 사물로부터 가지적 사물로 상승하고 일자(一者)라는 절대자를 지향하는 가르침은 피타고라스(Porphyrius, *Vita Pitagorae* 48-49)의 기본 이론이다.

는 더 비밀스러운 부분도 있으리라는 추측을 하고 그렇게 우리가 믿고 있다네. 하지만 그 이상으로 무엇을 자네한테서 얻어 내려고 서둘러야 한다고 생각한다면 우리가 염치가 없는 사람이라고 여겨야 할까?"

철학에 적합하지 않은 사람들에게는 행실을 바로 하도록 권유하다

20.54. 그래서 내가 대답했습니다. "자네 말을 쾌히 받아들이겠네. 자네 말은 진실이 아니어서 그렇지 못하지만[328] 그 말에 깃들어 있는 정신이 나를 기분 좋게 만들고 나를 자극하네. 또 우리가 이 문서를 보내기로 작정한 사람으로 말하자면[329] 우리에 대해서 거짓말을 꽤 많이 하는 데 익숙해져 있지. 만일 딴 사람들이 이 문서를 읽는다 해도 그 사람들이 자네 발언을 두고 화를 내지나 않을까 겁내지는 않겠네. 잘못을 심판하더라도 누구를 사랑하다가 저지르는 잘못이라면 지극히 관대하게 용서하지 않을 사람이 누구겠는가? 자네가 피타고라스를 언급하였는데, 도대체 어떤 신비한 신적 질서에서 유래하였는지 모르지만 자네 머리에 그런 생각이 떠오른 것은 거기서 비롯한다고 나는 믿네.[330] 나로서는 아주 요긴한 주제를 아예 놓쳤구먼. 그 인물에게서는 내가 참으로 감탄하고, 자네도 알다시피, 내가 거의 매일 찬사를 금치 못하게 길들어 있는 가르침이 있지.[331] 물론 그를 기념하여 글로 전해진 것을 믿기로 한다면 하는 말이지만, 바로[332]의 말을 믿지 않을 사람이 누구겠는가? 그는 국가를 통치하는 문제를 두고 자기의 가르침을 듣는 사람들에게 최종 가르침을 전수해 주었네. 이미 유식해졌고 이미 완성에 이르렀고 이미 현자가 되었고 이미 지복至福에 이른 사람들에게 내린 가르침이라네. 그는 정치에서 엄청난 파고波高를 보았으므로 국

---

332 교부는 테렌티우스 바로Terentius Varro의 백과사전적 지식에서 피타고라스의 사상도 접했던 것 같다.

bat, ut eis nollet committere nisi uirum, qui et in regendo paene diuine scopulos euitaret, et si omnia defecissent, ipse illis fluctibus quasi scopulus fieret. De solo enim sapiente uerissime dici potest:

ille uelut pelagi rupes immota resistit

et cetera, quae luculentis in hanc sententiam uersibus dicta sunt. Hic finis disputationis factus est laetisque omnibus et multum sperantibus consessum dimisimus, cum iam nocturnum lumen fuisset inlatum.

---

333 Vergilius, *Aeneis* 7,586.

가를 통치하면서도 거의 신적인 영감으로 암초를 피할 줄 아는 사람, 또 모든 것이 소진되었을 때에는 본인이 암초가 되어 파도에 맞설 줄 아는 사람이 아니면 그 일에 간여하기를 바라지 않았지. 그러니 다음 말은 현자에게만 참으로 옳다고 할 수 있네.

그는 마치 대양의 암초처럼 꿈쩍 않고 버텼다.[333]

그 밖에 다른 내용은 이런 의미를 담아서 아름다운 운문으로 표현되어 있지."[334] 여기서 토론의 종결이 이루어졌다. 벌써 저녁 등이 켜진 다음이어서 모두 좋은 기분으로 많은 기대를 안고서 자리를 파했다.

---

[334] 라티누스는 "밀물이 거세게 덤벼들 때에도 물결과 더불어 고함치는 바다의 절벽처럼 혼자 꿋꿋하게 버텼다. 그것은 마치 모래톱과 거품 인 바위 주위에서 바다는 무기력하게 울부짖고 해초는 그 옆구리에서 솟아 다시 던져져 물을 흘리며 돌아가는 모습과 같았다"(Vergilius, *Aeneis* 7,586-590).

Retractationes
De ordine, libri duo

III 1. Per idem tempus inter illos qui de Academicis scripti sunt duos etiam libros de ordine scripsi, in quibus quaestio magna uersatur, utrum omnia bona et mala diuinae prouidentiae ordo contineat. Sed cum rem uiderem ad intellegendum difficilem satis aegre ad eorum perceptionem, cum quibus agebam, disputando posse perduci, de ordine studendi loqui malui, quo a corporalibus ad incorporalia potest profici.

2. Verum et in his libris displicet mihi *saepe interpositum fortunae uocabulum*; et quod non addebam corporis, *quando sensus* corporis *nominaui*; et *quod multum tribui liberalibus disciplinis*, quas multi sancti multum nesciunt, quidam etiam qui sciunt eas sancti non sunt; et *quod Musas quasi aliquas deas* quamuis iocando *com-*

---

1 예컨대, 본서(2,7,23)에서 악의 문제가 등장했다가 모니카의 발언으로 일시 소면을 하고, 이튿날 대화에서는 '연학의 질서'(ordo studendi)에 치중하기도 한다.

2 자유 학예, 특히 수학은 인간 지성이 감각계에서 가지계로 시선을 돌리는 지름길이라는 신념이 그리스와 로마 지성계에 널리 퍼져 있었다(cf., Plato, *Respublica* 7,521-532).

3 본서 2,9,27.   4 본서 1,1,3.

5 『재론고』 1,1,2 참조.

재론고

질서론

3.1. 같은 시기에, 그러니까 아카데미아학파에 대하여 책이 집필되는 동안에 나는 질서에 관하여 두 권의 책을 집필하였다. 그 책에서는 모든 선과 모든 악을 과연 신적 섭리의 질서가 내포하느냐는 중요한 문제가 개진된다. 그렇지만 이해하기 힘든 주제임을 발견하고서 나와 함께 토론을 수행한 사람들의 개념 파악을 토론을 통해서 충분하고 철저하게 유도해 낼 수 있었다.[1] 거기서 나는 연학研學의 질서에 관해서 논하는 데 중점을 두었고, 그 과정을 거쳐서 물체적 사물들로부터 비물체적 사물들로 나아가기 바랐다.[2]

3.2. 그런데 이 책에서도 '**행운**'fortuna이라는 단어가 빈번하게 삽입된 일이 마음에 들지 않는다.[3] 또 신체의 **감관을 거론하면서** 그때마다 '신체의' 라는 단어를 덧붙이지 않은 것도 마음에 들지 않는다.[4] 그리고 **자유 학예에 관해서 큰 비중을 부여하였는데**[5] 사실 많은 성인聖人들은 이 학예에 관해서 많이 모른다.[6] 또 이 학예를 아는 사람들이라고 해서 성인은 아니다.[7] 그리고 비록 장난말로 한 것이지만 **무사들**Musae**을 무슨 여신들처럼 언급**

---

6 본서(2,9,26)에서도 학예의 공부를 거치지 않고 인간적·신적 권위에 따라 믿음으로 진리에 접근하는 길도 있음을 암시한다.

7 본서 1,5,15; 1,8,24; 2,14,39.

memoraui; et *quod admirationem uitium nuncupaui*; et *quod philosophos non uera pietate praeditos dixi uirtutis luce fulsisse*; et *quod duos mundos, unum sensibilem alterum intellegibilem,* non ex Platonis uel ex Platonicorum persona, sed ex mea *sic commendaui, tamquam hoc etiam dominus significare uoluerit, quia non ait: Regnum meum non est de mundo, sed: Regnum meum non est de hoc mundo,* cum possit et aliqua locutione dictum inueniri, et si alius a domino Christo significatus est mundus, ille congruentius possit intellegi, in quo erit caelum nouum et terra noua, quando complebitur quod oramus dicentes: adueniat regnum tuum. Nec Plato quidem in hoc errauit, quia esse mundum intellegibilem dixit, si non uocabulum quod ecclesiasticae consuetudini in re illa inusitatum est, sed ipsam rem uelimus adtendere. Mundum quippe ille intellegibilem nuncupauit ipsam rationem sempiternam atque incommutabilem, qua fecit deus mundum. Quam qui esse negat, sequitur ut dicat inrationabiliter deum fecisse quod fecit aut, cum faceret uel antequam faceret, nescisse quid faceret, si apud eum ratio faciendi non erat. Si uero erat, sicut erat, ipsam uidetur Plato uocasse intellegibilem mundum. Nec tamen isto nomine nos utere-

---

8 본서 1,3,6; 1,8,24; 2,14,41.   9 본서 1,3,8.
10 본서 1,11,31.
11 플라톤에게서 이 말에 가장 가까운 표현은 "세계는 사멸하고 불멸하는 모든 조물들을 포용하고 있고, 그 자체가 눈에 보이고 살아 있는 생명체이며, 지성의 모상으로 만들어진, 지각되는 신이기도 하다"(*Timaeus* 92c)라는 문장이다.
12 요한 18,36.   13 본서 1,11,36.

하기도 했다.⁸ 그런가 하면 **악덕을 경탄의 대상처럼 부르기도 하였다.**⁹ 또 **참된 경건심을 갖추지 못한 철학자들이 마치 덕성의 빛을 발한 것처럼 말하기도 하였다.**¹⁰ 그리고 두 세계, 곧 감각계感覺界와 가지계可知界를 논하면서 플라톤이나 플라톤학파의 명의로 하지 않고¹¹ 마치 **내 사상인 것처럼 소개하였을뿐더러, 주님이 "내 나라는 세상의 것이 아니다"라고 하시지 않고 "내 나라는 이 세상 것이 아니다"**¹²라고 하셨음에도 불구하고, 주님께서 바로 이 점을 가리키고자 하신 것처럼 소개하였다.¹³ 그런 사실은 다른 말씀에서도 찾아낼 수 있는데 말이다.¹⁴ 만일 주 그리스도께서 다른 세상을 의미하고자 하셨다면 "새 하늘과 새 땅"¹⁵이 도래하리라고 하신 바로 그 세계, "당신의 나라가 임하소서"¹⁶라고 하면서 우리가 기원하는 바가 이루어질 바로 그 세계라고 알아듣는 편이 차라리 더 적합할 수 있겠다. 그런 면에서 본다면 가지계가 존재한다고 말했다고 해서 플라톤이 오류를 범한 것도 아니다. 교회의 관습상 그런 단어가 사실상 생소하지만 우리는 그런 실재를 희구하고자 하는 까닭이다. 그가 가지계라고 명명한 것은 기실 하느님이 세상을 창조하신 영구하고 불변하는 이념理念 자체를 가리켰다. 그런 이념이 존재함을 부인하는 사람은 하느님이 만드신 바를 이치가 없이irrationaliter 만드셨다고 말하는 셈이다. 또 당신이 무엇을 만드시는 이념이 하느님 대전에 존재하지 않았다면, 하느님은 세계를 창조하시면서, 혹은 창조하시기 전에, 당신이 무엇을 만드실지 모르셨다고 말하는 셈이다. 만일 그런 이념이 존재하였다면, 또 실지로 존재하였으므로, 플라톤은

---

14 그리스어에는 관사가 있지만 라틴어에는 de hoc mundo라는 지시형용사가 없으면 구분이 쉽지 않음을 시사한다. 요한 복음(17,13-19)에는 "제가 세상에 있으면서 … 세상은 이들을 미워하였습니다. … 제가 세상에 속하지 않은 것처럼 이들도 세상에 속하지 않기 때문입니다"라면서 hoc 형용사 없이 문장이 전개된다.

15 이사 65,17; 66,22; 묵시 21,1.   16 마태 6,10.

mur, si iam satis essemus litteris ecclesiasticis eruditi.

3. Nec illud mihi placet, quod cum dixissem: *Summa opera danda est optimis moribus,* mox addidi: *Deus enim noster aliter nos exaudire non poterit; bene autem uiuentes facillime exaudiet.* Sic enim dictum est, tamquam deus non exaudiat peccatores, quod quidam dixit in euangelio, sed ille qui nondum cognouerat Christum, a quo iam fuerat inluminatus in corpore.

Nec illud placet, *quod Pythagorae philosopho tantum laudis dedi,* ut qui hanc audit uel legit possit putare, me credidisse nullos errores in Pythagorica esse doctrina, cum sint plures idemque capitales.

Hoc opus sic incipit: *Ordinem rerum, Zenobi.*

---

17 본서 2,20,52.   18 요한 9,31 참조.
19 태생 소경의 치유(요한 9장)에서 소경이 기적으로 눈을 뜨게 되었으면서도 그리스도가 누군지 몰랐던 사실을 언급한다.

그것을 가지계라고 불렀던 것 같다. 우리가 교회 문학을 충분할 만큼 습득했더라면 그런 명사를 사용하지 않았을 것이다.

3.3. 그리고 거기서 내가 한 말, "**최선의 행동거지에 최대한의 노력을 기울여야 한다**"라고 하고서 곧이어 "**그렇지 않으면 우리 하느님이 우리 기도를 들어주실 수 없을 것이며, 착하게 사는 사람들이라면 하느님도 기도를 아주 쉽게 들어주실 것이다**"[17]라고 한 말이 내게 꺼림칙하다. 이렇게 말하면 하느님은 마치 죄인들의 기도는 들어주지 않으시리라는 말이 된다.[18] 그런 일은 실제로 복음서에서 어떤 사람이 그 몸에 그리스도의 비추임을 받았으면서도 아직 그리스도를 알지 못한 인물이 나오는데 그가 그런 말을 했던 것이다.[19] 그런가 하면 **철학자 피타고라스에게 너무 찬사를 바친 사실**이 내 마음에 들지 않는다.[20] 그런 말을 듣거나 읽는 사람이라면, 내가 피타고라스 학설에는 아무런 오류도 없다고 믿지 않았나 하고 생각할 수 있을 것이다. 사실 그의 학설에는 아주 많은 오류가 있고 더구나 아주 막중한 오류들이 있다.[21] 그 저작은 "**제노비우스여, 사물의 질서에 관해서**"라는 문구로 시작한다.

---

[20] 본서 2,20,53.

[21] 특히 그의 윤회설을 중대한 오류로 꼽게 된다.

색인 인명

나비기우스 22 25 45 49 98

데모크리토스 148
디오티마 112

라티누스 261
로마니아누스 23 45 72 106
리켄티우스 20 22-4 27 45 47 49-55 57-9 62-5 68 73-5 77 79-85 87 89 97 99-101 103 107 109 117 121 124-6 131 134-5 138-40 144 147 149 165-9 171-2 175-7 179 181

마르켈라 113
마리우스 빅토리누스 163 236
모니카 25 27 113 182 262

베레쿤두스 21 45
베르길리우스 21 49 58 92 95-6 246 252

세네카 113 115
소크라테스 51 110 112 228

아낙사고라스 36
아리스토텔레스 169
아우구스티누스 15-9 21-3 25 32-4 38 40 42 44-5 47 50 58 64-5 72 82 90 94 96 99 104 106 109 111
아폴로 52 58
알리피우스 22-3 25 45 49 98 106 119 121 140-5 147 186 195-7 200 231 255-8

암브로시우스 82 90
에우리알루스 219
에피쿠로스 18 36
오비디우스 52 246

제노비우스 18 22-3 26 32-3 41-2 79-81 99 119 196 258 267

크라테스 112
크리시푸스 68 73 144
크산티페 110
키케로 36 64 66 101 110-1 113 115 130 156 158 170 178-9 185-6 202 204 208 214 237 243 255

테미스토클레아 112
테오도루스 만리우스 111 195
테렌티우스 바로 215 259
트리게티우스 20 22 24 27 45 49 55-7 63 71 73 75 77 97 101 103 105 109 129-30 141 144 147 150-1 153 174-5 177-8 181

펠라기우스 19
포르피리우스 113 163 171 191 250
포시디우스 44
프로테우스 231-2
플라톤 15 36 51 64 94 104 114 148 159 164 166 212 216 223 226 228 238 264-5
플로티누스 34 36 40 76 90 104 126 132 138 151-2 154 162 167 171 190 204 208-9 212 222 227 231 234 244 251 254

피타고라스 19 112 186 226 229-30
    256-9 267

헤르모게니아누스 98
헬비아 113
호르텐시우스 113
히파르키아 112

『가톨릭교회의 관습과 마니교도의 관습』 168 202
『고백록』 19 34 38 41 44 46 82 85 88 90 96 106 117 132 144 155 196 198 229 231 236 238 255 258
『교사론』 65 109 214 254
『그리스도교 교양』 242

『독백』 38 80 104 109 111 165 184 218 220 230-1 242-3 248

『마니교도 파우스투스 반박』 152
『문법론』 27 213
『믿음의 유익』 140

『법률론』(키케로) 185
『변증법』 27

『삼위일체론』 132 232
『서간집』 22-3 32 40 50 72 98 134 229-30 232
『선의 본성』 95 239
『수사학』 27
『신국론』 16-8 50 78 151 168 191-2 194 201-3 215 240 250

『아카데미아학파 반박』 15 20 22 25 38-9 43-5 56 72 82 84 96 98 100 106 109-10 113 118-9 130 136 140 146 158 161-2 184 196 232 234 252
『엔네아데스』(플로티누스) 34 36-7 41 58 74 76-7 90 104 126 132 138 151-2 154 162 166-7 171-2 190 204 208-9 212 222 227 231 234 244 251 254
『영혼 불멸』 164 201 230 248-9
『영혼의 위대함』 16 132 164
『음악론』 27 213

『자유의지론』 18-9 34 76 151 202 220 238 241 244 249
『재론고』 21 26 38 47 50 89 114 160 182 192 213 227-8 242 252 254 257 262

『참된 종교』 72 180 201 244
『창세기 문자적 해설』 132 192 205 208

『행복한 삶』 15 17 20 22 33 38 40 44-5 56 104 109 111 118 124 140 146 158 160 172-3 180 232 255
『호르텐시우스』(키케로) 255

성경

시편
10,7   78
30,9.23(불가타)   86
80,8   85

이사
65,17   265
66,22   265

마태
6,10   265
7,12   188

루카
11,24-26   108

요한
3,15   162
3,17   102
7,28   102
9,31   266
17,13-19   265
18,36   114

1코린
3,18-19   114

콜로
2,8   114

묵시
21,1   265

아우구스티누스AUGUSTINUS(354~430)
북아프리카 타가스테에서 태어났다(354년). 어머니 모니카는 독실한 그리스도인이었으나, '지혜에 대한 사랑'(철학)에 매료된(373년) 청년 아우구스티누스는 진리를 찾아 끊임없이 방황하는 삶을 살았다. 한때 마니교와 회의주의에 빠지기도 했던 그는 밀라노의 수사학 교수로 임명되면서 출셋길에 올랐다(384년). 밀라노에서 접한 신플라톤 철학, 암브로시우스 주교의 설교, 수도생활에 관한 증언 등을 통해 그리스도교에 눈을 뜨기 시작했으나, 머리로 이해한 그리스도교 진리를 아직 믿음으로 받아들이지 못한 채 엉거주춤 망설이며 살아가다가, 마침내 바오로 서간을 '집어서 읽으면서'(Tolle! Lege!) 회심하였고(386년), 행복한 눈물 속에 세례를 받았다(387년). 교수직과 재산을 미련 없이 버리고 고향으로 돌아가 소박한 수행의 삶을 엮어가던 그는 뜻하지 않게 히포 교구의 사제(391년)와 주교(395년)로 서품되었고, 40년 가까이 사목자요 수도승으로 하느님과 교회를 섬기다가 석 달 남짓한 투병 끝에 일흔여섯의 나이로 세상을 떠났다(430년). 『고백록』*Confessiones*을 비롯한 수많은 저술(책, 서간, 설교)과 극적이고 치열한 삶은 그리스도교 철학과 신학에 엄청난 영향을 끼쳤다. 교부들 가운데 우뚝 솟은 큰 산인 아우구스티누스는, 그리스 철학 체계 속에 그리스도교 진리를 깔끔하게 정리해 냄으로써 '서양의 스승'이라고도 불린다.

성염
1972년 가톨릭대학교 졸업 후, 1976년 광주 가톨릭대학교에서 신학석사, 1986년 교황청 살레시오 대학에서 라틴문학박사 학위를 취득했다. 1988~2005년 한국외국어대학교와 서강대학교 철학과 교수, 2003~2007년 주교황청 한국대사를 역임했다. 그간 우리신학연구소 소장 및 이사장, 서양고전학회 회장, 한국서양중세철학연구소 이사, 서강대 철학연구소 소장, 우리사상연구소 소장, 한국가톨릭철학회 이사 등 다양한 학회 활동과, 서울대교구 평신도사도직협의회, 한국천주교 정의평화위원회, 천주교정의구현전국연합, 천주교 인권위원회, 한국가톨릭교수회 등 각 분야의 사회 활동을 하면서 많은 저서와 주해서, 번역서, 연구논문을 발표했다. 주요 저서로는 『사랑만이 진리를 깨닫게 한다』『님의 이름을 불러두고』『라틴어 첫걸음』『고급 라틴어』『하느님을 만난 사람들』『미사 해설』 등이, 아우구스티누스 주해서로는 『신국론』『자유의지론』『그리스도교 교양』『삼위일체론』『고백록』『아카데미아학파 반박』『행복한 삶』 등이, 기타 고전 주해서로는 키케로의 『법률론』, 단테의 『제정론』, 피코 델라 미란돌라의 『인간 존엄성에 관한 연설』 등이, 역서로는 『신은 존재하는가? I』『인간의 죽음』『아시아의 해방신학』『아시아인의 심성과 신학』『해방신학』 외 다수가 있다. 이 밖에도 수십 편의 학술 논문과 사전 항목을 집필했다. 더 자세한 사항은 『사랑만이 진리를 깨닫게 한다』(경세원 2007) 8-15쪽을 참조하라.